AI Assistant for Lawyers
The Essential Guide to ChatGPT in Legal Practice

AI律师助手

律师实务ChatGPT实战指南

轩珍珍　徐伟浩　/著

U0336913

机械工业出版社
CHINA MACHINE PRESS

图书在版编目（CIP）数据

AI 律师助手：律师实务 ChatGPT 实战指南 / 轩珍珍，
徐伟浩著 . -- 北京 : 机械工业出版社，2024. 12.

ISBN 978-7-111-76754-1

Ⅰ. D926.5-39

中国国家版本馆 CIP 数据核字第 2024RC8408 号

机械工业出版社（北京市百万庄大街 22 号　邮政编码 100037）

策划编辑：孙海亮　　　　　　　　　责任编辑：孙海亮　章承林

责任校对：甘慧彤　杨　霞　景　飞　　责任印制：郜　敏

中煤（北京）印务有限公司印刷

2024 年 12 月第 1 版第 1 次印刷

170mm × 230mm · 18.75 印张 · 330 千字

标准书号：ISBN 978-7-111-76754-1

定价：99.00 元

电话服务　　　　　　　　　　　　网络服务

客服电话：010-88361066　　　　机　工　官　网：www.cmpbook.com

　　　　　010-88379833　　　　机　工　官　博：weibo.com/cmp1952

　　　　　010-68326294　　　　金　书　网：www.golden-book.com

封底无防伪标均为盗版　　　　机工教育服务网：www.cmpedu.com

为什么要写这本书

人类对人工智能（AI）的幻想已经有近百年的历史，ChatGPT 的出现是革命性的突破，让全人类意识到通用人工智能（AGI）不再是有可能的，而是必然的，其出现只是时间问题。

对法律行业和律师而言，ChatGPT 解决了两大问题：一是将之前存在于幻想中的一些技术实现手段变为了现实；二是进一步缓解了律师个人时间有限的困扰。未来很有可能出现超级律师个体，对案源形成巨大的虹吸效应。

法律行业和律师群体接受 ChatGPT 之类的 AI 工具是必然趋势，所以我们早一些掌握，就多一分优势。

我是一名程序员，我的爱人轩珍珍是一名律师。在不断的沟通中，我们不约而同地产生了一个共同需求：如何通过计算机领域的知识来处理繁杂的律师工作？对此，我们曾经将律师工作场景结合传统编程技术进行了一些尝试，但结果都不尽如人意，于是就暂停了这种尝试。而 ChatGPT 的出现，则将我们以前想做却受制于当时的技术条件而无法实现的一些关于律师辅助系统建设的构想变为现实。这是从无到有的跨越，不仅是最艰难的，还是最可贵的。

对于律师工作的很多构想，市面上已有的工具并不能满足需求，我们只能自己从头创造。我们重新开始了之前搁置的尝试，结合律师的工作特点，基于 ChatGPT 构建了很多应用场景下的微观解决方案。并且，我们自己先将这些方案用起来，产生的效果竟然超出预期。

总之，本书就是围绕"帮助律师工作"这一目的，将 AI 与律师工作内容结合起来，跨越法律、计算机科学、人工智能、系统动力学、大客户销售、符号学、技术科学、传播学、知识管理、组织经验萃取等多个领域的思想，落地形成 12 个实战案例。读者阅读本书，不仅可以获得理论指导，还可以从现实案例中得到开箱即用的解决方案。

　　本书主要的读者对象为律师群体，特别是青年律师群体。因为本书针对律师工作中的各种问题，通过 AI 提供解决方案，所以律师阅读时可以得到非常直接且具体的收获。同时，其他领域的读者也可以因阅读本书而获得帮助，既可以减轻自己的工作负担，也可以快人一步，尽早步入 AI 时代。

读者对象

- **律师群体**：本书主要面向律师群体，特别是青年律师群体。这部分读者阅读本书，能够通过现成的 AI 工具解决工作中的各种问题。
- **其他法律领域从业者**：本书的很多解决方案并不局限于律师群体，其他法律领域的从业者都可以参考。
- **AI 应用领域的创业者**：本书中关于 AI 在法律领域中的解决方案可作为 AI 原生系统的设计参考，适合创业者阅读。

本书特色

- **体系**：本书各章层层递进、相互关联，围绕人机协作形成了一整套方法。通过 21 张表、12 个实战案例、6 个 GPTs 子系统、3 个快捷指令（且基于快捷指令构建了 1 个自动化程序），打造 AI 时代人机协作的律师管理系统。这些都会作为随书资源提供给读者。
- **简单**：提供开箱即用的 GPTs，读者无须修改即可体验，且附录中提供详细的配置参数，读者可以直接复制到自己的账号中，方便快捷。
- **创新**：本书首次提出了很多概念，包括"律师职业发展的增长飞轮""隐性案源开发""律师获取案源的黄金圈规则""四个主导阶段""可能性的倒三角形""人类选择的比萨斜塔""渐进式复盘""渐进式知识管理""超级律师个体""流程生长""间接工作"……这些概念共同构成了本书的"内容指纹"。
- **交叉**：本书是多领域交叉的成果，围绕一个目的（帮助青年律师工作），通过一个手段（将 AI 与律师工作结合的方法），融合了法律、计算机科学、人工智能、系统动力学、大客户销售、符号学、技术科学、传播学、知识管理、组织经验萃取等多个领域的思想。

如何阅读本书

本书主要内容如下。

- 第 1 章：探讨法律界对 ChatGPT 的不同观点及其在该行业内的接受趋势。
- 第 2 章：详细介绍 ChatGPT 的底层技术原理和对其未来发展的展望。
- 第 3 章：通过律师的职业发展路径，构建专业律师成长的动力系统。
- 第 4 章：详述如何将人工智能技术与律师的成长路径相结合，以更有效地服务于律师群体。
- 第 5~8 章：分别讨论渠道与案源、检索与研究、案件分析、法律文书撰写与合同审核，每章都结合人工智能技术，演示实战案例。
- 第 9、10 章：分别涉及复盘和知识管理，这两个主题不仅适用于律师，其他知识工作者亦可从中获益。
- 第 11、12 章：讨论大模型的私有化部署和提高大模型回答的精准度，适合对使用大模型持谨慎态度的读者阅读。
- 第 13 章：展望未来，为对人类未来前景感到迷茫的读者提供一个参考视角。

本书各章之间并不是彼此独立的，而是相互关联、层层递进的，本书内容结构如图 1 所示。

对此，一种阅读方式为从第 1 章开始顺序阅读，这样可以由浅入深地学习各章内容，再逐步汇总相关技能。

还有一种阅读方式就是带着问题针对性地阅读。表 1 罗列了一些常见的问题，读者可以将本书视为一本指导手册，在对应的章节中找到解决方法。有需要的读者可以按图索骥，快速跳转到对应章节，解决急迫问题。

考虑到当前以 ChatGPT 为代表的大模型应用仍在发展阶段，为了确保读者在阅读本书时能有效判断 ChatGPT 的回答质量，我们特别设计了一套"大模型法律问题回答质量评分体系"（见附录 C），并据此对书中所有由 ChatGPT 提供的法律回答进行客观点评。我们诚挚地提醒读者，在应用 ChatGPT 时，既要利用其便利，也要仔细甄别其准确性和可靠性，以确保我们获取的信息是真实有效的。

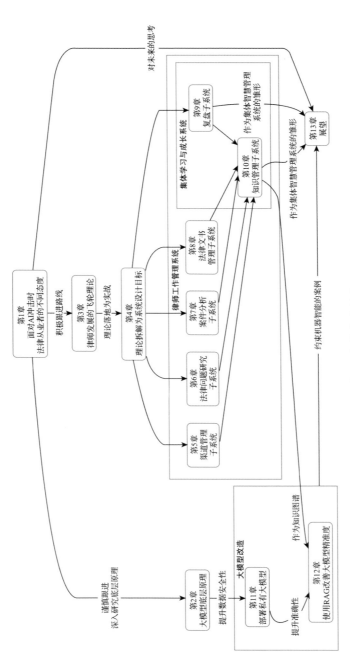

图 1　本书内容结构

表 1　读者的常见问题

常见问题	对应章节
如何拓展案源与渠道	第 5 章中"律师获取案源的黄金圈规则"，第 10 章中"隐性案源开发"
律师的成长路线是怎样的	第 3 章中"律师职业的增长飞轮"，第 13 章中"超级律师个体"
ChatGPT 在律师工作中的实际应用案例有哪些	5.2 节、6.2 节、7.2 节、8.2 节、9.2 节、10.2 节

勘误和支持

本书所涉及的 AI 工具及系统可以通过表 2 中的地址获取。读者可以根据具体需求，来针对性地阅读及自定义某一工具或系统的使用方法。

并且，为了拓展视野并深化理解，我们整理了一份阅读书单。它涵盖多个领域，包括律师职业的思考及方法论、人工智能与法律的交叉思考、基础人工智能知识、认知科学与隐喻的探索、技术组合创新理论、系统动力学与飞轮效应的应用、复盘方法、知识管理策略、自然法、集体智慧和脑机接口的前沿研究，以及大客户销售的策略与技巧。该书单地址为 https://agate-zenobia-063.notion.site/fb9f0fd15a7e421787f81cb000f8b062?pvs=4。

读者若在阅读本书的过程中遇到问题，则可通过电子邮箱 xiwh123@gmail.com 或微信公众号"轩律师办案手记"与我们联系。

表 2　本书涉及的 AI 工具及系统

AI 工具或系统	介绍	包含	获取地址
律师管理系统	存储律师自己的知识，帮助律师管理日常工作中的文件与知识 该系统是由知识管理工具 Notion 构建的，详细的介绍可以见附录 A。具体每个系统的使用方式，可以参考对应章节的使用案例以及附录中的构建过程	该系统包含 6 个子系统： 1. 渠道管理子系统，对应第 5 章 2. 法律问题研究子系统，对应第 6 章 3. 案件分析子系统，对应第 7 章 4. 法律文书管理子系统，对应第 8 章 5. 复盘子系统，对应第 9 章 6. 知识管理子系统，对应第 10 章	https://agate-zenobia-063.notion.site/fb9f0fd15a7e421787f81cb000f8b062?pvs=4

（续）

AI 工具或系统	介绍	包含	获取地址
AI 小助手	使用从律师管理系统提取的律师自己的知识与文件，辅助律师的日常工作	律师助手 5 号，对应第 5 章	https://chat.openai.com/g/g-GkxZEYddt-lu-shi-zhu-shou-5hao
		律师助手 6 号，对应第 6 章	https://chat.openai.com/g/g-pqDwsmF4D-lu-shi-zhu-shou-6hao
		律师助手 7 号，对应第 7 章	https://chat.openai.com/g/g-ejUDrK9D1-lu-shi-zhu-shou-7hao
		律师助手 8 号，对应第 8 章	https://chat.openai.com/g/g-uoRc50ZzH-lu-shi-zhu-shou-8hao
		律师助手 9 号，对应第 9 章	https://chat.openai.com/g/g-bUzbwhoek-lu-shi-zhu-shou-9hao
		律师助手 10 号，对应第 10 章	https://chat.openai.com/g/g-iXj0GZ7mQ-lu-shi-zhu-shou-10hao
快捷指令与自动化		（自动化）定时 -GPT4- 生成文章并写入 Notion- 不追加内容，对应第 10 章	https://www.icloud.com/shortcuts/19b55c50373f440eb56e5c61f54a8112
		call ai，对应第 11 章	https://www.icloud.com/shortcuts/45a719525a7d42caa6ba90373c4f3882
		ChatGPT 使用 Notion 作为知识库 V2，对应第 12 章	https://www.icloud.com/shortcuts/243514f4c8ec4b218dd28e945d48dd70

致谢

感谢我的母亲，她一直坚定地支持我，让我少了很多后顾之忧，走出了一条属于我自己的道路，并且帮助我养成了终身受益的阅读习惯。

感谢我的妻子轩珍珍律师，本书是我们两人的共同作品。

感谢罗雨露，如果没有罗老师的邀请及督促，我们就不会有写作的念头和持之以恒的动力，也就无法将这三年的努力汇总成书。

徐伟浩

CONTENTS

目　录

前言

第一部分　冲击：横空出世的 ChatGPT

第二部分 融合：AI 时代的人机协作方式

第三部分　升级：知识管理与认知提升

第四部分　再思：准确性与隐私

附　录

第一部分

冲击：横空出世的 ChatGPT

关于人工智能，有这样一个奇妙的比喻：纵观人工智能的发展，就好像你在车站看一辆火车远远开过来。起初你只看到一个小小的点，它似乎在很慢地移动，甚至让你感到有点无聊。但是当火车来临时，它将骤然掠过你的身旁，而当你回过神来，拼命想要追逐它时，却发现自己再也追不上了。

ChatGPT 就是一辆高速行驶的人工智能火车，突然闯入了法律行业。我们猝不及防地认清现实——AI 奇点的预告终于来了，而未来会怎样展开呢？

第 1 章

惊诧：被 AI 搅动的行业

人工智能（Artificial Intelligence，AI）与法律的结合其实从 20 世纪 60 年代就开始探索了，但是早期因为技术限制，并没有给法律界带来非常大的冲击。随着 ChatGPT 的出现，行业内发生了较大的变化。本章将探讨以下话题。

- 人：行业领袖与普通律师的观点和心态的变化。
- 事：律师传统工作受到的冲击与新的工作方式。
- 行业：人工智能对法律本身以及对法律行业的影响。

1.1　ChatGPT：新时代的标志

1.1.1　AI 与法律：历史背景

人工智能与法律领域的结合可以追溯到 20 世纪 60 年代。早期，AI 在法律领域的应用主要集中于基础的信息处理和文本分析，属于弱人工智能时期的无奈之举。这一时期，AI 法律系统的出现成了里程碑，这些系统能够模拟律师或法官的决策过程，为特定的法律问题提供建议。然而，由于技术限制，这些系统的应用范围相对狭窄，主要被用于法律教育和法律研究领域。弱人工智能时期的 AI 法律系统如表 1-1 所示。

进入 21 世纪，随着计算能力的提升和大数据技术的发展，AI 在法律领域的应用开始迅速扩展。特别是机器学习和自然语言处理（Natural Language Processing，NLP）技术的进步，为 AI 在法律分析、预测和咨询方面提供了更强大的能力。这一时期，出现了能够进行案例研究、合同审查和风险评估的先进法律 AI 工具。这些工具通过分析大量的法律文献和案例，帮助律师提高工作效率和准确性。

然而，尽管技术进步显著，AI 在法律领域的应用仍然面临着诸多挑战。其中最大的挑战是如何确保 AI 处理的法律建议和分析符合法律伦理与专业标准。此外，随着 AI 技术在法律领域的深入应用，数据隐私和安全方面的风险也日益增加。

表 1-1　弱人工智能时期的 AI 法律系统

时间	AI 法律系统	简介
1968 年	DATUM 系统	主要目的是电子化管理和检索法律文献，包括判例和成文法等内容。这个系统是在计算机和互联网技术刚刚开始发展的时期创建的，对后来的 AI 法律系统的发展产生了重要影响
1977 年	TAXMAN 税法系统	1977 年由美国新泽西州立罗格斯大学的教授开发，核心目标是探索计算机程序能否模拟法律推理，特别是在税法领域。这个系统采用了一种名为"案例法推理"（case-based reasoning）的方法，通过分析具体的税法案例和先例来提供法律意见与解释
20 世纪 70 年代	JUDITH 律师推理系统	JUDITH 系统是一个早期的 AI 法律系统，旨在模拟律师和法官在解析及应用法律规则时的推理过程
1998 年	北大法宝	北大法宝是一个智能型法律信息一站式检索平台，由北京大学法制信息中心与北大英华科技有限公司联合推出。北大法宝收录了法律法规、司法案例、期刊论文、专题数据、律所实务、英文译本等方面内容，提供相应的法律知识工程服务

1.1.2　ChatGPT 的诞生：技术革命

ChatGPT 的出现标志着 AI 发展历程掀开新篇章。它不仅在语言处理和文本分析方面具有前所未有的优秀能力，还能够以更加自然和直观的方式与用户交互。这使得 ChatGPT 在提供法律咨询、编写法律文件以及辅助法律研究方面表现出巨大的潜力。它的出现使得 AI 技术在法律领域的应用不再局限于后台的数据处理和分析，而逐渐转向与律师和客户的直接互动。

1. 背景与发展

ChatGPT 由 OpenAI 开发，是基于 GPT（Generative Pretrained Transformer）架构的一种先进的语言处理工具。GPT 的开发始于 2018 年，它的核心是一个深度学习模型，专门设计用于理解和生成自然语言。2020 年 GPT-3 的发布，标志这一技术达到了一个新的高度，其在语言理解和生成方面的能力令人印象深刻。ChatGPT 正是建立在这样的基础之上，ChatGPT 对语言的理解如例 1-1 所示，它能够通过自然语言与用户进行交互，提供信息、回答问题，甚至协助编写代码和撰写文章。

例 1-1　ChatGPT 对语言的理解

> **提问**：我的蓝牙耳机坏了，我应该去看牙科还是耳科？
>
> **ChatGPT**：这个问题听起来像是个玩笑！在中文里，"蓝牙耳机"（Bluetooth headset）虽然有"牙"和"耳"这两个词，但实际上和"牙科"（dentistry）或"耳科"（otology）没有直接的联系。如果你的蓝牙耳机坏了，那么你可能需要联系制造商的客户服务或去电子产品维修店，而不是去医院的牙科或耳科。如果这是个幽默的问题，那么答案就是既不用去牙科也不用去耳科！

2. 技术特点与创新

ChatGPT 的主要创新之一是其令人惊叹的语言生成能力。它通常可以生成连贯、相关且逻辑合理的文本，这在很大程度上模糊了人与机器之间的交流界限。ChatGPT 在理解复杂查询和执行特定任务方面表现出色，也非常擅长编程帮助以及创意写作等。ChatGPT 回答法律咨询问题如例 1-2 所示。

此外，ChatGPT 在处理大规模数据集时表现出的学习能力也非常引人注目。它能够从海量的文本数据中学习语言模式、知识点以及各种主题的相关信息。这种能力使得 ChatGPT 在包括法律在内的许多领域具有极大的应用潜力。

例 1-2　ChatGPT 回答法律咨询问题

　　提问：什么是隐名股东？

　　ChatGPT：隐名股东，或称为匿名股东，是指那些在公众和官方记录中并不直接显示其身份的公司股东。这种安排通常是为了保护股东的隐私或出于其他个人或商业考虑。隐名股东可能通过各种方式持有股份，例如通过信托或其他第三方实体。

　　在某些情况下，隐名股东可能选择不公开其身份以避免潜在的关注或影响，或者可能是出于对安全、隐私或商业机密的考虑。然而，这种做法在不同的法律体系中受到的接受程度不同，有些国家和地区对此有严格的规定和限制。在一些国家，企业和个人需要披露其股权结构和实际受益人，以符合透明度和反洗钱的要求。

　　点评：

　　准确性 4 分、完整性 4 分、清晰度 3 分、相关性 4 分、专业性 2 分。

　　上述回答简要介绍了隐名股东的定义、隐名股东存在的原因，以及不同法律体系对隐名股东的接受程度。该介绍内容对想要简单了解的人士是够用的，但对于有需求的客户显然不太够，需要添加更多专业性知识。比如：隐名股东可以通过哪些具体的方式实现？隐名股东与显名股东的权利义务如何得到保护与履行？隐名股东及显名股东履行合同存在哪些风险？我国的法律及司法实践如何处理该些风险问题？

3. 对法律行业的影响

　　在法律领域，ChatGPT 所表现出来的能力为其在该领域的应用开辟了新的可能性，如图 1-1 所示。它能够协助律师进行法律研究，快速找到相关案例和法规。更重要的是，它能够帮助解释法律概念和条文，为法律专业人士提供更加深入的洞察。此外，ChatGPT 还能够帮助起草和审阅法律文件，提高工作效率。

　　然而，ChatGPT 在法律领域的应用也引发了一系列问题和挑战。例如，如何确保 AI 生成的法律建议的准确性和合规性，以及如何处理与 AI 交互过程中可能出现的误解或错误。

4. 未来展望

　　我们对于技术常常会短期内高估，长期内低估。现在，人们已经经历了一波短期内对 ChatGPT 的高估及随后的回落，但是，从长期来看，我们仍然低估了

ChatGPT 的影响。

　　展望未来，ChatGPT 和类似的 AI 技术有可能进一步改变法律行业的面貌。随着这些技术的不断完善，它们在法律研究、案件分析以及客户服务等方面的作用将会更加显著。同时，随着法律专业人士逐渐适应和应用这些工具，法律服务可能会变得更加高效、可访问和个性化。

　　总的来说，ChatGPT 的诞生意味着一场技术革命，这场革命不仅仅是技术上的飞跃，还是对传统法律实践和教育模式的重大挑战与机遇。随着人工智能技术的不断进步，法律行业将面临更多的变革，而这些变革无疑将深刻影响律师的工作方式和法律服务的未来。

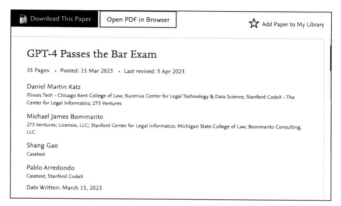

图 1-1　GPT-4 成功通过美国律师资格考试，分数高于 90% 人类考生

（来源：https://papers.ssrn.com/sol3/papers.cfm?abstract_id=4389233）

1.2　法律行业的即时反应：震惊与好奇

　　在 ChatGPT 和类似的人工智能技术迅速进入法律行业之际，法律专业人士对此表达了复杂且多元的观点。

1. 对技术的接纳与担忧

　　部分法律专业人士对 AI 技术的态度如表 1-2 所示，一部分法律专业人士对于 AI 在法律领域的应用持积极态度。他们认为，ChatGPT 这样的技术能够显著提高工作效率，尤其在处理大量数据、法律研究和文档审查方面。例如，使用 AI，律师可以快速地访问并分析以往案例和判例，从而在法律咨询和辩护中做出更加有力的论证。

　　然而，也有一部分法律专业人士对 AI 技术的广泛应用表示担忧。他们指出，虽然 AI 能够处理和分析大量信息，但它在理解复杂法律问题和人类情感方面仍有限制。他们进而担心，法律工作者过度依赖 AI 可能会导致法律服务的个性化和人性化程度降低。此外，在处理涉及敏感信息的法律事务时，存在数据隐私和安全的问题。

表 1-2　部分法律专业人士对 AI 技术的态度

态度	文章	简介
积极	《生成式人工智能的法律规制——以 ChatGPT 为例》	该文章是由中共中央党校（国家行政学院）的教授张学博和研究生王涵睿撰写的，他们认为生成式 AI 的出现为法律领域带来了新的机遇和挑战，应该结合我国实际情况采取事前审查、事中监管、事后追责等方式，为生成式人工智能行业平稳有序健康发展保驾护航
积极	《AI 和法律：机器人给你当律师会是什么样》	该文章是由 BBC 中文网发布的，其中采访了英格兰首席大法官理查德·萨斯坎德（Richard Susskind）教授，他是一个人工智能咨询委员会的主席。他认为人工智能在法律领域的应用前景十分广阔，特别是在案件积压极其严重的法庭，可以通过人工智能来提高司法效率和公正性
积极	《最高法：智慧法院建设也将积极关注 ChatGPT 技术应用》	该文章是由央广网发布的，其中采访了最高人民法院信息中心副主任陈奇伟，他介绍了法院人工智能建设和应用方面的最新情况。他提到，最高人民法院始终高度重视人工智能技术应用，全国法院坚持以技术应用促进法院工作质量变革、效率变革、动力变革。他还表示，智慧法院建设也在积极关注 ChatGPT 技术应用可能带来的变革
担忧	《ChatGPT 带来的挑战与法律风险》	该文章是由最高人民检察院发布的，作者是来自最高人民检察院检察技术信息研究中心的赵宪伟。文章深入探讨了 ChatGPT 在科技、法律和国家安全方面的影响。文章指出，ChatGPT 的技术进步尽管不完美，但其影响力不容小觑，可能导致科技产业变革加速和算力资源需求增加。同时，文章强调了 ChatGPT 在法律领域可能带来的风险，包括用户隐私和信息安全的挑战、虚假信息泛滥的问题、知识产权合规问题，以及算法规制的风险。赵宪伟认为，虽然 ChatGPT 体现了人工智能的出色技术能力，但其应用也需要受到法律和伦理的严格规制

2. 对职业未来的思考

　　有一部分法律专业人士关注的焦点在于 AI 技术对自身职业未来的影响，如表 1-3 所示。他们认为，AI 的广泛应用可能会改变律师的职责和工作内容。一些简单重复的任务，如文档整理和初步法律查询，可能会被 AI 所取代。因此，律师需要适应这种变化，将重点转移到那些需要深入法律知识、批判性思维和创造性解决方案的领域。

　　这些法律专业人士通常强调，AI 不应被视为律师的替代品，而是作为一个有力的辅助工具。他们认为，未来的律师需要具备利用 AI 技术来优化工作流程的能力。此外，他们也提到了对法律教育体系的重新思考，认为应该在法学课程中加入关于 AI 技术的教育，以培养未来律师在这一领域的适应性和创新能力。

表 1-3   律师对自身职业未来的思考

观点	文章	简介
大势所趋、主动拥抱	《十问 | 关于 ChatGPT 人工智能》	该文章由锦天城（重庆）律师事务所高级合伙人李章虎律师、实习生李檬所写。文章中关于 AI 技术对律师的影响的基本观点是，这是一波技术革命，是大势所趋，要拥抱新时代
当成工具，用好工具	《ChatGPT 对律师业的冲击》	该文章是律新社转发的六和律师事务所发布的一篇文章。文章的基本观点是，ChatGPT 有很多优点，虽然仍存在一些问题，不过潜力很大，所以要适当地使用，但是最重要的还是懂得运用工具的人

3. 对法律伦理和职业责任的讨论

在法律伦理和职业责任方面，法律专业人士们也展开了广泛讨论。他们关注的重点在于如何确保使用 AI 时仍然遵守法律职业的伦理标准。

此外，还有一些法律专业人士指出，随着 AI 技术的发展，法律制定者和实践者都需要对现有的法律框架与规则进行审视及更新。他们强调，为了适应 AI 带来的变化，需要制定新的法律规范来指导 AI 在法律领域的合理使用。相关管理规定的出台如表 1-4 所示。

表 1-4   相关管理规定的出台

类型	名称	简介
法律法规	《生成式人工智能服务管理暂行办法（生成式 AI 办法)》	这是由国家网信办等七部门联合公布的一项规范生成式人工智能服务的法律文件，自 2023 年 8 月 15 日起施行。该办法旨在促进生成式人工智能技术的创新发展和规范应用，维护国家安全和社会公共利益，保护公民、法人和其他组织的合法权益
法律法规	《人工智能法案》	2023 年 12 月 8 日，欧盟理事会主席国以及欧洲议会就人工智能法案达成临时协议。该法案期望可以对人工智能实现共同监管以及提供一套法律框架

4. 对创新与合作的展望

一些法律专业人士非常看好 AI 的创新潜力。他们认为，AI 可以激发新的业务模式和服务方式，例如，提供更高效的在线法律咨询服务，或者开发基于 AI 的法律分析工具。这不仅可以提升法律服务的质量和效率，还可以扩大法律服务的覆盖范围，使之更加普及。

这些法律专业人士也提倡跨领域合作，鼓励法律专业人士与技术开发者、数据科学家以及其他行业的专家合作，以充分发挥 AI 技术在法律领域的潜力，部分法律大模型如表 1-5 所示。他们认为，通过这种跨学科的合作，可以更好地理解和利用 AI 技术，推动法律服务的创新和发展。

表 1-5　部分法律大模型

发布方	名称	简介
科大讯飞	星火法律大模型	科大讯飞发布的基于讯飞星火认知大模型打造的星火法律大模型，是行业首个完全对标《法律大模型评估指标和测评方法（征求意见稿）》的法律大模型。该模型可以提供全流程智能辅助办案应用、全方位司法监督管理应用、司法大数据深度挖掘应用等，为法律行业带来变革
北大团队	ChatLaw	北大团队发布的法律大模型 ChatLaw，可以提供普惠的法律服务，支持用户上传文件、录音等法律材料，帮助他们归纳和分析，生成可视化导图、图表等。此外，ChatLaw 可以基于事实生成法律建议、法律文书
上海交通大学	LawGPT_zh	这是一个基于 ChatGPT 清洗的 CrimeKgAssitant 数据集得到的中文法律大模型，它可以提供单轮问答、法律条文联想生成、文本构建 QA 对等功能
南京大学相关人士	LaWGPT	这是一个基于通用中文基座模型（如 Chinese-LLaMA、ChatGLM 等）扩充法律领域专有词表、大规模中文法律语料预训练的法律大模型，它可以提供法律领域对话问答数据集、中国司法考试数据集进行指令精调等功能

总而言之，法律行业的专业人士对 ChatGPT 和相关 AI 技术在法律领域的应用的看法是多元且深入的。他们的观点涵盖了技术接纳、职业未来、法律伦理以及创新合作等多个方面，反映了对这一新兴技术的深思熟虑和全面考量。

1.3　普通律师的心态变化：从抵触到接受

在 ChatGPT 及其他 AI 技术在法律行业的快速发展和广泛应用过程中，一名普通律师对这项技术的心态也会发生很大的改变。那么，从律师的视角来看，面对 AI 技术的心态变化是怎么样的呢？

1.3.1　从质疑、轻视到初步认识

普通律师很可能是在 2020 年才开始接触 AI 的。在 GPT-3 刚出来时，一些律师就有所耳闻，但当时大部分人并没有给予过多关注。因为大家心里会有质疑，

也有轻视，想着这能有多厉害，得发展多少年才能用上？还远得很。

2022 年年底，ChatGPT 突然在各个平台大火。在一个视频中，博主与 ChatGPT 进行了多轮对话，ChatGPT 不仅应对自如，甚至还有类似于人类的语气，令人不禁感叹人工智能真的是飞速发展。两年前大家对它视而不见，然而此刻它已悄然掠过，光速向前。

人工智能的能力较之前有很大的突破是个不争的事实，但我们可以结合行业状况判断，国内的律师行业目前不会因此受到重创，或者说司法从业者不会被人工智能代替。多年来，中国经济快速发展，为适应各种社会情形，法律修改得比较频繁，一部法律还伴有多部司法解释，行政法规、各个法院的司法文件多不胜数，法律文件纷繁复杂。并且，各个法律层级的文件内部亦存在冲突，遇上复杂案件时，真是剪不断，理还乱。尽管由最高人民法院做出的解释和指导法律适用的书籍在不停地出版，但是司法适用困难的情况并未得到改善。因此，律师、法官、检察官均需要根据自己对法律的理解，结合案件事实，做出合理的论证。比如，某法官提到她做建设工程案件的经验，关于"实际施工人突破合同相对性向发包人主张工程款"的法律适用在 2011—2023 年发生了很大的变化，前后的判决书内容大相径庭，有的案子可能就因为法律适用的变化而胜诉或者败诉。当面对案件时，法官需要调动自己对法律知识的理解及事实的认识做出有利于公正的解释，尽可能减少双方当事人的损失。显然，这种综合事实认知和法律认知的主观自由裁量行为是 ChatGPT 很难做到的。

当然，工作也有主观与客观之分。相对于需要创造及深入思考的主观性工作，ChatGPT 可能更擅长重复性高、有固定流程的客观性工作。例如，我们曾通过人工智能工具帮助同行律师快速识别了近 5 年的节假日的准确日期，协助完成了其当事人对加班事实的举证责任。这一强大的功能显著简化了律师繁杂的案件处理工作，极大地提高了工作效率。但对人工智能工作的准确性，不少律师还是存有疑虑。因为作为律师，我们想拥有的是一个任劳任怨、准确性高、工作效率高的帮手，这样才能获得切实帮助。不然，律师自己还得进行二次返工，耗费精力。

1.3.2 逐步理解与应用

理解和应用 ChatGPT 及类似 AI 技术的过程是一个渐进且富有启发性的旅程。

AI 可以帮助律师快速形成文章，提高创作效率。作为一名刚独立执业的青年律师，建立自己的公众号是打造个人品牌的有效路径，但是写文章确实是一个耗费精力且低效的过程。此时，应用 AI 可以减轻一些创作压力。首先，我们可以选取一篇流量比较大的文章，通过 AI 对文章体系架构进行分析，了解该篇文章的结构及关键内容；其次，将自己平时收集的材料输入 AI，告知其按照前面分析的结构形成文章；再次，针对各个段落，对 AI 下达具体指令，让其进行延伸性、特色性创作；最后，便可形成有独特见解的新文章。

AI 可以帮助律师快速了解陌生领域的相关法律法规及司法实践观点，给律师提供进一步的研究方向，减轻律师在无方向时的忐忑感。想必很多律师都会遇到这样的情况：突然接到客户电话，要求迅速解答一个自己并不熟悉的问题。其实，对于没遇到过的问题，因为时间紧急，一步步地从检索法条、案例入手查询，效率低，律师自己心里也着急。莫不如，先直接向 AI 提出问题，尽快确定与这个领域相关的法律规定、行业禁止性规定、司法实践的观点；再针对性地了解客户的特定问题并有依据地提出初步法律建议。

AI 可以帮助律师审查合同。对于大多数律师而言，审查合同可能是一项"酷刑"，越认真推敲，越感到其中的复杂性。此时 AI 如何提供帮助呢？对此，轩律师进行了一些应用上的尝试：有时面对陌生合同，不太确定风险点，就可以交给 AI 进行初步审核，直接告诉它"假如你是一名律师，请从专业角度审核这个合同条文，明确风险点并提出修改建议。"这样，AI 会给出相关风险点，我们就可以根据风险点进一步询问具体的法律规定，再根据法律规定找出与本条文有关的具体规定，至此就知晓了合同的关键处。当然，可通过具体的指令让 AI 帮助我们进行措辞润色，完成修改。

AI 可以帮助律师模拟庭审，拓展答辩角度。在准备庭审时，我们可能不确定对方会从什么角度提出答辩意见，或者法官会从什么角度进行法庭调查。这些都可以通过与 AI 进行角色互换得出答案。我们对此进行了试验，其指令是"你是一名专业的律师，现在在进行庭审，对于上述事实，请提出你专业的答辩意见。"等 ChatGPT 回复完毕后，再通过提问获取进一步的信息。如此反复，从而完善自己的庭前准备。ChatGPT 通过它快速识别及整合知识的能力，可以有效地帮助律师规避因缺乏特定行业知识或特定法律知识而导致的错误；亦可通过扮演不同的角色与律师进行交流，进而帮助律师规避因思维偏差而导致的失误；更可以通过不同角度的交叉提问，帮助律师规避因疏忽或马虎而导致的疏漏。

1.3.3　应用提升并发现问题

在应用过程中，我们发现了应用 AI 的几个问题。第一，检索度不够精准，直接复制的内容比较多，复制的法条不乏已经失效的法条。但 AI 工具自己不知道这个信息的有效性存在问题。若是律师过于依赖 AI，不加检查的话，就容易形成错误认识。第二，应用 AI 需要律师学习如何有效提问，获取自己想要的内容。AI 提供的内容虽然丰富，但是其中一般性、普适性的内容比较多，缺乏对问题本质的深入思考与解决办法。

另外，当需要进一步把 AI 应用到律师工作时，我们发现还需要对现有的技术进行改造。于是，我们对现有的 AI 工具做出了一些调整，在本书的第二部分和第三部分会详细介绍如何对 ChatGPT 类工具加以简单的改造来助力律师工作。比如，通过 RAG（Retrieval-Augmented Generation）提高检索精准度。这部分内容会在第 12 章介绍。比如，律师要学习如何进行有效提问，就需要提升律师自身的学习和思考能力。在大模型应用之后，好的回答变得没那么重要，问出好问题才是真正需要锻炼的能力。针对这部分，会在第 9 章和第 10 章着重讲解。

1.4　律师如何应对：从传统到变革

1.4.1　传统实践方式面临的挑战

随着 ChatGPT 和其他 AI 技术在法律领域日益普及，传统的法律工作面临着前所未有的挑战。这些挑战既影响了律师的工作方式，也影响了律师行业的客户服务模式。以下是对这一主题的初步探讨。

1. 对律师工作方式的挑战

（1）自动化与效率的变化

像 ChatGPT 这样的 AI 工具，能够自动完成大量的文档审查和法律研究工作，这对传统的依靠人力完成的法律工作方式是一个重大改变。法宝 GPT 界面如图 1-2 所示，它正从原有的法律检索工具升级为问答式的工具。律师需要学会并利用这些工具来提高工作效率，同时要学会管理、解读和应用由 AI 提供的数据与建议。

（2）技能要求的变化

随着 AI 在法律实践中的作用越来越大，律师的技能要求也在变化。除了传统的法律分析和辩论技能，对技术的理解和运用能力变得越来越重要。

2. 对客户服务模式的变革

在当今时代，随着人工智能技术的飞速发展，客户面对法律问题时越来越依赖高级大型模型，如 OpenAI 的 ChatGPT。这种趋势引发了一个关键问题：在这样的趋势下，人们以后是否还会继续寻求律师的服务？

图 1-2　法宝 GPT

首先，我们必须认识到，尽管人工智能在提供初步法律咨询、草拟标准合同或回答基本法律问题方面表现出色，但它仍然无法完全替代人类律师。法律实践不仅仅是关于法律知识的传递，还是关于理解复杂的人际关系、道德判断和特定情境下的决策。例如，在涉及敏感和复杂问题的诉讼中，需要律师的经验、直觉和专业判断，这是目前任何算法都难以复制的。

此外，人工智能技术的应用也引发了法律伦理和责任问题。当 AI 提供的法律建议出现错误时，该由谁承担责任？目前的法律体系还没有为这种情形设定明确的规则，因此，依赖于人类律师的专业判断和责任承担机制仍然是不可或缺的。

然而，这种趋势确实给律师行业的客户服务模式带来了挑战。律师需要反思自身的服务方式，寻找与 AI 技术相结合的新途径。他们需要提供超出算法能力范围的价值，比如提供更深入的策略咨询、个性化服务和情感支持。同时，律师可以通过学习和利用这些新技术，提高工作效率和服务质量，如利用 AI 进行案例研究和文档审核。

总之，尽管人工智能技术在法律领域的应用越来越广泛，但律师的作用并没有消失。相反，这是律师行业自我革新和发展的一个机会。律师应该拥抱技术变革，将其作为提高服务质量和效率的工具，同时继续发挥他们在处理复杂法律事务和人际关系中的独特作用。这样他们不仅能够保持其职业竞争力，还能为客户提供更全面、更人性化的法律服务。

3.对法律本身的冲击

人工智能的发展不仅仅影响具体的法律条文和司法实践，还更深层次地对法律体系的基础——宪法，带来了新的挑战和思考。

人工智能对宪法也会有影响吗？这看上去是一个很奇怪的问题，可能出乎很多读者意料之外。人们通常想到的是人工智能生成内容的版权问题、人工智能犯罪的刑法问题。而人工智能对宪法的影响虽然在很多人思考之外，但的确是一个切实的问题。

宪法是国家的根本法律，规定了政府的组织结构、权力分配以及公民的基本权利。这些原则和规则为社会的运行提供了基础框架。但随着 AI 技术的快速发展，原有的宪法框架面临着前所未有的挑战，比如以下一系列挑战。

- 决策自动化：AI 能够自动处理和分析大量数据，可能导致决策过程更加依赖技术，减少人类干预，这可能影响政府权力的运作方式和决策的透明度。
- 隐私和监控：AI 的发展加强了数据收集和监控能力，这可能冲击公民的隐私权，挑战宪法对个人信息保护的规定。
- 劳动力市场变化：AI 和自动化导致的劳动市场结构变化可能需要政府调整社会福利政策和劳动法，以保障受影响的工人群体。
- 法律和伦理挑战：AI 引发的新问题（如算法偏见和责任归属）需要新的法律框架来解决，这可能影响宪法中关于公平和正义原则的规定。

人工智能法律问题的一些研究如表 1-6 所示，在 AI 时代，我们需要重新思考法律的内容和作用。AI 的发展不仅是技术问题，更是伦理、法律和社会问题。我们需要在保护公民权利和促进技术发展之间找到平衡。这可能意味着修改现有的法律，或者制定新的法律来应对 AI 带来的挑战。

表 1-6   人工智能法律问题的一些研究

领域	参考图书或文章	简介
人工智能与法律本身	《人工智能与法律》	西南政法大学诸位教授所著的《人工智能与法律》是一本全面探讨人工智能在法律领域中的应用和影响的著作。本书深入分析了人工智能的基础理论、法律推理、伦理标准及其在中国法律规制的现状和前景。它详细讨论了人工智能技术的发展概况，包括其概念、历史、现状以及未来的发展趋势，并着重探讨了人工智能与法律推理的交互作用及伦理标准。书中还详细探讨了人工智能与宪法、行政法、民商法、经济法和刑法的关系，分析了人工智能对基本权利、公权力、民事主体地位、企业法律制度和刑事责任主体等方面的影响

（续）

领域	参考图书或文章	简介
人工智能犯罪	《审判机器人》	《审判机器人》是以色列奥诺学院法学院的哈列维教授的作品，专注于探索人工智能在刑事责任方面的问题。书中，哈列维教授探讨了一个关键问题：随着人工智能在各个领域的广泛应用，如果它对人类社会造成损害，现有的刑法制度应如何应对？他认为，在目前的刑法体系中，要追究刑事责任，必须具备事实和心理两个要素。人工智能能够满足这两个要求，因此应承担刑事责任。哈列维教授还讨论了对人工智能实体的刑事处罚，包括死刑、自由刑、财产刑等，同时强调这并不意味着减轻涉案的自然人或法人的刑事责任

1.4.2　接受新技术：转型与融合

从对过去两次新技术发展历程的观察中，我们可以发现，新技术的发展通常会分为四个阶段，这四个阶段分别被不同的力量主导，也可以称为"四个主导阶段"，如表 1-7 所示。

表 1-7　四个主导阶段：新技术发展的四个阶段

阶段	说明	特征	例子
技术主导阶段	当新技术刚推出的时候，谁能做出新技术谁就比较厉害，对产品部分没有太细致的设计，往往只是把老产品简单地与新技术结合	技术人员话语权高	移动互联网刚出现的时候，即使界面再简陋，移动端访问的便利程度仍然远胜于 PC 端，这个时期的 App 往往就是简单地把 PC 端的界面移到移动端上
产品主导阶段	随着时间的推移，技术同质化越来越严重，谁能设计出最好的产品，谁就能脱颖而出。这个时候会产生真正基于新技术而重新设计的产品	技术同质化、产品经理话语权高	微信就是专门为移动端设计的 App
运营主导阶段	慢慢地，产品策略几乎穷尽，产品进入同质化阶段。这个时候就进入了运营主导阶段，谁能更好地整合上下游，重塑整个行业的经营方式，谁就能脱颖而出	产品同质化	美团外卖就是这个阶段的代表性产品。它们通过整合需求端与供给端，重塑了整个行业的经营方式
资本主导阶段	最后，整个行业在技术、产品、运营上的策略都已穷尽，这个时候就进入了资本主导阶段，通过兼并重组，最终行业中会留下一到几家的垄断寡头企业	运营同质化	目前美团等大公司在不同的领域形成了特定的垄断地位

针对法律行业的现状，我们可以将以 ChatGPT 为代表的大模型对法律行业的影响也划分为四个阶段，从而对未来进行预判，并事先准备好处理措施。

1. 技术主导阶段（影响 2.5%～16% 的行业从业者）

目前大模型与法律行业的结合仍然属于技术主导阶段，从这几种现象就可以看出来：只是简单地发布垂直于法律领域的大模型（见图 1-2），只是利用 AI 工具实现简单的法律知识问答。这个阶段的特征是 AI 技术与法律应用场景的结合比较粗糙，但是需要明白这只是阶段性的。随着时间的推移，有一些现阶段的应用方式会逐渐被淘汰，比如专有的法律大模型可能会被通用大模型（使用相关法律专业提示词）所取代。

这个阶段的受众对应"技术采用生命周期"的"早期使用者"，预计会影响 2.5%～16% 的行业从业者。

我们的应对措施是使用现阶段的产品，但是不能沉湎于现阶段的产品，而是以目的为导向，把现阶段的产品当成工具，在实践的过程中逐渐形成自己的方法论。

2. 产品主导阶段（影响 16%～50% 的行业从业者）

这个阶段的受众对应技术采用生命周期的"早期大众"，预计会影响 16%～50% 的行业从业者。

直到这个阶段，法律行业才有真正与大模型结合的产品。技术主导阶段的产品只是简单地与旧工具结合，属于专利审查领域中显而易见的组合，并没有足够的创造性。从目前的观察来看，只有 ChatGPT 和谷歌推出的 Gemini 这两个产品所表现的通过摄像头和语音与人交互的功能，属于真正意义上的产品创新。而截至 2023 年年底，Gemini 仍然处于演示视频阶段，只有一个产品推出，并不是产品主导阶段。

在这个阶段要真正地将技术用起来，并且深度地结合产品。使用者可以借助产品本身的势能，快速辅助个人品牌的传播。在产品主导阶段，会围绕产品产生一些新的法律问题，可以进行提前研究，比如人类借助 AI 犯罪、AI 错误的责任归属、AI 版权等。早研究，就可以早在这个领域获得一些话语权。好产品应该具有独特的设计，能够开箱即用，能够解决一个特定的问题，并且非常易用，而不是与旧产品的简单结合。

3. 运营主导阶段（影响 50%～84% 的行业从业者）

这个阶段的受众对应技术采用生命周期的"晚期大众"，预计会影响 50%～84%

的行业从业者。

在这个阶段，要从整个行业入手去思考问题。对旧的问题进行思考并设计出一些新的解决方案，主要是在行动方面做一些预先设计、非诉相关的设计以及对律师经营方式进行一些调整。

但是这一阶段的任务不是本书的重点，也不是普通律师可以推动的。

4. 资本主导阶段（影响 84%～97.5% 的行业从业者）

这个阶段的受众对应技术采用生命周期的"晚期大众"，预计会影响 84%～97.5% 的行业从业者（仍然有 2.5% 左右的人不接受新技术）。

这个阶段的任务与律师无关，可以不用考虑。不过要考虑出现某些大律所垄断整个行业的情况，要根据情况考虑是否提前跳槽到大律所或者在某个特定领域深耕。

第 2 章

格物：技术革新，ChatGPT 崛起

ChatGPT 到底是什么？本章试图从律师熟悉的领域入手，用通俗易懂的方式解释 ChatGPT 的底层原理、优点，以及它在法律中可能的应用。

在本章的末尾，我们将延续第 1 章的讨论，基于技术革新的视角，进一步探索 ChatGPT 的未来发展及其对法律行业可能产生的影响。

2.1　背后的技术：理解 ChatGPT 的工作原理

2.1.1　基础技术解析

本节将从律师熟悉的自然法切入，逐步引导读者理解 ChatGPT 的内部工作原理。

注意：虽然在解释过程中偶尔会用代码来计算精确值，但代码本身不是本章的重点。对于代码不感兴趣的读者，可以忽略编程细节，这不会影响对主要内容的理解。

1. 法律：从大自然到自然法

自然法的概念源于古代哲学和法律理论，认为法律的根基在于自然界的规律和人类的本质。这种思想认为，所有的法律和社会规范都应该反映自然界的基本原则。比如，经典的法学论著《法学阶梯》就将自然法与罗马法融合起来，并根据自然法的思想重新构建了罗马法。而对 20 世纪战争的反思促进了自然法的再次复兴，最终促进了《世界人权宣言》的诞生。

自然法理论认为，有些权利和原则是自然赋予的。例如，生存、自由和追求幸福被认为是自然法赋予每个人的基本权利。这些原则反映了自然界的某些基本真理，如生物的生存和繁衍。在自然演变过程中，人类形成了许多生存和社会互动的基本原则。例如，种群繁衍行为启发了人类对家庭和社会结构的理解，并最终导致了婚姻制度的建立，婚姻制度及抚养关系又产生了一系列相关的法律和社会规范，如《中华人民共和国婚姻法》和《中华人民共和国未成年人保护法》等。

当前法律的制定和解释经常参考自然法的原则。比如，在讨论人权、公正和道德时，自然法提供了一个重要的视角。这种当前法律与自然法的对话体现了人类社会对自然界规律的理解和尊重。

如何把自然界中的规则借鉴用于法律上呢？这其实涉及更底层的关于语言（符号）本身的一些思考，接下来我们就需要引入符号学的概念。

2. 符号学：概念类比

符号学是研究符号及其在人类交流中作用的学科。符号不仅是文字和语言，也包括我们用来表达和理解世界的一切符号系统。这些符号系统使我们能够将复杂的概念分解成更易理解的部分。例如，法律文本使用特定的术语和结构来传达复杂的法律概念。

人类经常使用类比和隐喻来理解新的或复杂的概念。例如，将时间比作流水是一种结构类比，它帮助我们理解时间的连续性和不可逆性；将商业营销活动比作战役（广告是空中轰炸，供货是地面推进）则是一种深层隐喻，它揭示了商业营销策略的复杂性和竞争性。这种类比和隐喻的使用是人类认知的基本特征，它使我们能够将未知联系到已知，从而理解新的概念。

我们自然而然地会从熟悉的事物入手（比如自然界的一些自然规则），通过类比来创造新的、模式化的东西（比如自然法）。从自然规则到自然法的类比如图 2-1 所示。

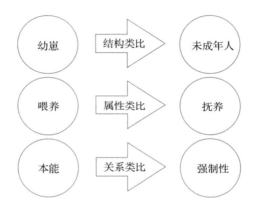

图 2-1　从自然规则到自然法的类比

再深入一下，类比正是我们理解一个陌生符号（词）意义的方法。

后结构主义语言学强调语言和符号意义的相对性与构建性。在这个视角下，一个陌生词的意义不仅取决于它自身，还取决于它与其他已知词的关系。我们之所以知道什么是"西瓜"，是因为它与"苹果""梨"和"衣服"等词之间有着特定的区别和联系。于是，我们常常不由自主地问出这样的问题：×× 和 ×× 的区别是什么？当这类问题脱口而出的时候，我们就可以洞察，我的大脑原来是这样理解事物的。

人脑中通过距离找的坐标，相关性越强，距离越近，如图 2-2 所示。计算机也可以进行类似的行为，接下来我们引入稠密词向量（Dense Word Vector），探究计算机是如何"理解"不同概念的。

3. 从概念类比到稠密词向量

（1）语料库

假设我们有一个简单的语料库，包含四个关于香味描述的句子，如表 2-1 所示。

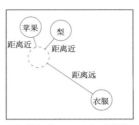
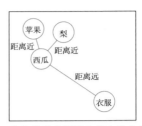

| 1.我们脑中的已知词 | 2.新的词加入，我们先根据
其特征与其他已知词的距离，
为新词找到一个空白位置 | 3.我们将这个思维空间中的空白
位置命名为"西瓜"，于是我们
就知道了这个新词的意义 |

图 2-2　通过距离找到新词坐标

表 2-1　关于香味描述的超简单语料库

类型	语料
香味描述	苹果的香味像柠檬一样清新
香味描述	草莓的香味很甜美
香味描述	苹果和梨都有淡淡的果香
香味描述	苹果不如芒果香甜

（2）共现矩阵

我们可以统计出词之间的共现矩阵，如图 2-3 所示。

	苹果	柠檬	草莓	梨	芒果
苹果	—	1	0	1	1
柠檬	1	—	0	0	0
草莓	0	0	—	0	0
梨	1	0	0	—	0
芒果	1	0	0	0	—

图 2-3　共现矩阵

通过代码清单 2-1，我们可以计算出词向量。

代码清单 2-1　使用奇异值分解[⊖]提取词向量的 Python 代码

```
import numpy as np

# 构建共现矩阵
```

⊖ 奇异值分解（Singular Value Decomposition，SVD）是线性代数中一种重要的矩阵分解。——编辑注

```
co_occurrence_matrix = np.array([
    [0, 1, 0, 1, 1],  # 苹果
    [1, 0, 0, 0, 0],  # 柠檬
    [0, 0, 0, 0, 0],  # 草莓
    [1, 0, 0, 0, 0],  # 梨
    [1, 0, 0, 0, 0]   # 芒果
])

# 使用奇异值分解提取词向量
U, S, V = np.linalg.svd(co_occurrence_matrix, full_matrices=False)

# 取奇异值分解的 U 矩阵作为词向量（这里只取前两个维度作为示例）
word_vectors = U[:, :2]

# 输出计算后的词向量
word_vectors
print(word_vectors)
```

输出结果如下。

```
苹果 : [1.00000000e+00, 0.00000000e+00]
柠檬 : [1.11022302e-16, -5.77350269e-01]
草莓 : [0.00000000e+00, 0.00000000e+00]
梨 : [1.11022302e-16, -5.77350269e-01]
芒果 : [1.11022302e-16, -5.77350269e-01]
```

（3）勾股定理与余弦相似度

因为词料库过于简单，导致几种水果的词向量非常接近，为了解决这一问题，下面通过代码清单 2-2 将苹果和柠檬的词向量在二维矩阵上清晰地绘制出来（请忽略草莓的直线，由于数据量问题，草莓没有与别的水果共现，所以未显示），如图 2-4 所示。

代码清单 2-2   绘制二维矩阵的 Python 代码

```
# 选择苹果、柠檬、草莓的词向量及对应颜色
selected_fruits = ["Apple", "Lemon", "Strawberry"]
selected_vectors = [word_vectors[0], word_vectors[1], word_vectors[2]]
colors = ["red", "yellow", "green"]

# 绘制苹果、柠檬、草莓的直线
plt.figure(figsize=(8, 6))
for i, fruit in enumerate(selected_fruits):
    plt.plot([0, selected_vectors[i][0]], [0, selected_vectors[i][1]],
        label=fruit, color=colors[i])
```

```
plt.xlabel('Dimension 1')
plt.ylabel('Dimension 2')
plt.title('Lines for Apple, Lemon, and Strawberry in 2D Space')
plt.legend()
plt.grid(True)
plt.show()
```

根据勾股定理（边长^2＝苹果向量^2＋柠檬向量^2），通过代码清单 2-3 就可以计算出苹果和柠檬两向量间的边长为 1.154 700 538 379 251 5。所谓的边长即欧几里得距离，体现了苹果与柠檬的相关性。

代码清单 2-3　通过余弦定理计算欧几里得距离（边长）的 Python 代码

```
# 重新提取苹果和柠檬的向量
apple_vector = word_vectors[0]
lemon_vector = word_vectors[1]

# 计算两向量间的欧几里得距离（边长）
distance = norm(apple_vector - lemon_vector)
distance
```

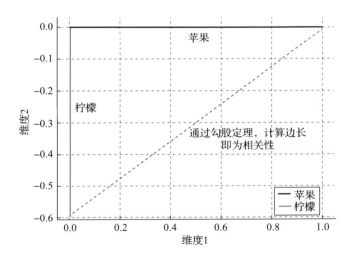

图 2-4　勾股定理计算向量间边长

通过上面的非常简单的例子，我们能更好地明白其中的概念。在实际情况下，我们通常计算余弦相似度。通过代码清单 2-4 可以计算出苹果向量与其他四种水果向量的余弦相似度，如表 2-2 所示。

代码清单 2-4   计算余弦相似度的 Python 代码

```python
import numpy as np

# 重新创建共现矩阵并进行奇异值分解计算
co_occurrence_matrix = np.array([
    [0, 1, 0, 1, 1],    # 苹果
    [1, 0, 0, 0, 0],    # 柠檬
    [0, 0, 0, 0, 0],    # 草莓
    [1, 0, 0, 0, 0],    # 梨
    [1, 0, 0, 0, 0]     # 芒果
])
U, S, V = np.linalg.svd(co_occurrence_matrix, full_matrices=False)
word_vectors = U[:, :2]

# 苹果向量
apple_vector = word_vectors[0]

# 其他四种水果的向量
other_fruits_vectors = word_vectors[1:]

# 计算苹果向量与其他水果向量的余弦相似度
cosine_similarities = [np.dot(apple_vector, fruit_vector) / (norm(apple_
    vector) * norm(fruit_vector))
                        for fruit_vector in other_fruits_vectors]

cosine_similarities
```

表 2-2   苹果向量与其他四种水果向量的余弦相似度

水果向量	代码输出的余弦相似度
柠檬	1.9229626863835636e-16
草莓	nan⊖
梨	1.9229626863835636e-16
芒果	1.9229626863835636e-16

　　本例只是比较苹果在单个维度上（香味）与其他几种物品的相似度，但是从生活中的常识可以知道，水果除了香味，还有营养成分、口感、质量、体积、成熟季节、经济价值、文化符号等维度，这里就要引入稠密词向量的概念。

（4）稠密词向量

　　稠密词向量是自然语言处理中用于表示词汇语义的一种数学表达方式。具体

　　⊖　在 Python 代码中，nan 表示 Not a Number，意为一个未定义或不可表示的数值。

来说，它是将词汇映射到一个高维（通常有几百维到几千维）的实数向量空间中，每个维度上的数值表示词汇的某种语义特征。这样每个词汇就由一个稠密的实数向量来表示，不同词汇之间的语义关系可以通过向量运算来体现。

与传统的一词一义（One-Hot）的表示方式不同，稠密词向量带有语义信息，可以反映词汇间的语义相似性。词义相近的词汇，其对应的词向量也比较接近，这样词向量可以应用到句法分析、语义分析等自然语言处理任务中。

而 ChatGPT 中的 Transformer 语言模型正是使用了稠密词向量技术。接下来介绍 Transformer 中稠密词向量技术的实现。

4. Transformer：从稠密词向量到"变压器"

具体来说，ChatGPT 是基于 Transformer 机器学习模型构建的。Transformer 由编码器和解码器组成。

在编码器中，采用了词嵌入层，就是将文本中的每个词汇映射为一个稠密词向量，这些词向量保留了词汇的语义信息。然后将这些词向量输入 Transformer 的自注意力机制中，以计算词向量之间的相关性，学习语义信息。之后输入前馈全连接层，进一步学习特征。这些都依赖稠密词向量提供的语义知识。

在解码器中，也有类似的词向量映射、自注意力等结构。编码器输出的语义信息通过注意力机制传递给解码器，指导解码器生成对输入文本的预测或理解。

在训练大量文本数据后，ChatGPT 模型学会了将词汇映射到语义向量，并利用向量间的关系进行语义理解和生成。所以可以说，稠密词向量为 ChatGPT 提供了表示和学习语义信息的关键技术基础。它让 ChatGPT 可以对词汇间的语义关系进行建模，从而完成语言理解和对话任务。稠密词向量帮助 ChatGPT "感知"了语言的语义空间。

于是，ChatGPT 就可以开始生成文本了。

5. ChatGPT 生成文本的底层过程

网上有一个笑话，说人的本质其实是复读机。某种意义上，这句话说得没错。有时候我们看到一个问题，而这个问题和我们之前看到的问题比较类似，那么我们通常会直接复用之前看到的问题的答案（或者根据情境简单改一改）来回答现在的问题。ChatGPT 本质上也是个复读机。

当 ChatGPT 理解语言之后，其文本生成的过程就是一个搜索过程，它会根据预先设定的语料库去生成下一句话。具体来说，就是 ChatGPT 先把接收的语言转换成向量，然后从自己训练过程中接收的极其庞大的语料库所构成的向量空间中搜索匹配项，然后在匹配的向量空间中进一步向下扩展。

　　ChatGPT 生成文本的本质就是计算下一个词的分布概率，如图 2-5 所示。首先，ChatGPT 据上文判断可能的句式（注意力机制），比如根据上一句话，下一句话有三种生成方式，其中最可能生成的句子是什么。其次，判断如果采用这个句子，那么下一个词应该是什么。如此逐步迭代，直到生成整个文本。

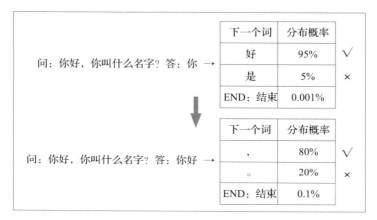

图 2-5　ChatGPT 只是不断生成下一个词

```
你
你好
你好，
你好，我
你好，我是
你好，我是 ChatGPT
……
```

　　回到技术上，总结一下，ChatGPT 作为一款先进的自然语言处理工具，其核心技术基于一种深度学习架构 Transformer 实现。这一架构于 2017 年由谷歌的研究团队提出，迅速成了自然语言处理领域的革命性技术。

　　Transformer 架构的核心是注意力机制，它使模型能够关注输入数据的不同部分以提高预测的准确性。在处理自然语言时，这意味着模型可以专注于句子中的关键词汇，忽略不相关的信息，从而更好地理解语言的上下文和含义。例如，在翻译任务中，注意力机制帮助模型关注源语言句子中与目标语言词汇直接相关的部分。

　　在生成文本时，ChatGPT 通过预测下一个最可能的词来构建句子。这一过程基于之前的词汇和上下文，确保生成的文本连贯且符合语境。为了提高文本的多样性和创造性，模型还会考虑多种可能的词汇组合，并从中选择。

2.1.2 ChatGPT 的特色与优势

ChatGPT 的开发和应用标志着人工智能在自然语言处理领域的一次重大突破。以下是它的一些显著特点和优势。

1. 高级语言理解能力

ChatGPT 能够理解和生成复杂的自然语言，如例 2-1 所示。它通过大规模的预训练，学习了丰富的语言结构和词汇，能够理解不同的语言风格（包括俚语和双关语）。这种理解能力使其能够与用户进行自然、流畅的对话。

例 2-1 大模型的语言理解能力

提问： 请解释一下下面的这个故事，不同的意思是什么意思？

小明：阿强，这是我的一点意思。

阿强：你这是什么意思？

小明：没什么意思，意思意思。

阿强：你这人真有意思。

小明：其实也没有别的意思。

阿强：那我就不好意思了。

小明：小意思小意思。

ChatGPT：

这个对话展示了中文中"意思"一词的多重含义和微妙的语境使用。每一句话都使用了"意思"，但每次都有不同的含义：

1. 小明：阿强，这是我的一点意思。

这里的"一点意思"通常指的是小礼物或者好意，表达敬意或感谢。小明可能是在给阿强一个小礼物或者表示某种感激。

2. 阿强：你这是什么意思？

阿强这句话的"什么意思"可能表示困惑或质疑。他可能不明白小明的意图，或者是在问小明为什么要这么做。

3. 小明：没什么意思，意思意思。

小明这里的"没什么意思"意味着他的行为没有特别的目的或深意。而"意思意思"是一种常用语，表示只是象征性的行为，没有太多的重要性。

4. 阿强：你这人真有意思。

这里的"有意思"可能是阿强对小明的行为表示赞赏或觉得有趣，也可能带有一点戏谑或轻松的语气。

5. 小明：其实也没有别的意思。

小明再次强调他的行为没有其他深层的含义，只是单纯的好意或礼貌。

6. 阿强：那我就不好意思了。

"不好意思"在这里可能表示阿强对小明的礼物或好意感到有些不安或尴尬，因为接受了小明的好意。

7. 小明：小意思小意思。

最后，小明再次强调自己的行为只是小小的表示，没有太多的重要性，是出于礼貌或好意。

整个对话体现了中文中"意思"这个词的灵活性和丰富的文化内涵。通过不同的语境，相同的词语可以表达多种不同的情感和意图。

2. 上下文感知和连贯性

与传统的基于规则的系统相比，ChatGPT 能够维持对话的上下文连贯性，提供更相关的回应。也就是说，它能记住对话的历史记录，理解前后文的关系，从而生成更加准确的回答。大模型的上下文理解能力如例 2-2 所示，在回答第二个问题的时候，ChatGPT 结合上文知道了提问者的意思。

例 2-2　大模型的上下文理解能力

提问：中国民法典的全称是？

ChatGPT：中国民法典的全称是《中华人民共和国民法典》。

提问：宪法呢？

ChatGPT：中国的宪法全称是《中华人民共和国宪法》。

3. 个性化和适应性

ChatGPT 能够根据用户的输入调整其回答的风格和内容。它可以模仿用户的语言风格，适应不同的对话场景，从而提供更个性化的交流体验，如例 2-3 所示。

例 2-3　大模型提供个性化的回答

提问：回答一个律师的问题："根据中国法律，劳动者与用人单位就工伤保险待遇赔偿问题达成和解后，是否还可以通过仲裁或者诉讼主张权利？"

ChatGPT：根据中国法律，劳动者与用人单位在工伤保险待遇赔偿问题上达成和解后，是否还可以通过仲裁或诉讼主张权利，主要取决于和解协议的内容以及和解是否符合法律规定。

一般而言，如果和解协议是在双方自愿、平等的基础上，依法订立的，并且和解内容没有违反法律强制性规定，那么和解协议具有法律效力，劳动者在和解协议范围内原则上不能再通过仲裁或诉讼主张权利。这是因为和解协议的目的就是为了解决争议，避免诉讼，双方一旦达成和解，就应当按照和解协议执行。

然而，如果和解协议的内容违反了法律规定，如低于法律规定的工伤赔偿标准，或者和解过程中存在胁迫、欺诈等情形，导致和解协议无效或可撤销，劳动者仍然可以通过仲裁或诉讼的方式主张自己的权利。

此外，根据《中华人民共和国工伤保险条例》等相关法律法规，对于工伤保险待遇的赔偿问题，有些权利是劳动者不可放弃的，即使在和解协议中放弃，该放弃也是无效的。因此，劳动者在这些不可放弃的权利方面，仍然可以通过仲裁或诉讼主张权利。

总之，是否可以通过仲裁或诉讼主张权利，需要具体分析和解协议的内容以及和解的合法性。建议在处理此类问题时，最好咨询专业律师，以便得到准确的法律意见。

提问：回答一个小孩子的问题："根据中国法律，劳动者与用人单位就工伤保险待遇赔偿问题达成和解后，是否还可以通过仲裁或者诉讼主张权利？"

ChatGPT：当然，我可以用更简单的话来解释：

想象一下，如果你在学校里不小心摔倒了，然后老师和你的家长决定给你一些糖果作为安慰。如果你觉得糖果够多，你就接受了，那么事情就算解决了。但是，如果你回家后觉得因为摔倒很疼，糖果太少了，不够公平，你可能会想要再和老师或家长谈谈，看看能不能得到更多的糖果。

在中国，如果一个工人在工作时受伤了，他和他的公司可以达成一个协议，决定公司给他多少钱作为补偿。如果工人觉得这个补偿合适，他就接受了，那么他就不能再去要求更多的补偿了。但是，如果工人觉得这个补偿不够，或者觉得在达成协议时有不公平的地方，他还是可以去找专门解决争议的机构（比如仲裁机构）或者法院，尝试得到更多的补偿。

所以，关键是看工人是否觉得那个协议是公平的。如果不公平，他还有机会通过其他方式争取自己的权利。

点评：

准确性 4 分、完整性 5 分、清晰度 4 分、相关性 5 分、专业性 5 分。

第一次回答从和解协议效力、赔偿标准公平等方面正面地回答了提出的问题。逻辑表达清晰，引用了相关的法律文件。从律师的角度来说，该回答的专业度尚可。

第二次回答所给出的结论具备一定专业性，且解答过程非常具有个性化，主要从小朋友的生活日常出发来解读问题，通俗易懂。

4. 多功能性

ChatGPT 不仅能用于对话，还能执行多种任务，如文本生成、摘要、翻译和问答等，如图 2-6 所示。这使其成为一个多用途的工具，可以应用于不同的场景和行业。

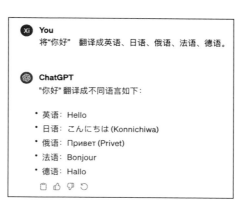

图 2-6   大模型熟悉各种语言

5. 实时反馈和迭代学习

ChatGPT 能够从用户的反馈中学习并改进，如例 2-4 所示。通过与用户的互动，它可以更好地理解用户的需求和偏好，从而不断优化其性能。

例 2-4   大模型根据用户的反馈进行改进

提问：什么是抗辩权？

ChatGPT：抗辩权是法律术语，指的是当事人基于一定的法律事实拒绝履行其义务或要求的权利。

这通常出现在合同或债务关系中，当事人可以根据特定的条件或事实，合法地拒绝执行其合同义务或支付债务。例如，如果一方违反了合同条款，另一方可能拥有抗辩权，可以合法地拒绝履行其合同下的义务。

抗辩权的运用必须基于合理的法律理由，这些理由通常被明确地规定在法律中。抗辩权的存在是为了保护当事人不受不公平或不正当的要求的影响。它是一种防御性的法律策略，使个人或实体可以在特定情况下保护自己免受法律责任。

提问：太啰唆了，请总结为一句话。

ChatGPT：抗辩权是当事人基于特定法律事实合法拒绝履行义务或支付债务的权利。

点评：

准确性 4 分、完整性 4 分、清晰度 4 分、相关性 5 分、专业性 3 分。

该回答默认从普法的角度简单介绍抗辩权的定义、行使依据、行使方式、行使目的。整体内容没有明显错误。当提问者要求 ChatGPT 进行总结时，配合输出了"一句话"式的总结，可以在一定程度上满足律师的个性化需求。

6. 数据处理和分析能力

ChatGPT 能够处理和分析大量的文本数据，2023 年 11 月推出的 GPT-4 Turbo 拥有 128 000 个字节的文本规模，相当于 6.4 万个汉字。而在法律领域，这意味着它可以快速分析案件文件、法律文献和其他相关文档，为律师提供有价值的洞察。

总之，ChatGPT 在自然语言处理方面的先进能力使其成为一个强大的工具，尤其适合于语言和文本密集型的领域，如法律。它的高度适应性、灵活性和多功能性使其成为法律专业人士值得考虑的技术解决方案。随着技术的不断发展和完善，我们可以预见 ChatGPT 在法律领域的应用将会越来越广泛和深入。

2.2　跨越界限：AI 技术在法律领域的应用

2.2.1　法律研究与分析

在现代法律实践中，像 ChatGPT 这样的 AI 工具，在法律研究和分析方面扮演着越来越重要的角色。以下是 ChatGPT 在法律研究与分析方面的几项关键应用。

1. 高效的法律信息检索

ChatGPT 能够快速地从大量法律文献中检索相关信息，包括案例法、法规、学术文章和其他法律文献。它可以根据特定的关键词或法律问题提供准确、相关的信息，极大地提高了研究的效率。

2. 案例分析和先例研究

利用 ChatGPT 进行案例分析可以帮助律师更深入地理解特定法律问题的历史和发展。它能够分析大量案例，快速找出相关先例，帮助律师构建更加有力的论证。

3. 法律文档的草拟与分析

ChatGPT 可以辅助律师草拟各种法律文档，如合同、诉状和法律意见书。此外，它还能够分析这些文档的语言和结构，提出改进建议，确保文档的准确性和专业性。

4. 风险评估和合规性分析

在合规性和风险管理方面，ChatGPT 可以帮助识别潜在的法律风险和合规问题。通过分析法律文件和业务活动，它可以预测潜在的法律挑战和风险，帮助企业和律师事务所做出更明智的决策。

5. 跨领域法律研究

法律问题往往涉及多个领域，如金融、科技或国际法。ChatGPT 可以跨领域检索和分析信息，提供全面的视角和深入的洞察，从而帮助律师全面理解复杂的案件，如例 2-5 所示。

例 2-5 大模型提供跨领域意见

提问：

作为一名律师，我正在为一位客户提供咨询，他打算在欧盟启动一家基于区块链的金融科技创业公司，提供跨境支付服务。他对欧盟的通用数据保护条例（General Data Protection Regulation，GDPR）表示担忧，特别是如何在提供服务的同时遵守这些规定。他想知道，针对这种服务，GDPR 有哪些特定要求？我们需要采取哪些措施来确保其业务符合 GDPR 的规定？

ChatGPT：

在针对这种区块链金融科技创业公司的情况下，GDPR 确实提出了一系列要求，以保护欧盟公民的个人数据。这些要求包括但不限于数据最小化、数据保护默认设置、用户同意、跨境数据传输、数据主体权利等。以下是您作为律师在提供咨询服务时可以考虑的关键合规措施：

1.**详细评估业务模型**：首先，详细了解客户的业务模型和数据处理流程是非常重要的。确定哪些个人数据被收集、处理以及存储的原因，以及这些数据如何与区块链技术交互。

2.**实施数据保护措施**：推荐在设计阶段就整合数据保护措施，包括数据加密和匿名化技术，以确保数据在区块链上的安全存储。

3.**确保透明度和获取用户同意**：为客户制定清晰的隐私政策和用户协议，确保数据主体（即用户）明白他们的数据如何被使用，并在必要时获得他们的同意。

4.**规划跨境数据传输**：如果客户计划将数据传输到欧盟以外的地方，需要确保遵循 GDPR 的规定，采取适当的数据保护措施，比如使用标准合同条款或确保接收方国家有足够的数据保护水平。

5.**支持数据主体的权利**：建议客户的系统能够处理数据主体的请求，如访问、更正或删除他们的个人数据。

6.**指派数据保护官（Data Protection Officer，DPO）**：根据客户的业务规模和数据处理活动的特点，可能需要指派一名数据保护官来监督数据保护事务和合规性。

7.**准备违规通报程序**：开发一套程序以应对可能的数据泄露或安全事件，包括在规定时间内向监管机构和受影响的数据主体报告。

8.**持续监控和评估**：鉴于科技和法规的不断发展，建议客户定期审查其数据处理活动和合规措施，确保持续遵守 GDPR。

作为律师，您应该建议客户与专业的数据保护顾问合作，以确保他们的业务模型、技术解决方案和运营流程符合 GDPR 的要求。此外，提供定期的法律和合规培训给客户的员工，以提高他们对数据保护重要性的认识，也是确保长期合规的关键。

点评：

律师在工作中经常面对客户的新需求及新问题，而初次面对一个问题时多少会有些茫然不知所措。该回答模拟了这种情境，从 8 个方面对律师提出了概括性建议，为律师工作提供了方向性的指引。但是该内容比较简要，未涉及相关的具体规定，律师还需要通过进一步的提问及自己的检索工作来完成客户咨询。

6. 法律适用趋势和模式识别

通过分析大量法律数据，ChatGPT 能够识别法律适用趋势和模式，如某一法律领域的发展动向或审判趋势。这对于战略规划和案件策略制定非常有价值。

7. 语言分析和证据评估

在处理证据和证词时，ChatGPT 可以对语言进行深入分析，识别不一致之处或潜在的误导信息，如例 2-6 所示。这对于证据的筛选和评估非常重要，尤其是在复杂的诉讼案件中。

例 2-6　大模型对于语言的深入分析

提问：

我是一名律师，目前正在处理一起涉及工作场所事故的案件。以下是一名目击者的证词摘录："我在事故发生时在现场。那天早上，我看到杰克在事故现场附近忙碌着。大约在上午 10 点左右，我听到了一声巨响，随后我立刻跑向声音来源的地方。到达现场时，我看到杰克站在一边，看上去似乎并未受伤。事实上，直到我听到巨响之前的几分钟，我都没有看到杰克离开过那个区域。"根据这段证词，请分析是否存在不一致之处或潜在的误导信息。

ChatGPT：

根据您提供的证词，有几个关键点需要仔细分析，这些点可能揭示了不一致之处或潜在的误导信息：

1. ** 目击者的位置和视角 **：目击者称在事故发生时在现场，并且能够看到杰克在事故现场附近忙碌。这表明目击者有一个清晰的视角来观察杰克的动作。然而，我们需要考虑目击者的确切位置和他们观察到的细节是否足够支持他们对杰克位置的断言。

2. ** 时间线的准确性 **：目击者提到在上午 10 点左右听到一声巨响，但他们也提到在听到巨响之前的"几分钟内"没有看到杰克离开过那个区域。这里的关键是"几分钟内"这个表述是否与事故发生的具体时间相符，以及是否有足够的时间让杰克在未被目击者注意到的情况下离开，然后再返回事故现场。

3. ** 杰克的状态 **：证词中提到到达现场时，目击者看到杰克"看上去似乎并未受伤"。这个观察对确定杰克是否直接涉及事故发生有一定的重要性。不过，仅凭外表判断一个人是否受伤可能不够准确，需要通过医疗检查来确定。

　　4. **目击者对事件的解读可能存在偏差**：目击者对事发前后杰克位置的描述可能受到他们个人解读和记忆的影响。人的记忆可能会受到多种因素的影响，包括事后信息、个人偏见或是对事件的心理距离。

　　在处理这段证词时，建议进一步审查其他物理证据（如现场视频监控录像）、其他目击者的证词以及杰克的陈述，以验证目击者的说法并识别任何可能的不一致或误导信息。此外，考虑到人的记忆和观察可能存在的局限性，对目击者的位置、观察角度以及对事故细节的描述进行详细的分析，对于理解整个事件的经过至关重要。

点评：

该回答对案件目击人员的证词做出剖析，从 4 个角度指出了证词可能存在的问题。其表达上有基本的逻辑，对每个方面也进行了相对具体的解释，对律师办案有一些参考意义。但是，作为律师，建议使用现场演绎的方式来发现证词的不合理之处，最多把该分析作为一个基本参考。

8. 增强法律教育和专业培训

ChatGPT 也可以用于法律教育和专业培训。通过提供模拟案例、法律问题和交互式的学习体验，它可以帮助法律专业的学生和年轻律师更好地掌握法律知识和技能。

9. 促进法律服务的自主化

通过使法律研究和分析更加高效和易于访问，ChatGPT 有助于降低法律服务的成本。这使得更多人能够获得专业的法律帮助，促进了法律服务的自主化。

10. 面向未来的技术准备

随着法律科技（Legal Tech）的发展，掌握和应用像 ChatGPT 这样的工具将成为法律专业人士的必备技能。它不仅能提高个人的工作效率，还能帮助法律机构保持技术前沿水平，适应不断变化的法律市场。

2023 年 8 月，正值与国内大成律所分家的波动期，全球最大的律师事务所之一的 Dentons 律师事务所同时与微软合作，推出一个名为 fleetAI 的法律版 ChatGPT，如图 2-7 所示。fleetAI 仅供律所内部使用，以帮助律师更好地为客户服务，从而继续维持 Dentons 在律师界的领先地位。

图 2-7   Dentons 律所与微软合作，推出内部用的法律版 ChatGPT

总而言之，ChatGPT 等 AI 工具在法律研究和分析方面具有无与伦比的优势，它们改变了传统的工作方式，为法律专业人士提供了强大的辅助工具。随着这些技术的进一步发展和完善，可以预测它们将在法律行业中扮演越来越重要的角色。

2.2.2　优化客户服务

在法律行业，优化客户服务是提升竞争力和维持客户满意度的关键。ChatGPT 等 AI 技术的应用为提高客户服务质量提供了新的可能性。ChatGPT 在优化客户服务方面的一些可能的应用如表 2-3 所示。

表 2-3　ChatGPT 在优化客户服务方面的部分应用场景

方向	简介
实时法律咨询	ChatGPT 等 AI 技术可以提供全天候的即时法律咨询服务。客户可以随时提出问题，而 AI 系统能够立即回应，提供初步的法律建议和信息。这不仅提高了服务的响应速度，还增强了客户的便利性
个性化客户体验	通过分析客户的具体需求和历史交互数据，ChatGPT 能够提供更加个性化的服务。它可以根据客户的特定情况和偏好调整回答和建议，从而提供定制化的客户体验
自动化常规任务	ChatGPT 可以自动化处理许多常规的客户服务任务，如预约安排、常见法律问题的回答等。这样不仅提高了工作效率，还让律师有更多时间处理更复杂的法律问题
文档审查和生成	ChatGPT 可以协助生成和审查法律文件，如合同、遗嘱和诉讼文件。通过自动化文档审查和生成，律师可以更快地为客户提供服务，同时保持文档的高质量

（续）

方向	简介
增强沟通和客户关系管理	ChatGPT 可以作为沟通和客户关系管理的工具。它可以帮助律师跟踪客户的需求和偏好，及时提供相关信息，从而建立更紧密、更个性化的客户关系
法律教育和信息提供	ChatGPT 可以向客户提供关于法律问题的教育资源和信息。例如，它可以解释法律术语，提供关于特定法律问题的背景信息，帮助客户更好地理解他们的情况和选项
多语言支持	对于多语言的律师事务所，ChatGPT 可以提供跨语言的服务。它可以理解和回应多种语言的查询，从而服务于更广泛的客户群体
反馈收集和服务改进	ChatGPT 可以用于收集客户反馈，并根据这些反馈优化服务。通过分析客户的满意度和偏好，律师事务所可以持续改进其服务质量
危机管理和紧急响应	在紧急情况下，如法律危机或紧急查询，ChatGPT 可以提供快速的初步响应和指导。这对于管理紧急情况和缓解客户的担忧非常有用
促进法律服务的可达性	通过降低成本和提高效率，ChatGPT 有助于使法律服务更加可达。小型企业或个人客户因此可以以更低的成本获得专业的法律服务

2.3　未来展望：技术发展对行业的长远影响

2.3.1　持续的技术创新

1. 对称性：未来有多少技术创新的可能性

要展望未来的技术演进方向，我们需要先了解过去的技术都是怎么来的，要解释过去的技术，我们需要先了解两个概念：组合进化和可能性的倒三角形（或称可能性的倒金字塔）。

组合进化是指，任何技术都不是凭空而来的，而是由旧技术重新组合产生的。既然现有技术都是由旧技术重新组合而来的，那么了解了现有的技术，就自然可以通过两两组合或多多组合的方式，知道未来所有可能的技术方向。但是这种多多组合的可能性呈现指数级增长，如果底层的现有技术为 3 种，那么倒数第二层可能为 9 种新技术，倒数第三层可能为 81 种新技术……呈现为一种头大底小的形状，故称为"可能性的倒三角形"。

可能性的倒三角形如图 2-8 所示，ChatGPT 已使用了现有的 6 种技术，后面 10 种为 ChatGPT 未使用的同类的现有技术。假如进行六六组合，那么除了 ChatGPT 外，还有 3002 种可能的新技术方向。

竟然有这么多种可能性！而且，在这新的三千多种可能性的基础上，可以再进行组合，其可能的组合数量更是庞大，这样分析还有意义吗？

注意，本节标题中的对称性指的是理论上技术组合的进化是对称的，其发展模式从下至上呈现指数级增长，形成一个倒置的金字塔结构。这是自然的、不干预的发展结果。

但是在实际的历史中，我们发现，现有技术导致的未来可能性通常不是呈对称的倒三角形，而是呈现一种不对称的形状。技术会沿着一个方向不均衡地向上发展，一直到失去平衡，然后停滞。这里，我们就要引入"人类选择的比萨斜塔"的概念。

2. 非对称性：人类会选择其中哪种可能性

（1）人类选择的比萨斜塔，显而易见的上层组合

人类选择的比萨斜塔如图 2-9 所示，自古至今，人类在技术演进方面做出的抉择有着出乎意料的一致性，即并不是横向拓展各技术领域，而是在现有技术的基础上不断进行纵向组合发展，呈现为比萨斜塔的形态。

一种方式是将现有技术整体上直接与其他技术进行结合。比如，ChatGPT+语音处理。ChatGPT 刚刚推出的时候只有文字对话功能，后来增加了语音聊天的功能。再如，ChatGPT+计算机视觉。这就是目前 OpenAI 在大力投入的工作领域，也就是多模态大模型领域。现在 ChatGPT 已经有了识图和生成图片的能力，后来又加上生成视频的能力，以及与 AR、VR、元宇宙结合。

另一种方式就是快速进行创新性叠加。比如，在 ChatGPT+语音处理的融合技术没有发展成熟的时候，已经开始探索这一技术与机器人的结合了。

除了上述例子之外，ChatGPT 与其他当前未连接的技术领域完全有可能会在未来几年内建立联系，甚至说必然会建立联系。

在达到其理论的极限之前，这样的发展模式所产生的效果是令人瞩目的。但是，"斜塔"意味着不稳定，那么它是否可能倒塌呢？

（2）倒塌：触到天花板，底层组合产生的新分支后来居上

任何事物都存在极限，随着纵向叠加的持续发展，可选择的组合可能性逐渐减少，直至所有可能的组合均被尝试完毕，便触到了技术的天花板。当技术达到这一极限后，通常需要经历一段等待和停滞的时间。在此期间，其他底层技术的进步和成熟会催生新的组合，从而支撑技术的再次进阶。而在这一过程中，正是这些新兴的底层技术为技术发展指引新的方向。

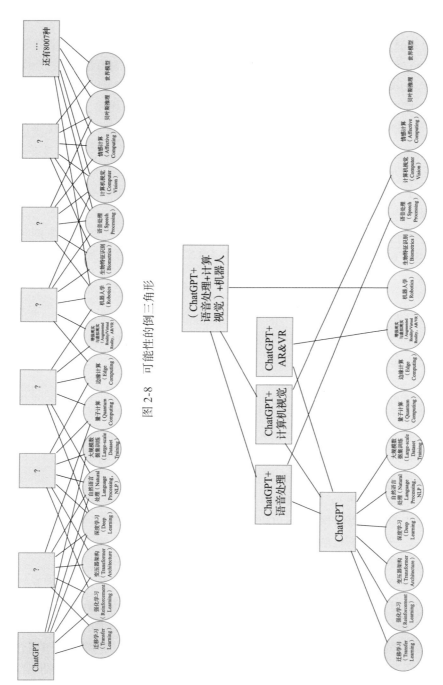

图 2-8 可能性的倒三角形

图 2-9 人类选择的比萨斜塔

OpenAI 本身的崛起恰恰证明了这一点。最初的时候，Transformer 架构发展出两个分支，一个是谷歌的 BERT 方向，另一个是 GPT 方向。而早期业界更看好 BERT 方向，在该方向上添砖加瓦，而 OpenAI 默默地发展 GPT 方向。虽然谷歌的 BERT 方向从 2018—2021 年之间一片火热，但是到 2021 年后渐渐冷却，发展开始遇到瓶颈，而 OpenAI 则通过不断增加数据规模，使 GPT 的性能愈发卓越，最终开创性地推出了 ChatGPT，引领了行业的方向，令其他企业纷纷效仿。

但是，OpenAI 的 GPT 方向就是最终方向吗？应该不会。只是从短期和中期来看，GPT 技术应该会持续占据主流，直到将人类迄今为止积累及产生的所有数据全部吸收为止，那时或许将面临该技术的局限性。

总的来看，未来的技术选择有很多。但是从短期来看，至少在未来两到三年中，ChatGPT 将通过与现有技术进行简单组合来提供更广泛的服务，实现其自身持续发展。

2.3.2　法律行业的预测与趋势

这些新技术对于法律行业到底会有什么影响呢？我们则需要从系统动力学及技术扩散生命周期的角度进行分析。

1. 基于系统动力学的影响

这里将从律师的角度出发，进行简单的系统动力学分析，揭示新技术的发展对律师工作的影响，如图 2-10 所示，ChatGPT 虽然增强了律师的法律文书撰写能力，但是缩小了律师与当事人在法律知识上的信息差，影响了律师提供的法律咨询服务。这一影响主要产生在两个方面。

一是影响律师的收入。知识上的信息差被抹平，会导致律师收费的两级分化：部分律师不能提供超出 ChatGPT 基本能力的法律知识服务，其收费将会进一步降低；而能够提供超出 ChatGPT 基本能力的法律知识服务的律师，因为物以稀而贵，其收费反而会提高。

二是影响律师的案源来源。随着互联网的普及，案源已从传统的熟人介绍逐渐转向互联网平台，律师的收入除了要分给律所一个很高的比例之外，还要分给互联网平台渠道一部分，这造成部分基层律师纯粹为互联网平台打工的形势。而 ChatGPT 的普及将导致这种形势变得更加严峻。普通人遇到法律问题，会向 ChatGPT 等对话机器人进行提问，如果这类对话机器人额外提供一些推荐功能，那么这些推荐内容会慢慢变成广告，从而形成新的对法律咨询渠道的垄断。这使得律师的线上推广工作从原来依赖搜索引擎或推荐系统，转变为依赖 ChatGPT 等对话机器人。

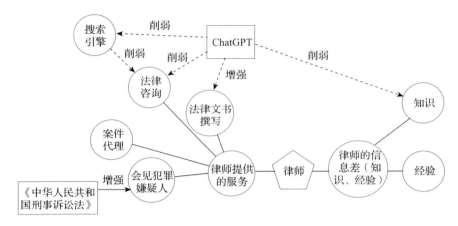

图 2-10　ChatGPT 对律师工作的影响

2. 基于技术采用生命周期的预测

1.4 节提到了技术发展的四个主导阶段，这是基于对过去二十年间互联网发展脉络的观察，同时受到技术采用生命周期的启发而总结的。

基于技术采用生命周期，我们对未来五年间以 ChatGPT 为代表的大模型提供的法律服务在法律界的普及程度做了一个简单的预测，如图 2-11 所示。

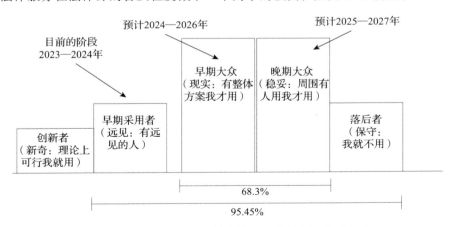

图 2-11　预测 ChatGPT 等大模型法律服务的普及程度

　　ChatGPT 等大模型触及每类新的人群时，其发展态势分别对应这四个阶段。当触及创新者和早期采用者时，属于技术主导阶段；触及早期大众属于产品主导阶段；触及晚期大众属于运营主导和资本主导阶段。每个阶段的应对措施已经在第 1 章中介绍了。

## 第 3 章

正心：新挑战下律师的变与不变

本章使用系统动力学的方法，基于律师的收入模型提出建设性意见，积极探讨 ChatGPT 对律师行业的正向影响，并从律师行业拓展到整个法律行业，围绕更好地促进社会和谐提出建设性意见，进一步探讨 ChatGPT 对法律行业的正向影响。

3.1　职业路径的改变：机遇与挑战

在本节中，我们将探讨律师职业成长过程中的增长飞轮效应、制约因素，以及 ChatGPT 所带来的变革。

3.1.1　职业发展的旧路径：增长飞轮

律师职业发展的增长飞轮如图 3-1 所示。图中的实线展示了增强的作用及其方向。通过持续提升律师的专业能力，并通过各种方式对外展示这一专业性（发布更多专业内容），律师的个人品牌将得到提升，变得更为知名。这种知名度的提升会带来更多的案源机会（从而增加收入），进而积累更丰富的办案经验，特别是在处理复杂案件方面。随着经验的增长，律师的专业能力将进一步加强，有更多专业内容可供输出。这样，律师便能形成一个自我强化的循环，只需要不断推动这个飞轮，随着其转速的加快，律师就会步入一个积极向上的职业发展循环。

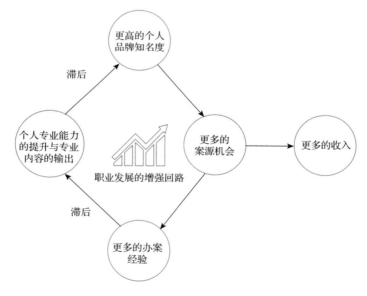

图 3-1　律师职业发展的增长飞轮

1. 延迟的反馈

细心的读者可能已经注意到图 3-1 中有两条"滞后"线路。这表示虽然律师不断地输出专业内容，但是其品牌知名度的提升并非立即发生的。这种反馈可能需要律师通过半年、一年甚至几年的持续努力才能逐渐显现。此外，单纯增加案件数量并不意味着该律师能立即提升专业能力。如果不能有效地进行案件复盘和总结，那么其专业上的成长可能需要较长时间才能实现。

2. 艰难的推动

在滞后的反馈之外，这个飞轮本身的推动也是非常艰难的。

增长飞轮的起点是"个人专业能力的提升与专业内容的输出"。律师最初的个人专业能力来自专业的法学教育。通常律师至少拥有法学硕士学位，然后要通过司法考试，经过实习期，最后获得执业资格证书，才能正式成为一名律师。

随着职业生涯的发展，为了进一步建设专业能力，律师通常会专注于特定的法律领域。这一阶段的专业能力提升主要源于对特定领域中争议焦点的深入研究。这就要求律师在其选择的领域内积累丰富的办案经验，尤其是处理复杂疑难案件的经验。然而，要积累这样的经验，律师首先需要有足够的案源，而获取案源又依赖于律师个人品牌的知名度，这似乎陷入了矛盾。

在这样矛盾的情况下，青年律师只能被迫在职业生涯初期艰难推动职业发展飞轮。其中一种方法是借助知名律师的力量，比如在职业早期进入红圈所等。这意味着青年律师要适应大所严苛的工作要求和承担沉重的工作量，但是可以借助律所的名气慢慢建立自己的个人品牌，在积累工作经验的同时慢慢积累一些案源，逐渐提升自己的专业能力。

还有一种方法是早早地独立执业，坚持对外输出，在多个渠道一点一滴地打造个人品牌，一点点地积累自己的案源，同时扩展和提升自己的办案经验，慢慢提升自己的专业能力。用微薄的力量，拼尽全力地推动这个飞轮。

3.1.2　职业发展的新路径：ChatGPT 影响增长飞轮

ChatGPT 的出现对律师的职业发展的增长飞轮有两个方向的增强作用以及一个方向的减弱作用，如图 3-2 所示。图中的虚线表示减弱的作用和减弱的方向。

先说正面的影响。ChatGPT 所具有的法律知识可以帮助律师更好地开展法律相关的工作。同时，借助 ChatGPT，律师可以更快、更容易地总结经验，提升专业能力，学习和理解专业知识，提高专业内容的文字输出能力，从而提升个人品牌知名度。这些具体的方法和措施，我们将在后面详细说明。

然后详细说负面的影响。正如在 2.3.2 节提到的，ChatGPT 会跟律师"抢夺客户"，至少能获取客户的渠道入口，以及进一步增大律师之间的收入差距。正因为 ChatGPT 存在诸多优点，可以帮助律师提升办案经验，提升专业能力与专业内容的输出，那么自然而然，它也可以一定程度上独立承担部分律师事务。当然我们知道 AI 工具事实上不能取代真正的律师，最起码中国的司法制度保证了有些工作只能由律师来做。

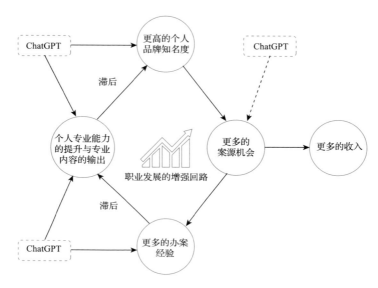

图 3-2   ChatGPT 对律师职业发展的增长飞轮的影响

但是请注意，这里的第一个关键词是"一定程度上"。对于 ChatGPT 能做的工作，最容易想到的就是法律咨询。这部分工作通常不会直接带来收入，但是却对律师至关重要，因为这是一切案源渠道的入口。也就是说，谁垄断了第一次的法律咨询，谁就垄断了案源。

而第二个关键词是"事实上不能"。可惜事实上怎么样并不重要，重要的是客户如何相信。如果客户相信 ChatGPT 及类似工具具备处理律师工作的能力，那么其法律咨询需求可能会更多地聚集于这类 AI 法律咨询服务。

对此的破局，不能仅依赖个别律师的力量，更需要律协或大型律所的联合行动，以避免互联网巨头对案源渠道的垄断。这些议题就不是本书所详细讨论的了。

3.1.3　职业发展的拦路虎：调节回路

上述增长飞轮描绘了律师职业发展的理想路径。然而，现实中许多律师未能沿此路径发展，有的甚至在过程中选择了转行（根据司法所发布的年度律师报告，

2022 年 30 岁以下的律师数量相比于 2021 年减少了 2 万多名）。还有一些律师选择维持现状，而非追求增长。显然，我们能够感知到一个隐蔽的调节回路制约着这个增长飞轮的运转。

制约律师职业发展的调节回路如图 3-3 所示，律师不能兼顾短期和长期的平衡，过分专注短期问题，从而产生了负面循环。

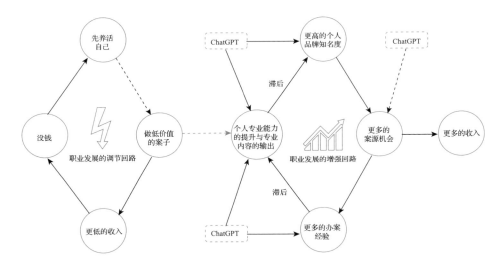

图 3-3　制约律师职业发展的调节回路

1. 重压之下的青年律师

青年律师在其职业生涯初期的处境十分艰难。刚毕业的青年律师还只是律师助理，并不能独立开庭，只能跟着已经拿到执业证的律师去开庭。为了拿到执业证，必须在律所拿着微薄的待遇，做着繁忙的工作，期待着律所每年有限的几个执业证的指标。

最主要的问题是做的案子种类单一，且做不了高价值的案子。

2. 在授薪与独立之间挣扎的授薪律师

"授薪没有未来，无论拿多少钱，所有律师最终都得独立开展业务"，这是大部分律师的共同认知。可是独立后的业务开展十分艰难，这也是大部分律师的共同认知。

于是授薪律师一直陷入纠结：一方面担心长期做授薪律师，影响自己的职业发展；另一方面担心独立之后收入不稳定。

3. 艰难执业的独立律师

事实上，律师在独立后初期的业务开展确实很艰难。正如之前所讲的，这个阶段的很多成果并不能立刻显现，需要一定时间，而没有一定的资金储备，独立律师是很难坚持到最后的。

独立执业存在所谓的"必赢策略"，即遇到挫折时加倍努力。这种策略的核心在于资源的比拼：只要资源充足，即便面对不利的概率和盈亏比，也能通过不断地增加投入，迫使对手在资源枯竭时退场。

一旦律师开始独立之路，关键就不在于个人能力高低，也不在于成功的概率和盈亏比是否合适，而在于早期的时候是否有一定的资金储备。如果没有充足的资金支撑，即使每个案子有 80% 的成功概率，且亏损与盈利的比例是 1：10，但是独立律师却被迫每个月都和对手 ALL IN（全身心投入）竞争，一旦失败就无法翻盘，最终可能在成功之前就已经力竭。

4. 最核心的问题：低价值陷阱

现在回到增长飞轮的模型，我们发现最核心的驱动力是律师的个人专业能力。所以独立与否其实不是最核心的问题，最核心的问题是陷入低价值的案子中。所以，要做不同种类的案子，做高价值的案子，参与谈案子的过程，从而提升自身专业能力。在 10.2.3 节的案例中，我们会讨论律师的个人能力与知识储备到底有什么具体的影响。

当然，我们也知道，想要达成这一目标，现实中确实存在非常多的困难。

3.1.4　惊险一跃：突破调节回路

1. "更上一层楼"理论

作为青年律师，我们应该怎么办？

《黑客与画家》一书提到"更上一层楼"理论，与强大的对手竞争时，我们尽量选择更困难的路径，即更上一层楼。我们在此将这一理论化用在律师行业的竞争与成长之中，说明不同的选择带来不同的结局，如图 3-4 所示。律师的职业生涯是一场不断选择的旅程，宛如在楼梯间决定上楼还是下楼。我们建议青年律师在面临抉择时，努力推动自己的成长飞轮，向着更高层次的目标迈进（更上一层楼），而不是沉迷于处理那些低价值的案件，陷入自我调节的循环，导致自我价值的流失（下一层楼）。经过这样一次次的明智选择，律师个人的成长和转变将变得愈加显著，同时在律师同行之间的竞争中，差距也将逐渐扩大。

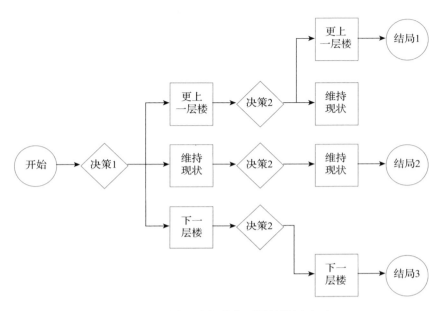

图 3-4 不同的选择带来不同的结局（1）

不同的选择，即使每次都是细微的差别，随着不断累积，结局会变得天差地别，如图 3-5 所示，假如每次选择时，我们能积累 1% 的优势，那么持续 365 次，最终的结果会变为原来的 37.8 倍，而如果每次选择带来 1% 的劣势，那么持续 365 次，最终的结果就会变为原来的 0.03，所以我们常说"失之毫厘，谬以千里"。

这个故事告诉我们，当遇到关卡的时候，我们应该逼自己一把，拼一拼，而不是选择更容易的道路，这样时间长了，就会积累巨大的优势。

$$1.01^{365} = 37.8$$
$$0.99^{365} = 0.03$$

图 3-5 不同的选择带来不同的结局（2）

其实不光是律师，各行各业要做出成就来都得有类似的精神。在李开复的一次访谈中，当被问及美国限制芯片出口的政策对国内研发的影响时，他表示，确实很难，但我们只能接受这个现实。我们不能选择放弃，而应勇于承担一些更加艰难的任务。这种坚定而理性的态度，展示了他在面对挑战时不退缩的决心和勇气，也是值得我们律师学习的。

2. ChatGPT 变革：从平凡中做出伟大

做低价值的案子，到底有什么问题？主要是信息差的不同。我们常说认知改变命运，其实这句话可以这样展开：信息差决定假设（对这个世界的假设）→假设决定认知→认知决定选择→选择决定命运。什么是选择？选择就是不知道实现目标有其他的路线可走。这点将在 10.2.3 节中充分讨论，认知不足是问不出深刻的暗示类问题的。

而 ChatGPT 在其中扮演什么角色呢？ChatGPT 蕴含的是世界知识，而世界知识是相互关联的。通过 ChatGPT，我们可以像福尔摩斯一样，从一些看似没有价值的细节中反向演绎推理，从而看到这个事情的全貌，再基于全貌重构自己的假设，从而建立自己的认知和选择，最终影响我们的命运。

正确使用 ChatGPT，可以帮助我们构建一套渐进式复盘与渐进式知识管理的系统，即使是看似没有价值的案子，我们也可以从中获取经验，从而最大限度地提升自身专业能力，如图 3-6 所示。从平凡中做出伟大，就是我们摆脱调节回路的限制，进入增长飞轮的惊险的一跃。对此，我们会在第 9 章和第 10 章展开讨论。

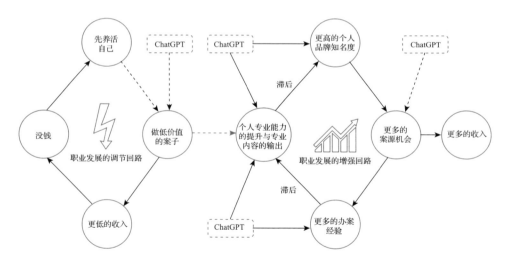

图 3-6　正确使用 ChatGPT，实现惊险一跃

3.2　客户服务的演变：期望与实际

客户！客户！客户！

作为律师，我们永远不能忽略为客户提供更高质量的服务。可惜，我们总是忘记这一点。

各行各业都会面临竞争的问题，面对竞争的时候，其实有个坑很容易掉进去，就是注意力被竞争对手吸引走了，而忽视了真正重要的是客户本身。有这样一个引人深思的故事。一个从事教育培训行业的管理者接到了下属的报告，他们的课程在市场上被抄袭了。面对这种情况，在处理事件之余他还进行了深刻的自我反思：如果我们的课程这么容易被抄袭，是不是说明它的独特价值不够强呢？因此，他决定更加专注于提升自身服务的质量。他认为，向客户提供卓越的服务是任何竞争对手无法模仿或剥夺的，这将成为他们无法超越的优势。

律师行业也是同样的道理，面对同行竞争，我们永远要问问自己，自己的专业素质足够吗？还有没有办法为客户提供更高质量的服务？同理，如果担心自己的工作被 ChatGPT 抢走，就更应该问自己这个问题。

3.2.1　AI 时代客户期望的改变

1. 律师对客户期望的必然忽视

很悲哀的事实是，律师的增长飞轮的必然结果就是对客户期望的忽视。随着增长飞轮的不断转动，必然遇到一个发展上限，就是"律师的时间"，如图 3-7 所示。一个事实是，案子多了后，一个律师必然是做不过来的。

为了保证收入，律师只能做出两个方向的努力，其中一个方向是增加客户数量，服务单价不变。但是人的时间精力是有限的，即使加班，一个律师除去睡觉时间，一天的极限工作时间也就是 16 个小时。若客户数量继续上升，就不可避免地会降低服务质量。如果律师在带团队，即使一些客户是冲着这位律师来的，因为忙不过来，也会被转给团队中其他成员负责，最终质量也无法保障，而如果花钱雇佣水平高的授薪律师帮忙做，利润又会被侵蚀很大一部分。另一个方向是提高服务单价，筛选客户。既然律师自己的时间有限，那就需要在保证服务时间的条件下减少客户数量，这样能够为客户做出最好的服务，但是缺点也非常明显，有些案子就不得不分出去，分的多了，一些案源渠道就不由自己掌控了。

这个问题并非仅限于律师行业，而是普遍存在于各个领域，任何一个行业中最优质的资源总是稀缺的。顶级的医疗资源难以获得，所以往往一号难求；最有价值的企业数量有限，所以股价往往高得"逆天"；最优质的教育资源十分珍贵，所以考生千军万马过独木桥。

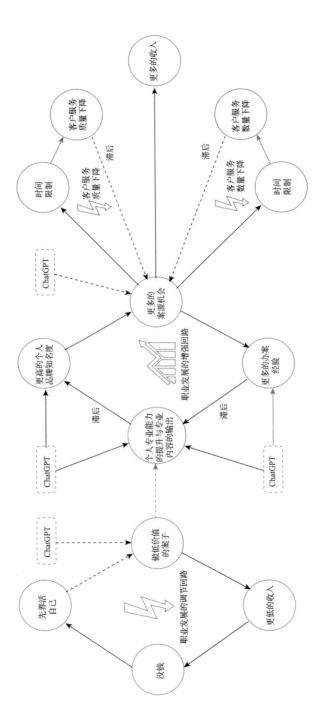

图 3-7　增长飞轮遇到发展上限

客户能接受吗？他们只能接受。但客户满意吗？他们必然不满意。

2. ChatGPT 带来的客户期望变化

随着 ChatGPT 的出现，客户开始期望绕过律师，因为他们看到了其他路径的可能性。

先别着急反驳，重要的不是我们认为是否可能，而是客户的想法，以及这种想法对律师行业的影响。对此，在论述系统动力学和 ChatGPT 对增长飞轮的影响时已经说过了，这里就不再赘述了。

同时，客户还期望律师能够像 ChatGPT 一样即时响应，并且做出超过 ChatGPT 的效果。但这可能吗？这是有可能的。

3.2.2　基于 AI 提升服务效率与质量

1. 借助 AI 优化能力系统

在图 3-7 中，之所以在增长飞轮右侧会出现两个调节回路，恰恰是因为律师本身的时间限制。如果律师的时间限制被削弱了，因为时间限制所引起的客户服务数量和质量的下降问题也就相应缓解了，那么对客户服务的质量就会有所保障甚至提升。

ChatGPT 可以实现这一目标吗？事实上是可以的，至少是可以部分做到的，如图 3-8 所示。在第二部分，我们将深入探讨 ChatGPT 如何辅助律师，让律师自身逐渐形成一个系统（或者半个系统），以削弱时间限制。同时，10.2.2 节还构建了一个小的自动化工具，即使律师在睡梦中，系统也可以不眠不休地帮助律师工作。

2. 专注于个人品牌建设与系统构建

《发条原则》里面提到，企业要找到团队的"蜂后职能"（也就是增长飞轮），并把所有的时间和精力都用于推动这个飞轮，让这个飞轮越转越快。

从这个角度看，在新的 AI 工具（如 ChatGPT）结合传统信息化技术的帮助下，律师可以更专注于两件事。一是不断通过专业能力的提升和输出，构建自己的品牌；二是将自己的专业能力打造成系统，并不断打磨、修整、完善自己的系统。这一切的目的，都是为更多的客户提供更好的服务。

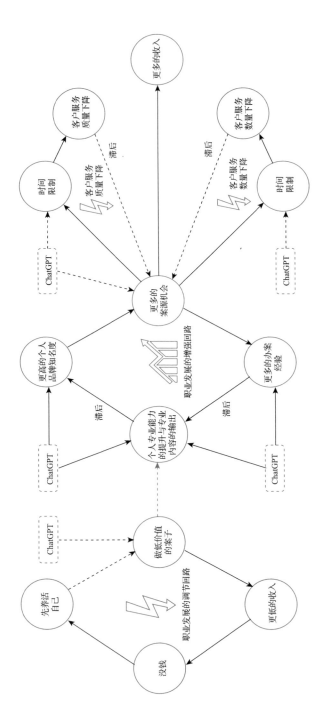

图 3-8　ChatGPT 可以削弱时间的限制

3.3　法律实践的变革：效率与伦理考量

3.3.1　法律实践的循环与调节回路

1. 促进社会和谐的正循环

　　法律在不同的国家有不同的解释和理解，并没有对错之分。在中国，法律与政策的结合更加紧密。律师作为法律领域的一个小分支，通过专业能力促进程序正义，与全体法律从业者一起，为构建一个良好的法治环境、促进社会和谐贡献一分力量，如图 3-9 所示。

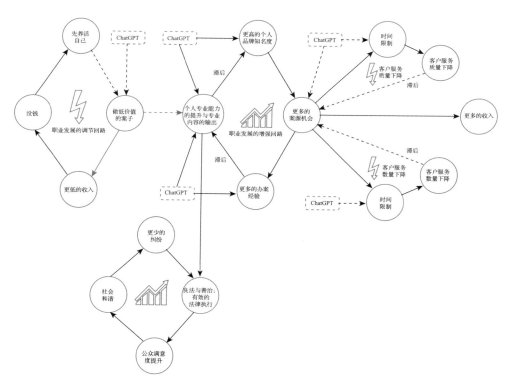

图 3-9　社会和谐正循环

2. 阻碍社会和谐的调节回路

　　生活是具体的，会存在各种漏洞，法律亦是如此。制约有效执法的调节回路如图 3-10 所示，它主要揭示了法律滞后性、执法成本和执法力量对法治环境的影响。作为成文法系的国家，中国的法律常常面临滞后性的问题，难以紧跟社会结构和经济结构的快速变化。这种情况可能会对司法和行政执法产生一定的影响，例如，旧有的法律规定可能不再适用于新出现的纠纷形式。为了弥补这种滞后性，我国的法律通常会包含"其他情形"等兜底条款。

　　除了法律滞后性之外，执法力量和执法成本也是制约执法水平的关键因素。例如，诉讼时效制度就是国家在考虑执法成本时所采取的一种制度安排。这种制度旨在平衡资源分配，确保法律的有效实施，同时反映了法律在实际操作中的复杂性和挑战。

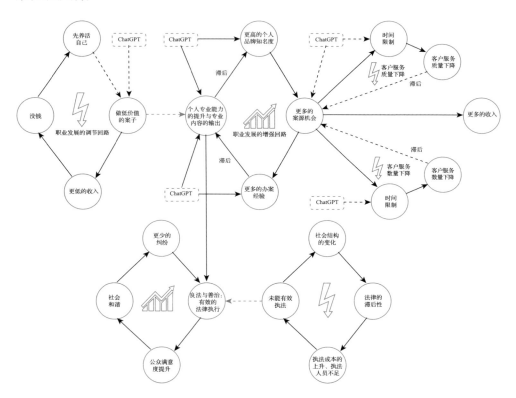

图 3-10　制约有效执法的调节回路

3.3.2　ChatGPT 对社会和谐的正面影响

　　ChatGPT 的出现，不仅可以辅助律师提升专业能力，使其更好地为客户（当事人）服务，从而对程序正义起到正面影响，促进良好的法治环境，还可以帮助执法人员减轻工作量，促进有效执法，如图 3-11 所示。

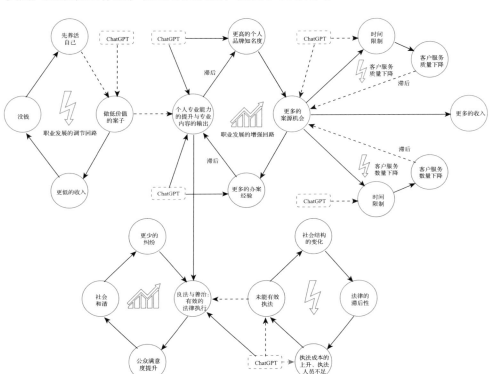

图 3-11　ChatGPT 对有效执法的正面影响

3.3.3　ChatGPT 对社会和谐的负面影响

然而所有事情都不会只有好的一面，而没有坏的一面。以 ChatGPT 为代表的新式 AI 工具带来了社会结构的巨大变化，恰恰是引发调节回路发挥负面影响的一个重要的推动力量，如图 3-12 所示。

本章基于系统动力学，构建起律师从专业能力到收入水平的端到端系统，并加入 ChatGPT 类新式 AI 工具这个变量，尽量引导其往对这个系统有利的方向进行发展和应用。

第 4 章将承上启下，回顾第一部分的内容，并对第二部分进行铺垫。

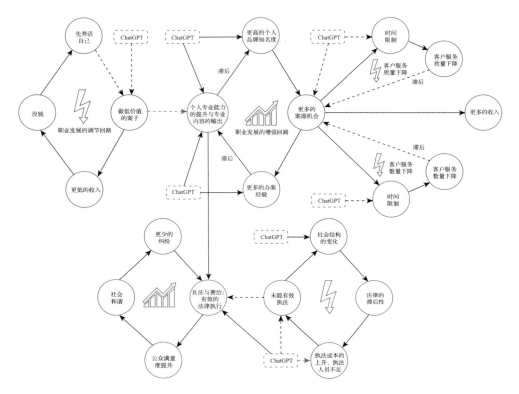

图 3-12　ChatGPT 对社会结构的负面影响

诚意：塑造律师的新角色

　　ChatGPT 等 AI 技术的普及，对所有职业都是一个冲击。每个人未来都需要与 AI 结合，让自己成为一个系统。律师的新角色，就是与 AI 深度结合，让自己一个人相当于一家律师事务所的管理系统，在不影响质量的情况下降低处理事务的单位时间。

　　这个系统是什么样的呢？其实第 3 章已经介绍过了。而本章是承上启下的一章，我们将承接第 3 章，概括性地探讨如何通过 ChatGPT 对不同节点进行优化，以推动这个系统的核心飞轮转动起来，并且越转越快。同时，为后续分析优化细节进行必要的概念及理论铺垫，以便展开实际案例。

4.1 优化工作流程

对于 ChatGPT 的使用，很多人还停留在使用提示词的程度。其实各种所谓的提示词技巧都只是"招式"，招式虽然必要，但是还要夯实"内功"。

ChatGPT 不是用来实现从 0 到 1 的过程的，而是用来实现从 9 到 10 的锦上添花的。也就是说，ChatGPT 是在律师已有管理系统的基础上提供有效辅助的。试想一下，如果你要管理 100 个大学生，那要怎么做？你很可能会茫然无措，不知道应该做什么，怎么做。在这种情况下，你要先建设一个信息化管理系统，制订公司的规章制度和工作流程。将这 100 个大学生纳入系统，他们会逐步融入，并成为组织运转中的一部分，这样公司就运转起来了。因此，首先得有套自己的系统，才能用好 AI，所以说 AI 是"遇强则强"。

由此，在第二、三部分中使用 ChatGPT 时，我们会先构建一系列简易系统，然后把 ChatGPT 引入其中，从而形成一套人机协作的智能系统，如图 4-1 所示。

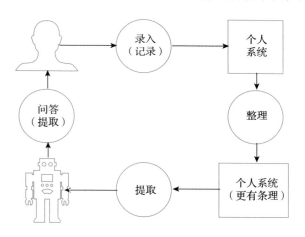

图 4-1   人机协作的智能系统

基于律师职业发展的增长飞轮，本章将初步介绍如何优化自己的工作流程，并且在第二部分相应的业务场景下对其进行深入探讨。

1. 通过 ChatGPT 实现"更高的个人品牌知名度"

让我们拆解一下"更高的个人品牌知名度"。首先，"更高的"意味着这个目标属于传播学的领域，而"个人品牌"其实涉及市场领域中"关键词"和"品类"的概念，"知名度"可以理解为产品领域的"爆款"现象。综合这三个方面，我们就有了抓手：关键词、品类，传播渠道、传播方式、传播性，爆款产品。

　　我们构造一个关键词与渠道模型来记录业务数据，如图 4-2 所示。再构建一个 GPTs（将一些提示词预制到 ChatGPT 里方便复用）将自然语言转换为编程语言，并结合自己的数据进行回答。

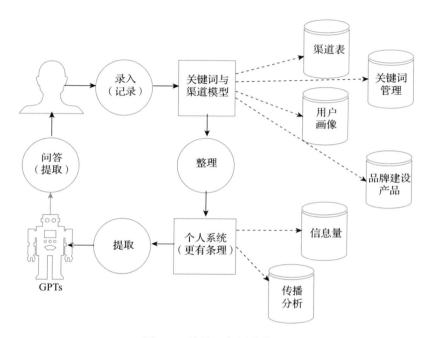

图 4-2　关键词与渠道模型

　　举一个例子，提问：从什么渠道扩展案源最好？

　　该问题将在 GPTs 里转换为数学问题，即"统计所有案源渠道的成单率"（统计学），然后会被转为代码问题，即"通过 Python 的 requests 获取渠道表的记录，并通过 Python 的 Panda 库统计所有案源渠道的成单率"。最后，GPTs 生成 Python 代码，并通过 Zapier 执行该代码，获取返回结果，"A 渠道 30%，B 渠道 80%"。

　　最终 GPTs 结合上述返回结果回答我们的问题："通过对你过去三个月的渠道表的统计，B 渠道最好，原因是 B 渠道的成单率是 80%，是已知渠道里成单率最高的。除此之外，我的建议是……。"

　　再举一个例子，提问：我应该如何让我的个人品牌拥有更高的品牌知名度？

　　该问题将在 GPTs 里转换为数学问题，即"计算产品与个人品牌所属的关键词里的爆款产品的相似度"，然后 ChatGPT 将邀请我们提供两篇文章，之后对比两篇文章的相似度，得出结论，"相似度为 40%"。

最终 ChatGPT 结合返回结果回答我们的问题："对你过去三个月的品牌建设产品文案与该关键词下爆款文案进行相似度分析，发现相似度很低，只有 40%，从推荐系统的推荐机制来看，你的文章很难被传播出去，建议先从提升文案的相似度（注意不是抄袭）入手，这样可以保证你的品牌建设文案更容易被传播，从而帮助你获得更高的品牌知名度。除此之外，我还有其他一些建议供你参考……。"

以上只是两个简单的例子，具体的内容会在第 5 章展开讲解。另外不用担心工具问题，本书将免费提供提到的 GPTs，并且会说明对应 GPTs 的构建方法，方便大家构建自己的 GPTs。

2. 通过 ChatGPT 实现"个人专业能力的提升"

"个人专业能力的提升"是指基于实用主义进行法律问题研究，详细内容主要对应第 6 章。另外，第 9、10 章中讲到经验提示和知识体系的建立，也是对这一话题的补充。

3. 通过 ChatGPT 降低"时间限制"的影响

（1）缩短案件分析与代理策略的时间

为了更好地完成案件分析与代理策略这一环节的工作，在第 6 章中，我们会生成一个判断法律问题的决策树。有了这个决策树，这个环节就不难了。在第 7 章中，我们将构建一个 GPTs，只需要输入案情描述，ChatGPT 将自动归类，并根据这类法律问题的决策树生成案件分析的草稿。

（2）缩短法律文书撰写与合同审核的时间

很多情况下的法律文书都不需要从头开始写，具体来说，为了提高这个环节的工作效率，我们将搜集很多现成的模板。当需要撰写法律文书的时候，只需要让 ChatGPT 把具体内容填上就行了。对应地，在第 8 章中，我们将构建一个文书模板库和 GPTs，只需要将法律分析内容上传，ChatGPT 就将自动补全内容，生成我们需要的法律文书。同时，GPTs 还可以进行合同审核，我们上传文书模板或合同，它将从不同的角度对合同或文书进行审查。

4.2　重构元认知

在重构元认知方面，我们将探讨如下话题，并且在第三部分的相应场景下进行实践。

1. 从低价值的案子中获取更多的办案经验

低价值的案子里也能学到很多经验吗？答案是可能的，因为这个世界是同构且普遍联系的。

首先，在第 2 章介绍 ChatGPT 的底层原理时，从符号学的角度来描述人类学习一个新词或新概念的过程，其中提到了类比思维。而类比思维为什么有效呢？就是因为这个世界是同构的。

其次，基于同构的假设，我们可以判断虽然案子的标的金额不同，但其结构是一样的，适用的法条也是一样的，所以从低标的的案子中也能获得很多经验。

再次，假如所谓"低价值"案子是指其复杂程度不高，或者我们不能参与该案子的全过程，只是批量执行其中一个特定环节，而这个世界是普遍联系的，那么基于此，"低价值"的问题可能是因为局限于特定视角。我们需要从全局的角度进行思考，再去做局部的事情。

可能会有读者质疑缺乏经验的青年律师如何从全局的角度进行思考。这正体现了 ChatGPT 最强大的功能之一：它可以通过内在的世界模型，从现象推测原因，从局部推测全局。也就是说，ChatGPT 可以借助自身的知识，从它的角度提出一些新的思考，从而帮助我们拓宽思维的边界。

第 9 章和第 10 章将通过 GPTs 构建一种对话式的复盘框架，如图 4-3 所示。通过一连串的问题，从现象透视原因，从局部推测全局，用提问照亮盲区，用认知识别假设。经过这样的检索与研究、复盘后，我们将形成一套处理同类问题的方法论（办案经验），并将其存到 GPTs 的知识库里。当再次面临类似问题时，我们可以询问自己构建的 GPTs，它会先结合之前存储的知识来回答，帮助我们避免犯同样的错误。

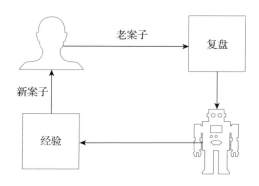

图 4-3　复盘框架

2. 通过 ChatGPT 实现个人专业能力的提升与专业内容的输出

通过结合 ChatGPT 进行的检索与研究、复盘等工作，再加上知识库的持续积累，我们会形成一个知识体系。其中既有一些业内常识，又有对于某个领域的精深研究和独到经验，而无数的法学概念及其相互连接关系构成了复杂的专业知识网络。由此，我们实现了个人专业能力的提升。

而对于专业内容的输出，我们知道，写作的难度在于将网状的思维以线性的形式输出。很多人可能以为线性输出部分是最难的，但实际上，如果思维是空白的，那么所谓的输出就是试图通过一根线去拉一个根本不存在的网。而如果有了网状的思维，那么将其以线性的形式输出则变得相对简单。

首先要明确输出对象和输出内容是什么，如图 4-4 所示。律师在面向社会大众和同行群体输出法律专业内容时，其内容应该有所区别。面向社会大众，应该根据当时的社会热点，切入大众关注点，以其能接受的表达方式（如讲故事的形式），结合案例（可能需要脱敏），进行普法宣传。而面向同行，应该根据法律实践上的难点问题，如一些争议焦点，输出自己检索和研究总结的一些独到见解，要在行业整体的认知之上增加一点新鲜独特的知识。

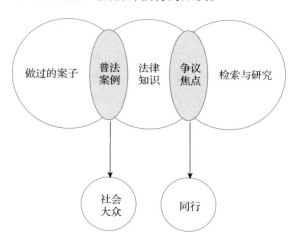

图 4-4　输出内容与输出对象

其次是如何输出？这要看需要输出内容的长度。

对于几十到几百字规模的输出（短输出），如果面向社会大众，则可以针对讨论的概念中提取一个案例，简单讲一下这个案例和结果即可。如果面向同行，则可以从概念中提取一个争议焦点，然后直接给出结论和逻辑，或者用故事加结论的形式进行输出。

对于一千到几千字规模的输出（中输出），如果面向社会大众，则可以从概念中提取几个案例，分别从不同方面进行讲解，再深入理论，将该概念的完整内容阐释一遍。如果面向同行，仍然需要从概念中提取一个争议焦点，先直接给出结论和逻辑，随后将该概念的完整内容阐释一遍，再提取几个案例，最后回到自己的独到见解，进行深入分析。

对于几万到几十万字规模的输出（长输出），如果面向社会大众，则可以从所讨论的概念本身出发，但是需要把与之关联的几个概念都提取出来，形成一个小的围绕核心概念的知识体系。然后对这个小知识体系进行概述，再把其中的几个概念都分别按照"中输出"的方式进行论述，最后汇总，形成一个系统性的大规模输出。如果面向同行，其输出方式也差不多。主要区别是，面向社会大众要多讲案例、少讲理论，而面向同行，则要更加体系化，并且多讲经过检索研究形成的个人见解。

第 10 章构建了一个知识体系。借助其中的自动化程序（基于快捷指令构建），我们只需要在睡前输入一个主题，AI 就会在我们睡觉时兢兢业业地工作，在第二天早上醒来时就能得到一大篇关于该主题的草稿，再简单改一改就可以输出了，并且肯定不会有侵权的风险。

4.3 深度掌控 AI

基于对 ChatGPT 的隐私性和安全性的考虑，我们需要把 ChatGPT 类的大模型部署在自己的计算机上，并通过代码的形式与大模型对话。这样做有以下三个优点：

- 安全：大模型在自己的计算机上，即使在网络断开的情况下也可以使用。
- 稳定：大模型文件不变，保证了输出的稳定。
- 灵活：我们可以对大模型进行深度定制，实现更强大的功能。

这一方面的实践涉及基本的编程能力，具有一定的挑战性，不再是开箱即用的，各位读者可以跟随第四部分的具体操作和效果图片来尝试一下。

为了应对新时代对律师的更高要求，我们面临的挑战不容小觑。让我们携手共进，迎接这些挑战。

第二部分

融合：AI 时代的
人机协作方式

从这一部分开始，我们将从理论进入具体实操阶段。

如图所示，律师的工作流程涉及范围极广，本书因篇幅和定位所限，无法面面俱到。这一部分将针对案件线索阶段和代理阶段的内容，探讨如何使用 AI 进行优化。

这一部分基于 GPTs，但并不局限于 GPTs。读者可以参考 GPTs 的指令来直接构建 AI 工具提示词，效果是一样的。

这一部分按照如下结构展开。

首先，根据各章的主题与主题涉及的信息构建信息表，多个表之间的相互关联打通之后，就是一个子系统。本部分将围绕各章不同的主题构建四个子系统。

其次，引入 ChatGPT 对这些小型系统进行操作。我们通常会构建一个 GPTs，用于封装对 ChatGPT 的复杂的操作过程。

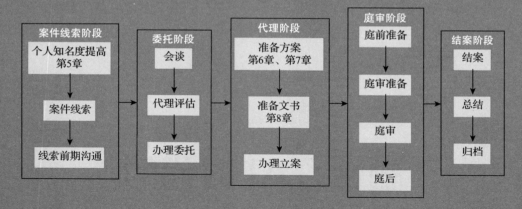

图　律师的工作流程

　　这两个环节并不会介绍小型系统和 GPTs 的实现细节，而是专注于功能和使用，这样所有读者都可以利用本书提供的配套 GPTs 直接实践。

　　最后，深入探讨数据结构与 GPTs 的具体实现，以帮助感兴趣的读者构建自己的系统和 GPTs。

第 5 章

渠道与案源

本章专注于律师的渠道选择评估与个人品牌推广策略，同时会涉及一些案源筛选的内容。想要快速了解更多案源内容的读者，可以直接阅读 5.3 节和 10.2.3 节。

本章将从下面两个问题入手，先构建渠道管理子系统，然后搜集和录入相关数据。紧接着构建 GPTs（律师助手 5 号）封装 ChatGPT 对系统数据的分析操作，以回答我们要研究的问题，如图 5-1 所示。

- 从什么渠道扩展案源最好？
- 我应该如何让我的个人品牌拥有更高的品牌知名度？

图 5-1　律师助手 5 号

5.1　渠道管理子系统

我们已经构建了一套关键词分析的数据结构，用于存储和管理相关数据，包括渠道信息表、咨询信息表等。具体的构建方式见附录 A.6.1。我们已经在共享的 Notion 模板中录入了一些样例信息。Notion 可以作为一个知识管理工具来使用，本书涉及的律师管理系统就是在其上构建的，并将在附录中进行共享。

接下来一起浏览这些样例信息，然后通过构建好的 GPTs 来操作这个小型系统。

5.1.1　渠道信息表

渠道信息表主要记录了一些咨询业务的来源，并自动进行了简单的统计，如图 5-2 所示。

5.1.2　咨询信息表

咨询信息表主要记录了客户咨询的简要介绍、大概情况，以及关联的概念表、渠道信息表，如图 5-3 所示。GPTs 在回答第一个问题的时候会用到渠道信息和咨询信息。

Table

渠道信息表（渠道管理子系统）

Aa Name	律-咨询	律-咨询数量
律所同事介绍-非律师	张三于2017年5月入职被告处从事井下支护工作，每年签订一次劳动合同至年底。2023年3月下旬，在双方劳动合同履行期间，被告没有任何缘由地将原告停岗，原告多次要求继续工作，被告均拒绝，并于2023年4月底通知原告办理离职手续，停岗期间未向原告支付工资及缴纳社保。 2021年10月份，龚某通过某招聘平台，被×××公司聘用为生产主管，负责×××公司旗下某品牌的生产工作，约定龚某工资11 000元/月。2021年10月28日~2022年9月23日工作期间，×××公司从未给龚某缴纳社保、医保，同时也未与龚某签订劳动合同，但双方已经形成了事实劳动关系。9月23日，×××公司通知龚某到办公室，口头要求离职，工作时间到2022年9月23日止，同日，×××公司将龚某移除企业考勤机，9月25日，将龚某移除与合作加工厂的微信工作群。	2
律所同事介绍-律师	冯某于2020年7月入职某公司处，任职销售岗位，月基本工资3000元。2022年8月27日，某公司单方解除劳动合同，将冯某移除工作群。冯某入职后，某公司未与其签订劳动合同，未为冯某缴纳社保，经常拖欠冯某工资。	1

+ New

COUNT 2

图 5-2　渠道信息表

Table　Table

咨询信息表（渠道管理子系统）

Aa Name	律-概念	律-渠道	大概情况
张三于2017年5月入职被告处从事井下支护工作，每年签订一次劳动合同至年底。2023年3月下旬，在双方劳动合同履行期间，被告没有任何缘由地将原告停岗，原告多次要求继续工作，被告均拒绝，并于2023年4月底通知原告办理离职手续，停岗期间未向原告支付工资及缴纳社保。	违法解除	律所同事介绍-非律师	张三于2017年5月入职被告处从事井下支护工作，签订一次劳动合同至年底。2023年3月下旬，在双动合同履行期间，被告没有任何缘由地将原告停岗，告多次要求继续工作，被告均拒绝，并于2023年4通知原告办理离职手续，停岗期间未向原告支付工缴纳社保。
冯某于2020年7月入职某公司处，任职销售岗位，月基本工资3000元。2022年8月27日，某公司单方解除劳动合同，将冯某移除工作群。冯某入职后，某公司未与其签订劳动合同，未为冯某缴纳社保，经常拖欠冯某工资。	违法解除	律所同事介绍-律师	
2021年10月份，龚某通过某招聘平台，被×××公司聘用为生产主管，负责×××公司旗下某品牌的生产工作，约定龚某工资11 000元/月。2021年10月28日~2022年9月23日工作期间，×××公司从未给龚某缴纳社保、医保，同时也未与龚某签订劳动合同，但双方已经形成了事实劳动关系。9月23日，×××公司通知龚某到办公室，口头要求离职，工作时间到2022年9月23日止，同日，×××公司将龚某移除企业考勤机，9月25日，将龚某移除与合作加工厂的微信工作群。	违法解除	律所同事介绍-非律师	

+ New

图 5-3　咨询信息表

5.1.3 发布渠道信息表

发布渠道信息表主要是指个人输出的渠道，起到方便查找的作用，如图 5-4 所示。在本例中，该表主要记录了在不同渠道发布的“我的文案”和“爆款文案”。

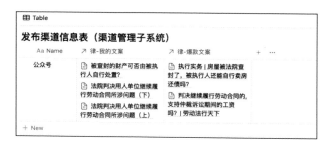

图 5-4　发布渠道信息表

5.1.4　概念表

概念表（关键词信息表）不仅涉及后续讨论的专业领域，还关联着咨询信息表、我的文案表和爆款文案表，如图 5-5 所示。对于其中的"专注领域"（即"专业领域"），我们将在 5.4 节进行详细解释。

概念表（律师管理系统）	专注领域	律-咨询	律-我的文案	律-爆款文案	律-法律法规库
▶ 劳动争议	专注领域一		法院判决用人单位继续履行劳动合同所涉问题（上）		《中华人民共和国劳动法》
宪法					《中华人民共和国宪法》
被查封财产自行处置	专注领域二		被查封的财产可由被执行人自行处置？	执行实务｜房屋被法院查封了，被执行人还能自行卖房还债吗？	
▶ 管辖权					
人工智能与法律	专注领域三				
违法解除		张三于2017年5月入职被告			
▶ 律师流程各阶段					
计算机软件开发合同纠纷					
商标侵权					
证据					

图 5-5　概念表（关键词信息表）

5.1.5　我的文案表

我的文案表主要记录了一些个人创作的文章等内容，如图 5-6 所示。对应之前所说的两个输出对象群体，这类内容可以分为两种类型：面向大众和面向同行。

该表会关联概念表，同时记录文章首日阅读量及发布渠道。

Table　Calendar

我的文案表（渠道管理子系统）

Aa Name	面向群体	律-概念	# 首日阅读量	律-发布渠道	Created time	内
被查封的财产可否由被执行人自行处置？	大众	被查封财产自行处置	230	公众号	January 13, 2024 3:36 PM	被查
法院判决用人单位继续履行劳动合同所涉问题（上）	大众	判决继续履行劳动合同 劳动争议	334	公众号	January 13, 2024 4:33 PM	
法院判决用人单位继续履行劳动合同所涉问题（下）	大众	判决继续履行劳动合同	334	公众号	January 13, 2024 4:37 PM	

+ New

图 5-6　我的文案表

5.1.6　爆款文案表

如图 5-7 所示，爆款文案表主要记录了不同专业概念阅读量比较高的文章。爆款文案表和我的文案表结合起来，可以用于 GPTs 回答第二个问题。

Table

爆款文案表（渠道管理子系统）

Aa Name	面向群体	# 阅读量	律-概念	律-发布渠道	出处：URL	内
执行实务丨房屋被法院查封了，被执行人还能自行卖房还债吗？	大众	18055	被查封财产自行处置	公众号	mp.weixin.qq.com/s/n...f-ZZBw	执行实
判决继续履行劳动合同的，支持仲裁诉讼期间的工资吗？丨劳动法行天下	大众	10919	判决继续履行劳动合同	公众号	mp.weixin.qq.com/s/6...08ax6g	

+ New

图 5-7　爆款文案表

5.2　引入 ChatGPT

有了数据之后，就需要引入 ChatGPT 对数据进行分析。

ChatGPT 在该系统中扮演了关键的角色，用于自动化和智能化处理任务，从而提高效率和精准度。它主要用于分析和解决问题，例如：选择专业领域，确定最佳案源渠道和提升个人品牌知名度。它通过自动转换问题，生成代码，执行代码并结合结果来回答问题。例如，它可以将“从什么渠道扩展案源最好？”这个问题转化为具体的数学和代码问题，然后提供答案。总的来说，ChatGPT 是该系统中的核心工具，帮助进行数据分析和决策。

5.2.1 筛选扩展案源的最佳渠道

1. 实战

第 4 章中介绍了 GPTs 处理"从什么渠道扩展案源最好？"这一问题的逻辑，接下来亲自动手实践。利用已经开发的 GPTs"律师助手 5 号"，收到问题之后，它成功地从渠道管理子系统里获取了相关数据（请注意，回答中使用的数据与图 5-2 中的数据一致），然后结合这些数据提出了独到的建议，如图 5-8 所示。

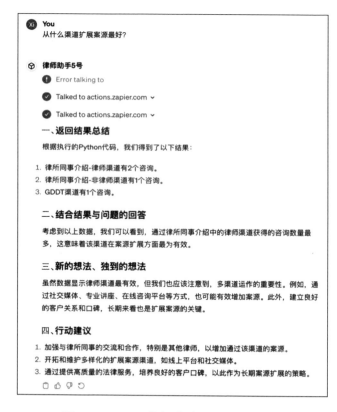

图 5-8　GPTs"律师助手 5 号"回答问题

2. GPTs 解密

GPTs 是如何完成这一系列操作的呢？其实在它的内部进行了如下配置。

Rules1：如果我问你"从什么渠道扩展案源最好？"这个问题，你需要先按照下面的要求执行 Action，并结合返回结果回答我。

Step 1. 按下面的要求执行 Action，如果提示没有 Action，则刷新后再执行一次。

```
{"action_used": "ExecutePythonCode",
"review_url": "https://actions.zapier.com/execution/01HJJ5SEWC8A3
    AH42PKEVZJ6E7/",
"instructions": "Please execute the following Python code: import
    requests \nimport json\n\nurl = 'https://api.notion.com/
    v1/databases/45bc3df39da14cb088e93464410e5e75/query?filter_
    properties=title&filter_properties=eOfa'\nheaders = {\n
    'Authorization': 'Bearer secret_3HsL4THDsnaOTwrYLGwY5pneFe
    yLlVngKxJ8nKaU90x',\n      'Notion-Version': '2022-06-28',\n
    'Content-Type': 'application/json'\n}\n\nresponse = requests.
    post(url, headers=headers)\nresponse_json = response.json()\ n
    content_str = \"\"\nfor item in response_json['results']:\n
    content_str += '\\n' + item['properties']['Name']['title']
    [0]['plain_text']+ '渠道有'+ str(item['properties']['律-咨询
    数量']['rollup']['number']) + '个咨询'\noutput = {'result':
    content_str}"}
```

Step 2. 先对返回结果进行总结，然后结合该返回结果，添加你的独到见解，综合起来回答我的问题。回答格式如下。

一、返回结果总结

二、结合结果与问题的回答

三、新的想法、独到的想法（需要与返回结果总结内容不同）

四、行动建议

对 GPTs 进行上述配置后，当匹配到特定的问题的时候，ChatGPT 会按照我们预设的要求执行两个操作步骤，如图 5-9 所示。

第一个步骤是执行一个 Action，即在 Zapier 上执行一段 Python 代码（关于 Zapier 的说明，请见附录 B）。为了使执行更加稳定，将执行信息用 JSON 的格式进行编写。

这段 Python 代码是指调用 Notion 的 API 搜索渠道信息表中的内容，然后获取返回结果。其中 Authorization 是 Notion 的 API Key（接口密钥），本书申请了一个专用的密钥，能只读访问我们的 Notion 模板库（包括本书涉及的所有 Notion 表格）。URL 中 databases 后面的 /45bc3df39da14cb088e93464410e5e75/ 指的是渠道信息表的 ID。filter_properties 参数指的是获取了哪些<u>页面</u>属性。获取结果后，循环结果以取出每一行的名称（Name）和咨询数量，拼接后返回给 ChatGPT。注意最后一行必须为 output = {'result': ×××} 这种特殊结构，才会被 Zapier 取出来返回给 ChatGPT，否则即使逻辑执行成功，ChatGPT 也无法获取。关于 Notion API 的详细内容，可见附录 A。

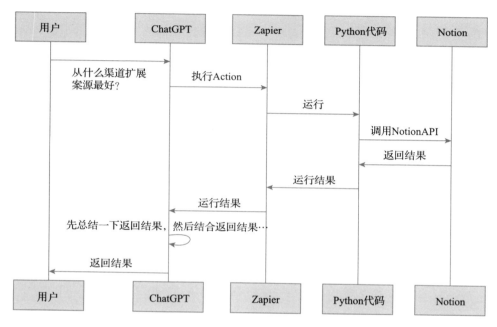

图 5-9　GPTs 配置后 ChatGPT 的执行步骤

　　配置中有一条提示指令，如果没有 Action 就再刷新一次。这是为了避免触发 GPTs 调用 Zapier 的一个漏洞。实践发现，有时候内部信息没有更新，第一次调用时可能会存在没有 Action 的情况，加上这个提示后，ChatGPT 会尝试刷新 Action 列表，再调用一次，这个时候往往就成功了。

　　第二个步骤是定义返回结果的格式。首先，让 GPTs 对返回结果进行总结，这主要是为了确认 GPTs 是不是真的获取了数据。然后，要求 GPTs 结合返回结果来回答问题。紧接着，要求 GPTs 提出额外的独到观点（通常这样可以避免使用者陷入思维盲区）。最后，由 GPTs 给出行动建议。

　　以上就是回答第一个问题的 GPTs 的设置，感兴趣的读者可以尝试构建自己的 GPTs，将返回结果修改为自己想要的格式，对此只需要更改代码中的 Notion

的密钥和渠道信息表的 ID。

接下来，我们开始实践第二个稍微复杂的问题。

5.2.2　打造个人品牌知名度

1. 实战

与 ChatGPT 的问答如例 5-1 所示，首先提出问题"我应该如何让我的个人品牌拥有更高的品牌知名度？"紧接着 ChatGPT 反问"请问是关于哪个专业领域的？"我们可以选择任一主题，比如"被查封财产自行处置"。这个时候，ChatGPT 并不直接回答问题，而是先收集信息，请求发送个人在该领域的文章。这些文章对应我的文案表，都是之前个人创作的内容，直接复制即可。当我们发送文章之后，ChatGPT 会先生成十个关于文章的关键字，然后请求发送该领域的爆款文章，这对应爆款文案表。ChatGPT 同样会基于爆款文章生成十个关键字，最后综合性地回答这个问题。

例 5-1　与 ChatGPT 的问答

> **提问**：我应该如何让我的个人品牌拥有更高的品牌知名度？
>
> **ChatGPT**：请问是关于哪个专业领域的？
>
> **提问**：被查封财产自行处置。
>
> **ChatGPT**：请将你在该专业领域的文章发给我看一下。
>
> **提问**：
>
> 被查封的财产可否由被执行人自行处置？
>
> 财产已经被查封，被执行人能否和法院沟通由自己处置财产，并将获得对价用于偿还申请执行人？答案是可以，但有前提。我们将从法律规定及司法实践梳理该问题。
>
> 一、关于被执行人自行处置已被查封财产的法律规定
>
> 1. 法律层面规定若是被查封的财产或者当事人双方不同意拍卖时，法院可以选择进行变卖。
>
> **《中华人民共和国民事诉讼法》第二百五十八条** 财产被查封、扣押后，执行员应当责令被执行人在指定期间履行法律文书确定的义务。被执行人逾期不履行的，人民法院应当拍卖被查封、扣押的财产；不适于拍卖或者当事人双方同意不进行拍卖的，人民法院可以委托有关单位变卖或者自行变

卖。国家禁止自由买卖的物品，交有关单位按照国家规定的价格收购。

2. 司法解释层面规定法院可以准许被执行人自行变卖财产，但需从价格、期间进行控制及监督。

《最高人民法院关于人民法院执行工作若干问题的规定（试行）》33. 被执行人申请对人民法院查封的财产自行变卖的，人民法院可以准许，但应当监督其按照合理价格在指定的期限内进行，并控制变卖的价款。

3. 司法文件层面有两个规定：《最高人民法院关于在执行工作中进一步强化善意文明执行理念的意见》初步规定，被执行人申请自行变卖时，法院需控制相应价款并在一定期限内进行变卖，期限不得超过 60 日。《最高人民法院关于进一步完善执行权制约机制加强执行监督的意见》又规定在有确定交易对象的情况下，申请执行人同意或能够满足执行债权额度的情况下，法院可以准许直接交易。法院设置处置期限，最长不过 90 日。

《最高人民法院关于在执行工作中进一步强化善意文明执行理念的意见》三、依法适当采取财产变价措施。**9. 适当增加财产变卖程序适用情形。要在坚持网络司法拍卖优先原则的基础上，综合考虑变价财产实际情况、是否损害执行债权人、第三人或社会公共利益等因素，适当采取直接变卖或强制变卖等措施。

（1）被执行人申请自行变卖查封财产清偿债务的，在确保能够控制相应价款的前提下，可以监督其在一定期限内按照合理价格变卖。变卖期限由人民法院根据财产实际情况、市场行情等因素确定，但最长不得超过 60 日。

（2）被执行人申请对查封财产不经拍卖直接变卖的，经执行债权人同意或者变卖款足以清偿所有执行债务的，人民法院可以不经拍卖直接变卖。

（3）被执行人认为网络询价或评估价过低，申请以不低于网络询价或评估价自行变卖查封财产清偿债务的，人民法院经审查认为不存在被执行人与他人恶意串通低价处置财产情形的，可以监督其在一定期限内进行变卖。

（4）财产经拍卖后流拍且执行债权人不接受抵债，第三人申请以流拍价购买的，可以准许。

（5）网络司法拍卖第二次流拍后，被执行人提出以流拍价融资的，人民法院应结合拍卖财产基本情况、流拍价与市场价差异程度以及融资期限等因素，酌情予以考虑。准许融资的，暂不启动以物抵债或强制变卖程序。

被执行人依照9（3）规定申请自行变卖，经人民法院准许后，又依照《最高人民法院关于人民法院确定财产处置参考价若干问题的规定》第二十二、二十三条规定向人民法院提起异议的，不予受理；被执行人就网络询价或评估价提起异议后，又依照9（3）规定申请自行变卖的，不应准许。

《最高人民法院关于进一步完善执行权制约机制加强执行监督的意见》 17. 探索建立被执行人自行处置机制。对不动产等标的额较大或者情况复杂的财产，被执行人认为委托评估确定的参考价过低、申请自行处置的，在可控制其拍卖款的情况下，人民法院可以允许其通过网络平台自行公开拍卖；有确定的交易对象的，在征得申请执行人同意或者能够满足执行债权额度的情况下，人民法院可以允许其直接交易。自行处置期限由人民法院根据财产实际情况、市场行情等因素确定，但最长不得超过90日。

** 小结： ** 综合各个文件来看，各个文件各有侧重，规定不是很统一，司法适用存在困难。本文对共性条款总结如下：第一，申请执行人可以申请自行变卖财产；** 第二， ** 法院可以准许（不是应当）；** 第三， ** 进行变卖时，法院应当就价格、期限进行监督控制；第四，《中华人民共和国民事诉讼法》及两部司法文件均规定了需经过申请执行人的同意。

二、司法实践中是如何处理的？

案例一：徐州市云龙区人民法院允许被执行人自行处置财产案

案件简介：徐州某园林公司与徐州某置业公司商品房销售合同纠纷一案，经法院判决，置业公司返还园林公司购房款4 300万元并支付利息损失。该案涉案标的达5 000余万元。判决生效后，园林公司向云龙法院申请强制执行。云龙法院在执行过程中对被执行人名下部分银行账户和房产进行查封。被执行人置业公司向法院提出申请：一、解除对其部分银行账户的冻结，以备其发放职工工资、扣缴税款、办理拆迁户退款使用；二、解除对其房产的查封，由其自行销售并保证将购房款缴纳至法院指定账户。

** 法院处理办法： ** 为保证双方权益，云龙法院多次召集双方当事人并积极与住建、不动产、税务、市场监督、银行等部门沟通，协调财产处置、销售监管、利息计算、税费缴纳等事宜，又多次实地前往置业公司调查了解情况，最终制定出审慎严谨的保障措施并取得申请人园林公司的同意，解除了对置业公司名下部分银行账户的冻结和房产的查封：一是置业公司所有房屋销售款全部汇入固定账户，每日向法院报告房产销售明细及进出账流水，法院工作人员不定时至置业公司现场检查；二是联合不动产登记交易中心、住建局等相关部门对置业公司房产销售情况动态监督，一旦发现相关部门监测情况与该公司上报情况不一致，将立即停止置业公司自行处置行为；三是将置业公司相关案件情况通报给其母公司，通过其母公司督促其尽快履行。

案例二：长春市宽城区人民法院允许被执行人自行处置财产案

案件简介：2019 年 6 月 18 日，借款人黄某、张某向长春某村镇银行股份有限公司（以下简称村镇银行）借款人民币 500 000 元，双方签订了借款、抵押等合同，约定借款期限为 12 个月，黄某以其名下房屋为该笔借款提供抵押担保。同时，双方共同向公证处公证赋予该合同强制执行力，即黄某、张某在借款期限到期后不能履行还款义务，村镇银行有权向人民法院申请强制执行。一年后，黄某、张某二人未能按照借款合同的约定如期履行还款义务，2021 年 5 月 7 日，村镇银行依据执行公证书向法院申请强制执行，并申请评估拍卖借款人黄某名下的抵押房产。拍卖的流程时间长、程序烦琐、工作量大，有时虽然经过法院大量工作，也会出现房屋拍卖未能成交导致徒劳无功的结果。

法院处理办法：法官首先与申请执行人取得联系，向其释明被执行人自行处置财产的益处，并征得其同意。随后，法官又与被执行人黄某联系，向其详细讲解自行处置财产的执行方式，并告知黄某，他可以根据法院出台的规定在一定期限内自行出售房屋，售出的房款用以偿还银行欠款，但是黄某在前期必须配合法院做好房屋现场调查工作，期限过后房屋仍未售出，黄某必须主动搬离该房屋，法院将依法对房屋进行网络询价并挂网拍卖。在听完法官的讲解后，黄某十分感动，当场表示愿意自行处置财产，并表示需要40～50 天时间自行出售房屋，逾期未售出自己会主动搬离并积极配合法院所有的执行工作。

（此处省略部分案例）

小结：上述案例均来自法院的公众号。司法实践中，法院允许被执行人自行处置财产的共性条件为：第一，财产处置存在困难；第二，取得申请执行人的同意；第三，法院在时间、价格、处置过程进行监督，对于重大财产处置需要联合较多部门统一工作。此外，据了解，经申请执行人同意，被执行人也可通过提供担保的方式，请求法院解除查封，自行处置财产。

三、法院允许被执行人自行处置被查封财产存在的风险

司法实践中，在没有提供担保或者申请人同意的情况下，法官一般不会

让当事人自行处置财产，更不会主动进行解封，原因是其本人会承担较大风险：**首先，**申请执行人不同意被执行人卖出的价格，认为价格过低。若法院未经申请执行人同意擅自解封，此时法院处于被动，可能面临被投诉、提执行异议，乃至国家赔偿。**其次，**申请执行人未按承诺将拍卖价款打到法院账户。最后，允许被执行人自行处置财产，案件期间可能会延长，若是处理情况未按照预测发展，法官审限会延长，影响结案。

声明：文章仅为作者观点，不视为正式法律意见或建议，仅供讨论交流使用。

ChatGPT：

根据您的文章，我总结了十个关键词：查封财产、自行处置、法律规定、司法实践、执行债权、申请执行人同意、财产变卖、价格监督、案例分析、风险考量。

请将该专业领域内阅读量最高的爆款文章发给我看一下。

提问：

执行实务 | 房屋被法院查封了，被执行人还能自行卖房还债吗？

（以下省略部分内容。感兴趣的读者可以自行查看 Notion 模板）

ChatGPT：

根据您提供的爆款文章，我总结了十个关键词：法院查封、房屋拍卖、被执行人、卖房还债、执行债权、申请执行人同意、司法拍卖、风险考量、执行和解协议、信任建立。

现在，我将从五个角度回答您的问题：

一、相似度评分：结合您的文章和爆款文章，我认为两者的相似度大约为 7 分。两篇文章都围绕"被查封房屋的自行处置"主题展开讨论，但您的文章更加详细地探讨了相关的法律规定和司法实践案例。

二、推荐系统推荐概率：爆款文章可能更容易被推荐系统推荐和被普通大众查看。这是因为它的标题和内容更直接回应了公众的普遍疑问，且使用了更加吸引人的导语和结构。

三、回答原问题：为了提升您个人品牌的知名度，您可以参考爆款文章的风格，使用直接、引人入胜的标题和导语，同时结合您在法律领域的专业知识，提供深入的法律分析和案例讨论。这样可以吸引更广泛的读者群体。

四、额外思考：您可以考虑在您的文章中加入更多互动性元素，例如常见问题解答、互动评论或案例分析投票，以提高读者参与度和文章的传播力。

五、行动建议：尝试撰写一些针对普通读者的入门级文章，用浅显易懂的语言解释复杂的法律问题。同时，通过社交媒体和专业平台分享您的文章，加强与读者的互动，以此提升品牌知名度。

2. GPTs 解密

GPTs 内部的配置如下。

Rules2：如果我问你"我应该如何让我的个人品牌拥有更高的品牌知名度？"这个问题，你需要按照下面的要求执行。

Step 1. 首先你需要回问我"请问是关于哪个专业领域的？"

Step 2. 我回答专业领域后，你需要回问我"请将你在该专业领域的文章发给我看一下。"

Step 3. 我发给你文章之后，你先概括一下文章的十个关键词，然后你需要回问我"请将该专业领域内阅读量最高的爆款文章发给我看一下。"

Step 4. 我发给你爆款文章之后，你先概括一下爆款文章的十个关键词，然后你需要从下面五个角度来回答我：

一、以爆款文章为基准，我的文章与爆款文章的相似度打分，1~10 分，1 分代表最不相似，10 分代表最相似，你觉得可以打几分？

二、你觉得哪篇文章更容易被推荐系统推荐，更容易被普通大众查看？

三、结合上面的判断，综合性地回答我最初的问题。

四、给出上述回答之外的思考。

五、给出下一步的行动建议。

上述配置不涉及代码，非常直观，所以就不过多说明了。主要解释一下，为什么要查看同领域下我的文章与爆款文章的相似度。

这是因为推荐系统倾向于向爆款文章的受众推荐与之相似的内容，背后的原理主要基于以下几个方面。

- **用户兴趣模型**：推荐系统通过分析用户的历史行为（如浏览、点赞、评论等）来构建用户兴趣模型。如果一个用户对某篇爆款文章表现出了兴趣，系统会推断该用户可能对具有相似主题或风格的其他文章也感兴趣。
- **内容相似度分析**：推荐系统会对内容进行分析，识别文章之间的相似性。这包括主题相似性、文本相似性、图片和视频内容的相似性等。系统会根据这些相似性指标推荐内容给那些对类似文章感兴趣的用户。

- **协同过滤**：这是推荐系统中常见的技术之一，系统会发现并利用用户行为之间的模式。例如，如果一群用户都喜欢 A 和 B 两篇文章，那么喜欢 A 但还未看过 B 的用户可能会被推荐阅读 B。
- **关联规则挖掘**：推荐系统可能使用关联规则挖掘技术来发现用户行为之间的关联。例如，如果多数观看了某个特定视频的用户也喜欢观看另一个特定视频，系统可能会将这两个视频推荐给相似的用户群体。
- **反馈循环**：用户对推荐内容的反馈（如点赞、分享、阅读时长）会持续影响推荐系统的决策。一篇文章如果成为爆款，意味着它得到了大量正面反馈，这会使得推荐系统更倾向于推荐这类内容。
- **群体效应**：推荐系统也会考虑群体效应，即认为某个群体中的个体可能有相似的偏好。因此，如果一个群体中的多数成员都对某篇爆款文章感兴趣，那么这篇文章可能会被推荐给同一群体中的其他成员。

综合这些因素，推荐系统通过复杂的算法和大量数据分析，为用户推荐其最可能感兴趣的内容。这也是信息茧房的成因。

既然知道了推荐系统背后的原理，假如我们的文章风格与爆款文章的风格较为接近，那么就更容易被传播。

在 ChatGPT 出现之前，要分析两篇文章的相似度需要非常复杂的编程过程。而有了 ChatGPT 之后，我们只需要以自然语言下达指令，无须编程就可以直接得到结果了。

同时，我们也运用了简单的交互小技巧，即通过多轮对话中的反馈式提问逐步进行参数提取，收集所需的信息。

5.3　律师获取案源的黄金圈规则

很多律师会对案源感到焦虑，但是案源只是律师专业能力提升后自然产生的副产品。千万不要本末倒置。

律师独立执业后会经历以下四个阶段，我们将其称为独立律师获取案源的黄金圈规则，如图 5-10 所示。

- 起步阶段：通过个人关系（如亲戚朋友等）获取案源，告诉他们你是一名律师。
- 早期阶段：通过渠道推广，让更多的人看到你。
- 中期阶段：让同行知道你的专业能力，通过提升自己的专业能力来获得更多的来自其他律师的案源。在这一阶段，靠谱的青年律师是很有优势的，关键在于个人的增长飞轮与其他人的调节回路对接，比如与律所、大律师或小律师对接，以及与同事、同城和同国的律师建立联系。

- 后期阶段：通过建立个人品牌，让客户"打听"到你。

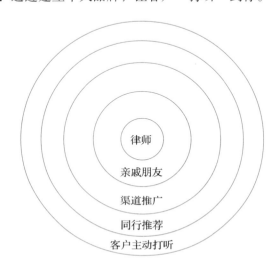

图 5-10　律师获取案源的黄金圈规则

我们注意到，独立执业的过程从第三阶段才开始逐渐进入正轨（案源稳定且收入令人满意），而推动律师进入第三阶段的力量正是其专业能力的提升。

为什么是专业能力，而不是其他原因呢？正如第 3 章介绍的，当律师不断推动自己的职业发展时，自然会有更多的案源，但是也会遇到因为时间限制而产生的调节回路。那么，传统上是如何解决此问题的呢？要么与更靠谱的青年律师合作，要么与更专业的律师合作。一位老律师的调节回路与另外一位新律师的增长飞轮连接起来了，如图 5-11 所示。而之所以能建立连接，正是因为新律师的专业、靠谱。

此外，当事人终归需要律师，所以案源最终不在这位律师手里，就在其他律师手里。而人的时间和专注力是有限的，必然无法处理所有案子。基于这两个最基本的事实，案子最终会被分配到专业领域上更合适、时间上更合适的律师手里。这种底层无意识形成了一种非常高效和有益的调节机制，这就是"律师群体"存在的意义（注意是先有律师群体，后有律所这种组织形式）。

所以，获得案源的关键就在于一位律师是不是足够专业，能够胜任这些案子。所以说，律师的增长飞轮中最核心的要素是专业能力。

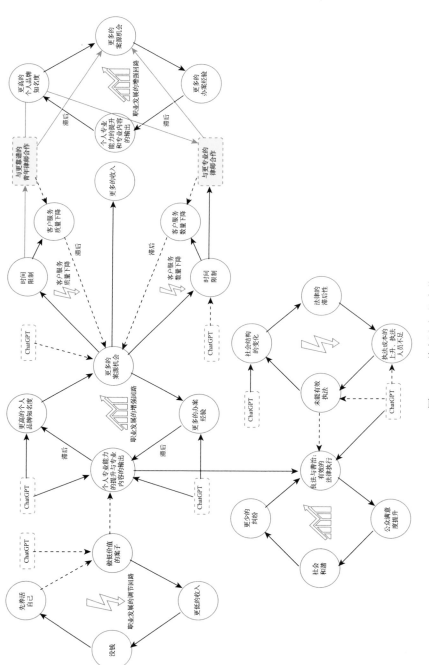

图 5-11　律师之间的合作

对于第四阶段，同样要求律师足够专业，才能让客户主动找来。而与之相比，第二阶段则是不可持续的，最简单的逻辑就是，如果律师的专业程度不足，那么其品牌传播难度就会超过推广成本，后期难度将呈指数级上升，最终让利润被渠道吞噬（在各个渠道吸引客户的注意力也是有成本的，且成本会越来越高）。

所以，我们要持续不断地提升自己的专业能力，进行专业的输出。这条路也许很漫长，但正是这些难关阻挡了许多人，意味着通向成功的路实际上并不拥挤，因为坚持到最后的人寥寥无几。

5.4 选择专业领域来拓宽案源

一位律师应该同时有三个专业领域：一是覆盖人群广的（比如婚姻、劳动争议、债务、继承）；二是聚焦垂直领域的（比如劳动争议的继续履行部分、婚姻的跨国婚姻部分等垂直领域，最好选择增速较快、供需关系更友好的专业领域）；三是自己的兴趣爱好（比如人工智能与法律等）。

原因有以下两个方面。

首先是平衡短期性和长期性。短期性指的是生存压力，案源黄金圈前期阶段主要靠亲戚朋友和网络推广，初期覆盖的人群少，所以需要尽量覆盖每个人都可能遇到的问题，这样可以在个人品牌知名度小的情况下最大程度地获取案源。长期性指的是聚焦的考量，应对中期与后期的相互竞争，需要聚焦于垂直领域，在一个细分的专业领域获得优势地位。

其次是规避自己不能做好的风险。这有两个方面的考量，一个方面是三个专业领域可以规避只选择一个专业领域时产生单点故障的风险。另一个方面是，如果增加自己感兴趣的专业领域，则愿意投入更多时间把它做好。很多时候考量的不是智力或者能力的差距，而是在一个课题上双方投入时间的差距。

可以通过查看关键词的百度指数来筛选热门或广受关注的专业方向，各专业领域中可供选择的方向及其关键词对应的百度指数如表 5-1 所示（本表仅为示例，省略部分内容）。

表 5-1 专业领域方向及其关键词对应的百度指数

大分类	小分类	百度指数（整体日均值）
民事类	劳动纠纷	失业（483）、裁员（633）、裁员赔偿（210）、加班费（299）、五险一金（6323）、降薪（157）、试用期被辞退有补偿吗（1864）、拖欠工资（521）、拖欠农民工工资（212）

（续）

大分类	小分类	百度指数（整体日均值）
民事类	婚姻家庭	离婚（1801）、抚养权（365）、夫妻共同财产（517）、夫妻共同债务（279）
	交通事故	交通事故（1344）、车祸（1111）、交通肇事（542）、酒后驾驶（231）
	⋮	⋮
刑事类	诈骗	诈骗（1305）、诈骗多少金额可以立案（2874）、诈骗短信（176）
	故意伤害	故意伤害罪（996）、故意伤害致人死亡（222）
	寻衅滋事	打架斗殴（264）
	⋮	⋮
行政类	法律援助	法律援助（10 671）、法律援助热线（380）
	农村土地	土地确权（740）
	征地拆迁	拆迁赔偿（158）、拆迁补偿律师咨询（71）、拆迁赔偿标准（138）
	⋮	⋮

注：百度指数整体日均值基于 2023 年全年数据计算。

也可以根据案由目录进行选择，如图 5-12 所示，很多法律信息库里的案由目录中都有相关裁判文书数量的统计数据。

5.5　小结

本章使用了"渠道管理子系统"中的数据，借助律师助手 5 号 GPTs，演示了筛选扩展案源的最佳渠道和打造个人品牌知名度两个案例。

有个性化要求的读者可以参考附录 A 及附录 B 的配置参数进行修改，构建属于自己的渠道管理子系统和 GPTs。

图 5-12　威科先行的案由目录中的裁判文书数量

CHAPTER 6

第 6 章

检索与研究

在本章，我们将构建一个新的 GPTs（律师助手 6 号），并通过一个具体的例子研究劳动争议中"违法解除"的内容，并介绍律师如何通过 ChatGPT 来辅助案件检索与研究，如图 6-1 所示。与第 5 章类似，本章所涉及的数据都会存储到 Notion 模板中。

图 6-1　律师助手 6 号

6.1　法律问题研究子系统

本章会新增 2 个信息表，并与之前的概念表形成关联关系。与第 5 章类似，具体的配置参数放到附录 A.6.2 节。

6.1.1　裁判文书信息表

裁判文书信息表主要记录了在研究某个法律问题的时候，检索的裁判文书的内容，如图 6-2 所示。检索的方式有非常多种，比如查阅裁判文书网或者第三方的北大法宝、威科先行等。后面进行法律问题的研究时会用到图 6-2 中的这四份裁判文书的内容。

6.1.2　裁判实践决策树表

裁判实践决策树表记录了这几次生成的决策树，如图 6-3 所示，这些是什么意思呢？我们会在 6.2 节的案例中讲到。

Table

裁判文书信息表（法律问题研究子系统）

Aa Name	↗ 相关法律概念	⊙ 类型	↗ 律-咨询	☰ 案号	☰ 内容	🔗 URL
青海××建设工程有限公司、吴某劳动争议民事二审民事判决书	违法解除	二审		(2023) 青01民终3856号	青海省西宁市中级人民法院 E	law.wkinfo.
冯某与西安××环境工程有限公司劳动争议一审民事裁定书	违法解除	一审	冯某于2020年7月入职某公	(2023) 陕0103民初20934	西安市碑林区人民法院 民事裁	law.wkinfo.
龚某、广州×××服饰有限公司劳动争议民事二审民事判决书	违法解除	二审	2021年10月份，龚某通过	(2023) 粤01民终18731号	广东省广州市中级人民法院 E	law.wkinfo.
广州××信息科技有限公司、张某劳动争议民事二审民事判决书	违法解除	二审		(2023) 粤01民终34660号	广东省广州市中级人民法院 E	law.wkinfo.
王某、××煤矿有限公司劳动争议民事一审民事判决书	违法解除	一审	张三于2017年5月入职被告			
李某等与海南××××研发有限公司侵害商标权纠纷二审民事判决书	商标侵权					

图 6-2 裁判文书信息表

Table

裁判实践决策树表（法律问题研究子系统）

Aa Name	↗ 律-概念	↗ 律-裁判文书	↗ 之前版本	↗ 之后版本	☰ me
违法解除V1版本	违法解除	青海紫华建设工程有限公司、吴元宁劳动争议民事二审民事判决书		违法解除V2版本	
违法解除V2版本	违法解除	冯磊与西安麦龙环境工程有限公司劳动争议一审民事裁定书	违法解除V1版本	违法解除V3版本	
违法解除V3版本	违法解除	龚浩森、广州众之爱服饰有限公司劳动争议民事二审民事判决书	违法解除V2版本	违法解除V4版本	
违法解除V4版本	违法解除	广州九尾信息科技有限公司、张高劳动争议民事二审民事判决书	违法解除V3版本		graph

+ New

COUNT 4

图 6-3 裁判实践决策树表

6.2 引入 ChatGPT：对“违法解除”案例的研究

1. 实战

我们通过一个具体的法律问题的研究，来讲解一下这个 GPTs 如何使用。

首先，我们告诉 GPTs 要研究的法律问题是什么。

> **提问：** 我想研究一个法律问题。
>
> ChatGPT：请问是什么法律问题？
>
> **提问：** 违法解除。
>
> ChatGPT：请提供相关的裁判文书内容。

然后，我们从裁判文书库中复制“（2023）青 01 民终 3856 号青海紫华建设工程有限公司、吴元宁劳动争议民事二审民事判决书”的内容（该文书有 3949 字，在 Notion 模板中），发送给 ChatGPT，ChatGPT 回复如下（其中 Mermaid 语

法构建的决策树如图 6-4 所示):

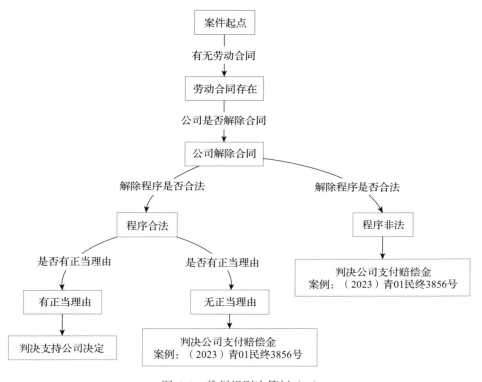

图 6-4 裁判规则决策树（1）

ChatGPT：基于提供的裁判文书内容，我将创建一个关于"违法解除劳动合同"案件的决策树。这个决策树旨在帮助分析和预测类似案件的判决结果。请注意，这个决策树是基于当前提供的信息构建的，随着更多案例的提供，它可能会进行更新和优化。

```mermaid
graph TD
    A [ 案件起点 ] -->| 有无劳动合同 | B [ 劳动合同存在 ]
    B -->| 公司是否解除合同 | C [ 公司解除合同 ]
    C -->| 解除程序是否合法 | D [ 程序合法 ]
    C -->| 解除程序是否合法 | E [ 程序非法 ]
    D -->| 是否有正当理由 | F [ 有正当理由 ]
```

D --> | 是否有正当理由 | G [无正当理由]
E --> H [判决公司支付赔偿金
 案例：（2023）青 01 民终 3856 号]
F --> I [判决支持公司决定]
G --> J [判决公司支付赔偿金
 案例：（2023）青 01 民终 3856 号]
```

请提供更多裁判文书内容，帮助我更新这个裁判决策树，从而更好地为您服务。

　　紧接着，我们从裁判文书库中复制"（2023）陕 0103 民初 20934 号 冯磊与西安麦龙环境工程有限公司劳动争议一审民事裁定书"的内容（该文书有 1168 字，在 Notion 模板中），发送给 ChatGPT，ChatGPT 回复如下（其中 Mermaid 语法构建的决策树如图 6-5 所示）：

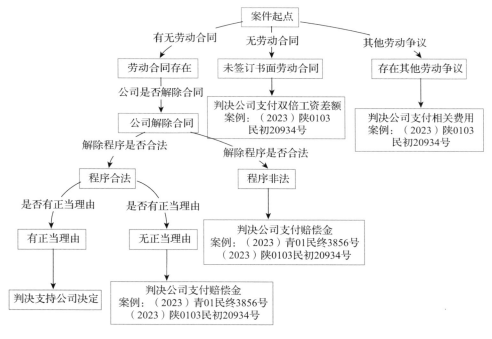

图 6-5　裁判规则决策树（2）

**ChatGPT：**

根据您提供的新的裁判文书内容（2023）陕 0103 民初 20934 号，我将
```

对之前的决策树进行更新。这次的案例涉及劳动合同的存在、违法解除劳动合同以及其他相关的劳动争议，例如工资拖欠、未休年休假、加班费等问题。以下是更新后的决策树：

```mermaid
graph TD
    A[ 案件起点 ] -->| 有无劳动合同 | B [ 劳动合同存在 ]
    B -->| 公司是否解除合同 | C [ 公司解除合同 ]
    C -->| 解除程序是否合法 | D [ 程序合法 ]
    C -->| 解除程序是否合法 | E [ 程序非法 ]
    D -->| 是否有正当理由 | F [ 有正当理由 ]
    D -->| 是否有正当理由 | G [ 无正当理由 ]
    E --> H [ 判决公司支付赔偿金 <br> 案例：（2023）青 01 民终 3856 号 <br>（2023）陕 0103 民初 20934 号 ]
    F --> I [ 判决支持公司决定 ]
    G --> J [ 判决公司支付赔偿金 <br> 案例：（2023）青 01 民终 3856 号 <br>（2023）陕 0103 民初 20934 号 ]

    A -->| 无劳动合同 | K [ 未签订书面劳动合同 ]
    K --> L [ 判决公司支付双倍工资差额 <br> 案例：（2023）陕 0103 民初 20934 号 ]

    A -->| 其他劳动争议 | M [ 存在其他劳动争议 ]
    M --> N [ 判决公司支付相关费用 <br> 案例：（2023）陕 0103 民初 20934 号 ]
```

此决策树在分析劳动争议案件时更加全面，不仅考虑了是否存在劳动合同和公司是否违法解除劳动合同的情况，还包括了未签订书面劳动合同和其他劳动争议（如工资拖欠、未休年休假、加班费等）的情形。这将有助于更精准地预测和分析类似案件的判决结果。

如果您有更多裁判文书内容，请提供，以便我进一步更新和完善这个裁判决策树。

紧接着，我们从裁判文书库中复制"（2023）粤 01 民终 18731 号 龚浩森、广州众之爱服饰有限公司劳动争议民事二审民事判决书"的内容（该文书有 3506 字，在 Notion 模板中），发送给 ChatGPT，ChatGPT 回复如下（其中 Mermaid 语法构建的决策树如图 6-6 所示）：

ChatGPT：

根据您提供的最新裁判文书内容（2023）粤 01 民终 18731 号，我将进一步更新劳动争议案件的决策树。本案主要涉及劳动关系的确认问题，特别是当存在争议时如何判断是否存在劳动关系。以下是更新后的决策树：

````mermaid
graph TD
    A [ 案件起点 ] -->| 有无劳动合同 | B [ 劳动合同存在 ]
    B -->| 公司是否解除合同 | C [ 公司解除合同 ]
    C -->| 解除程序是否合法 | D [ 程序合法 ]
    C -->| 解除程序是否合法 | E [ 程序非法 ]
    D -->| 是否有正当理由 | F [ 有正当理由 ]
    D -->| 是否有正当理由 | G [ 无正当理由 ]
    E --> H [ 判决公司支付赔偿金 <br> 案例：（2023）青 01 民终 3856 号
        <br>（2023）陕 0103 民初 20934 号 ]
    F --> I [ 判决支持公司决定 ]
    G --> J [ 判决公司支付赔偿金 <br> 案例：（2023）青 01 民终 3856 号
        <br>（2023）陕 0103 民初 20934 号 ]

    A -->| 无劳动合同 | K[ 未签订书面劳动合同 ]
    K --> L [ 判决公司支付双倍工资差额 <br> 案例：（2023）陕 0103 民初
        20934 号 ]

    A -->| 其他劳动争议 | M[ 存在其他劳动争议 ]
    M --> N[ 判决公司支付相关费用 <br> 案例：（2023）陕 0103 民初 20934 号 ]

    A -->| 是否存在劳动关系 | O [ 存在劳动关系争议 ]
    O -->| 是否能证明劳动关系 | P [ 能证明 ]
````

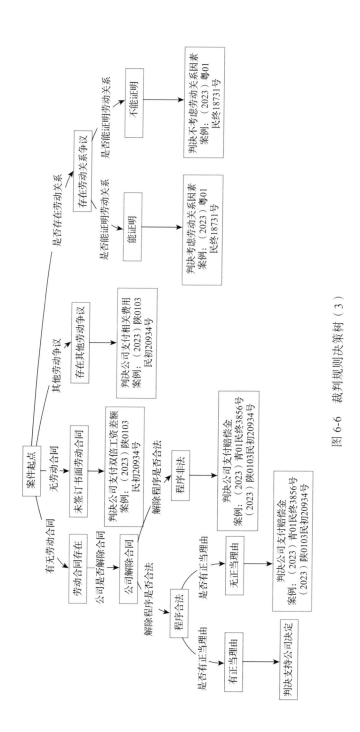

图 6-6 裁判规则决策树（3）

```
O --> | 是否能证明劳动关系 | Q [ 不能证明 ]
P --> R [ 判决考虑劳动关系因素 <br> 案例：（2023）粤 01 民终 18731 号 ]
Q --> S [ 判决不考虑劳动关系因素 <br> 案例：（2023）粤 01 民终 18731 号 ]
```

此次更新在决策树中增加了"是否存在劳动关系"的节点，以及对应的"能证明"和"不能证明"两种情况。这将有助于更全面地预测和分析在劳动争议中涉及劳动关系确认的案件。

如您有更多裁判文书内容，请继续提供，以便我进一步更新和完善这个裁判决策树。

紧接着，我们从裁判文书库中复制"（2023）粤 01 民终 34660 号 广州九尾信息科技有限公司、张高劳动争议民事二审民事判决书"的内容（该文书有 12 764 字，在 Notion 模板中），发送给 ChatGPT，ChatGPT 回复如下（其中 Mermaid 语法构建的决策树如图 6-7 所示）：

ChatGPT：

基于您提供的最新裁判文书内容（2023）粤 01 民终 34660 号，我将再次更新劳动争议案件的决策树。本案主要涉及劳动合同的解除、绩效工资的计算和支付以及违法解除劳动合同的赔偿金问题。以下是更新后的决策树：

```mermaid
graph TD
    A [ 案件起点 ] --> | 有无劳动合同 | B [ 劳动合同存在 ]
    B --> | 公司是否解除合同 | C [ 公司解除合同 ]
    C --> | 解除程序是否合法 | D [ 程序合法 ]
    C --> | 解除程序是否合法 | E [ 程序非法 ]
    D --> | 是否有正当理由 | F [ 有正当理由 ]
    D --> | 是否有正当理由 | G [ 无正当理由 ]
    E --> H [ 判决公司支付赔偿金 <br> 案例：（2023）青 01 民终 3856 号 <br>（2023） 陕 0103 民 初 20934 号 <br>（2023） 粤 01 民 终 34660 号 ]
    F --> I [ 判决支持公司决定 ]
    G --> J [ 判决公司支付赔偿金 <br> 案例：（2023）青 01 民终 3856 号 <br>（2023）陕 0103 民初 20934 号 <br>（2023）粤 01 民终 34660 号 ]
```

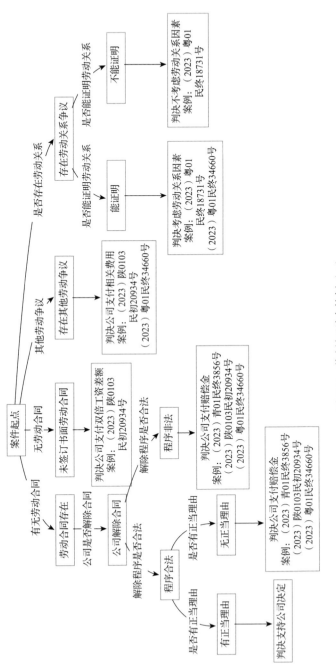

图 6-7　裁判规则决策树（4）

```
    A -->| 无劳动合同 | K [ 未签订书面劳动合同 ]
    K --> L [ 判决公司支付双倍工资差额 <br> 案例：（2023）陕 0103 民初
        20934 号 ]


    A -->| 其他劳动争议 | M [ 存在其他劳动争议 ]
    M --> N [ 判决公司支付相关费用 <br> 案例：（2023）陕 0103 民初
        20934 号 <br>（2023）粤 01 民终 34660 号 ]


    A --> | 是否存在劳动关系 | O [ 存在劳动关系争议 ]
    O -->| 是否能证明劳动关系 | P [ 能证明 ]
    O -->| 是否能证明劳动关系 | Q [ 不能证明 ]
    P --> R [ 判决考虑劳动关系因素 <br> 案例：（2023）粤 01 民终 18731
        号 <br>（2023）粤 01 民终 34660 号 ]
    Q --> S [ 判决不考虑劳动关系因素 <br> 案例：（2023）粤 01 民终 18731 号 ]
```
```

此次更新考虑了劳动合同的解除、绩效工资的计算和支付问题，以及违法解除劳动合同的赔偿金问题。这将有助于更全面地预测和分析在劳动争议中涉及劳动合同解除和绩效工资计算的案件。

如果您有更多裁判文书内容，请继续提供，以便我进一步更新和完善这个裁判决策树。

除了继续提供更多的裁判文书，我们还可以对决策树进行质疑。

**提问**：当没有劳动合同时，才需要判断是否存在劳动关系吧？

**ChatGPT**：您的观点是正确的。在劳动争议案件中，通常当不存在书面劳动合同时，法院需要判断是否存在事实劳动关系。如果存在事实劳动关系，用人单位可能需要承担与正式劳动合同相似的法律责任，包括但不限于支付双倍工资、赔偿金等。基于这个逻辑，我将调整决策树以反映这一点：

```mermaid
graph TD
    A [ 案件起点 ] -->| 是否有劳动合同 | B [ 劳动合同存在 ]
    A -->| 无劳动合同 | K [ 未签订书面劳动合同 ]
```
```

K --> | 是否存在事实劳动关系 | L [存在事实劳动关系]

K --> | 是否存在事实劳动关系 | M [不存在事实劳动关系]

L --> N [判决公司支付双倍工资差额
 案例：（2023）陕 0103 民初 20934 号]

M --> O [不支持劳动者诉求]

B --> | 公司是否解除合同 | C [公司解除合同]

C -->| 解除程序是否合法 | D [程序合法]

C -->| 解除程序是否合法 | E [程序非法]

D --> | 是否有正当理由 | F [有正当理由]

D --> | 是否有正当理由 | G [无正当理由]

E --> H [判决公司支付赔偿金
 案例：（2023）青 01 民终 3856 号
 （2023）陕 0103 民初 20934 号
（2023）粤 01 民终 34660 号]

F --> I [判决支持公司决定]

G --> J [判决公司支付赔偿金
 案例：（2023）青 01 民终 3856 号
 （2023）陕 0103 民初 20934 号
（2023）粤 01 民终 34660 号]

B -->| 是否存在绩效工资争议 | P [存在绩效工资争议]

P --> Q [判决公司支付相关费用
 案例：（2023）粤 01 民终 34660 号]
```

这个决策树清晰地展示了劳动争议案件中关键的判断标准，包括是否有劳动合同，是否存在事实劳动关系，以及劳动合同解除的合法性等。这样的框架有助于更准确地预测和分析劳动争议案件的判决结果。

除了对决策树进行质疑，我们还可以对决策树的细节进行扩充，其中由 Mermaid 语法构建的决策树如图 6-8 所示。

**提问**：对于是否存在事实劳动关系，请扩充一下。

**ChatGPT**：

当然，关于是否存在事实劳动关系这一部分的判断，通常是在没有书面劳动合同的情况下进行的。法院在判断是否存在事实劳动关系时，会考虑以下几个关键因素：
```

1. 是否提供劳动：判断劳动者是否实际为用人单位提供了劳动。

2. 是否有报酬：劳动者是否因提供劳动而获得报酬。

3. 劳动的规律性和持续性：劳动是否具有一定的规律性和持续性，不是临时性或偶尔性的。

4. 是否存在从属性：劳动者在劳动过程中是否受用人单位的管理和控制，例如上下班时间、工作内容和方式等。

5. 劳动条件的提供：用人单位是否提供了劳动条件，如工作场所、工具等。

如果以上条件基本满足，法院通常会认定存在事实劳动关系。在此基础上，用人单位可能需要承担与正式劳动合同相似的责任，例如支付双倍工资、经济补偿金等。

我将在决策树中添加这一部分的判断逻辑：

```mermaid
graph TD
    A [ 案件起点 ] --> | 是否有劳动合同 | B [ 劳动合同存在 ]
    A --> | 无劳动合同 | K [ 未签订书面劳动合同 ]
    K --> | 是否存在事实劳动关系 | L [ 存在事实劳动关系 ]
    L --> | 是否提供劳动 | M [ 提供劳动 ]
    L --> | 是否有报酬 | N [ 有报酬 ]
    L --> | 是否规律持续 | O [ 规律持续劳动 ]
    L --> | 是否存在从属性 | P [ 存在从属性 ]
    L --> | 是否提供劳动条件 | Q [ 提供劳动条件 ]
    M --> R [ 判决公司支付双倍工资差额 <br> 案例：（2023）陕 0103 民初 20934 号 ]
    N --> R
    O --> R
    P --> R
    Q --> R
    K --> | 是否存在事实劳动关系 | S [ 不存在事实劳动关系 ]
    S --> T [ 不支持劳动者诉求 ]
```

```
B --> | 公司是否解除合同 | C [ 公司解除合同 ]
C --> | 解除程序是否合法 | D [ 程序合法 ]
C --> | 解除程序是否合法 | E [ 程序非法 ]
D --> | 是否有正当理由 | F [ 有正当理由 ]
D --> | 是否有正当理由 | G [ 无正当理由 ]
E --> H [ 判决公司支付赔偿金 <br> 案例：（2023）青 01 民终 3856 号 <br>
        （2023）陕 0103 民初 20934 号 <br>（2023）粤 01 民终 34660 号 ]
F --> I [ 判决支持公司决定 ]
G --> J [ 判决公司支付赔偿金 <br> 案例：（2023）青 01 民终 3856 号 <br>
        （2023）陕 0103 民初 20934 号 <br>（2023）粤 01 民终 34660 号 ]

B --> | 是否存在绩效工资争议 | U [ 存在绩效工资争议 ]
U --> V [ 判决公司支付相关费用 <br> 案例：（2023）粤 01 民终 34660 号 ]
```

这个决策树提供了一个清晰的框架，帮助判断是否存在事实劳动关系，并据此决定是否支持劳动者的诉求。

点评：

上述内容呈现了细节不断丰富的决策树。这是因为我们向大模型连续输入了不同的案例，大模型根据案件的内容一步步推理出了法院决策的因素和具体过程，自行生成了决策树。最终，大模型基本能对劳动争议中主要问题的裁判方式进行展示。从决策树的变化来说，律师可以通过向大模型输入同类型的案例，获取法官的裁判思路。

随着我们提供的案例越来越多，ChatGPT 会生成关于这个法律问题越来越详尽的裁判决策树，同时我们也可以对生成的决策树进行质疑，要求细化决策树，要求补充法律依据等，因篇幅所限，我们只是做简单的示范，这里就不再继续展开讲解了。最终的这个决策树就可以辅助我们进行进一步的法律研究。

接下来的法律研究就只能靠我们自己努力，不可假手于 AI 了，因为由 AI 操作具有较大风险。比如，对裁判规则的价值思考就不应该由 AI 来做，这毕竟涉及人类自己的切身利益，AI 并不会承担损失带来的后果，而人需要用自己的肉体、精神来承担损失的后果。像这样的价值判断必须由人类亲自进行。这方面的议题影响深远，还需要律师行业进行深入的思考和实践，我们在此不打算展开讨论。

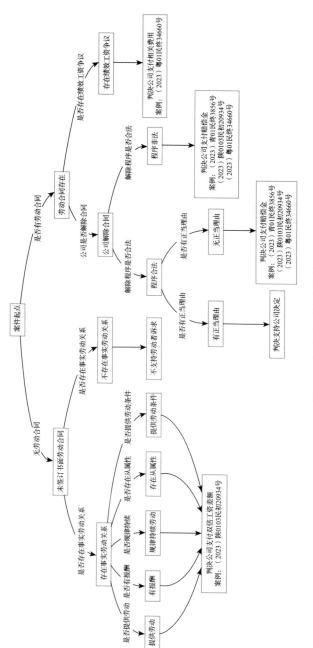

图 6-8 调整之后的决策树

当我们像这样对一个法律问题研究越来越深入的时候，就会有自己的一个关于这个法律问题的决策树，这个工具将会在我们后续代理案件的过程中发挥重要的作用。

2. GPTs 解密

GPTs 内部做了什么操作呢？其实里面做了这样一个配置。

Rules:

Rules1: 如果我跟你说"我想研究一个法律问题。"这句话，你需要按照下面的要求执行。

Step 1. 首先你需要回问我"请问是什么法律问题？"

Step 2. 我回答是什么法律问题后，你需要回问我"请提供相关的裁判文书内容。"

Step 3. 我发给你相关的裁判文书内容后，你需要用 Mermaid 语法生成一棵决策树，用于判断法院会如何判决这类案件，从而让律师对法院的判决结果有预测。并提示我"请提供更多裁判文书内容，帮助我更新这个裁判决策树，从而更好地为你服务。"

用 Mermaid 生成的决策树要求如下：

1. 这个时候不要使用 Python 代码。

2. 可以把部分裁判文书的案号，放到决策树的节点上作为例子（直接显示在图上，只显示案号即可）。

3. 如果不是第一次生成决策树的话，那么生成之后，再检查一下内容，如果发现可以优化一下决策树让表达和逻辑更清晰，则重新再绘制一次决策树。

4. 根节点统一为"案件起点"。

5. 如果有是和否的判断，请写在线上。

Step 4. 之后如果我再发你新的裁判文书内容后，你就更新这个决策树，一种重复即可。

Rules99: 如果不匹配上面的任意一个预设问题，你不需要调用 Action，直接回答我问题即可。

　　细心的读者可能已经发现了，在提示词中我们更专注于实用主义，不仅仅要看怎么规定的，更要看司法实践中怎么执行的。在第 3 章我们提到过，法律是具体的。具体其实就是一种贝叶斯思维。所谓的贝叶斯思维，其实是一种反向的思考，通过对现实的观察，反向思考来验证假设的一种思维方式。举个例子，我们都知道骰子有 6 个面，那么理论上掷出任意一个数字的概率都是 1/6。而现实中，如果我们观测到一个骰子掷出 3 的概率高于其他数字，那么说明什么？说明这个骰子的制造工艺有问题，这个骰子 3 的那一面稍微重一点。理由也很简单，骰子毕竟是在真实世界制造出来的。这就是"具体的"的意思。

　　所以我们在提示词设计中，更加关注于在类似的案件中具体是怎么判的，并根据真实的司法实践经验构建出裁判规则的决策树，从而更好地为当事人提供优质的服务，这也是为什么律师很重要，因为在司法实践中有太多的细节和地域特点，同时如果发现不合理的地方，我们也可以在自己的能力范围内适当地努力，为了全社会更好的程序正义，贡献自己的一分力量。

6.3　小结

　　本章使用了"法律问题研究子系统"中的数据，借助律师助手 6 号 GPTs，演示了对"违法解除"案例的研究。

　　有个性化要求的读者可以参考附录 A 及附录 B 的配置参数进行修改，构建属于自己的法律问题研究子系统和 GPTs。

CHAPTER 7

第 7 章

案件分析

本章将构建一个新的 GPTs（律师助手 7 号），并通过一个具体的劳动争议案件来介绍律师如何通过 ChatGPT 来辅助案件分析，如图 7-1 所示。本章所涉及的数据都会存储到 Notion 的模板中。

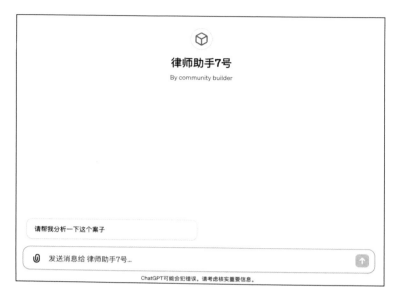

图 7-1　律师助手 7 号

7.1　案件分析子系统

7.1.1　提示词构建表

　　为了实现动态构建提示词，我们设计了一个提示词构建表，如图 7-2 所示，该表与第 6 章涉及的裁判实践决策树表关联，并通过公式自动生成提示词。

图 7-2　提示词构建表

7.1.2　案件分析表

　　我们设计了一个案件分析表用于保存对案件的分析信息，如图 7-3 所示。

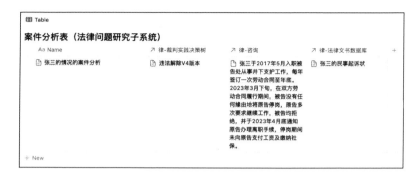

图 7-3 案件分析表

7.2 引入 ChatGPT

7.2.1 对劳动争议案件的分析

1. 实战

我们分析一个具体的劳动争议案件，并讲解如何使用 GPTs 来辅助案件分析。

提问：请帮我分析一下这个案子。

ChatGPT：请问是什么案子？

提问：张三于 2017 年 5 月入职被告处从事井下支护工作，每年签订一次劳动合同至年底。2023 年 3 月下旬，在双方劳动合同履行期间，被告没有任何缘由地将原告停岗，原告多次要求继续工作，被告均拒绝，并于 2023 年 4 月底通知原告办理离职手续，停岗期间未向原告支付工资及缴纳社保。

ChatGPT：

根据您提供的案件信息，该案件属于劳动合同争议案件。我们可以依据以下路径进行分析：

1. 存在劳动合同：张三与被告每年签订一次劳动合同，表明存在正式的劳动合同。

2. 单方解除合同：被告在合同履行期间无故停岗并要求原告办理离职手续，属于单方解除合同的行为。

3. 检查解除合同的程序：被告似乎未按合法程序解除合同，因为没有提出合法的解除理由。

4. 非法程序：由于被告没有合理的解除合同的理由和程序，构成了违法解除。

5. 应支付赔偿金：由于违法解除合同，被告应支付赔偿金，同时考虑其他赔偿，如停岗期间未支付的工资和未缴纳的社保。

接下来，我们可以构建鱼骨图来生成起诉状：

```mermaid
graph TD
    A[ 诉讼方向：违法解除劳动合同 ] --> B[ 诉讼请求：请求判决被告支付赔偿金、工资和社保 ]
    B --> C1[ 劳动合同的存在和履行 ]
    B --> C2[ 无正当理由单方解除合同 ]
    B --> C3[ 停岗期间未支付工资和社保 ]
    C1 --> D1[ 提供劳动合同书面证据 ]
    C2 --> D2[ 证明被告无正当理由解除合同 ]
    C3 --> D3[ 工资单、社保缴纳记录 ]
    D1 --> E1[《中华人民共和国劳动合同法》相关条款 ]
    D2 --> E2[《中华人民共和国劳动合同法》相关条款 ]
    D3 --> E3[《中华人民共和国劳动合同法》相关条款 ]
```

这个鱼骨图为您的诉讼方向和请求提供了结构化的支持。第一层是您的诉求，第二层是支持这些诉求的条件，第三层是相关的法律依据，最后一层是您需要准备的证据。

点评：

准确性 3 分、完整性 3 分、清晰度 4 分、相关性 5 分、专业性 4 分。

本次回答模拟了 ChatGPT 分析案件、出具办案思路及决策树的过程。从整体效果来看，ChatGPT 分析出了违法解除、支付经济赔偿、拖欠工资及社保的问题，同时就该些问题提供了诉求、证据内容、法律依据。该回答为律师提供了办理案件的主要思路。

但是从专业角度看，该分析仍然存在一些问题：首先，诉求存在问题，是否存在其他赔偿问题，如需要考虑未休年休假工资？其次，诉求方式存在问题，如社保能否在劳动争议中主张？是否需要另行通过行政稽核维护合法权益？最后，证据方面存在问题，被告无正当理由解除合同是否需要原告证明？在我国，解除劳动合同的理由是否合法，需由用人单位承担证明。

　　从这个过程来看，对于一些比较简单的案件，律师可以通过大模型分析案件情况，可以相对减轻一些工作压力。

　　ChatGPT 生成的 Mermaid 是字符串形式。我们可以在律师助手 7 号的聊天窗口内部引入其他的 GPTs 进行可视化，如图 7-4 所示。利用 ChatGPT 生成案件分析鱼骨图如图 7-5 所示，这是 ChatGPT 在 2024 年 1 月新推出的功能。（像第 6 章一样，使用 Notion 自带的可视化 Mermaid 功能也可以。）

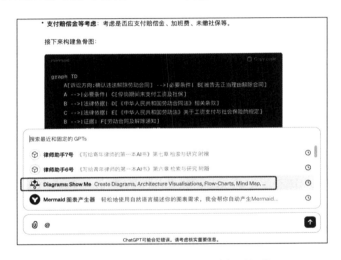

图 7-4　引入其他的 GPTs 进行可视化

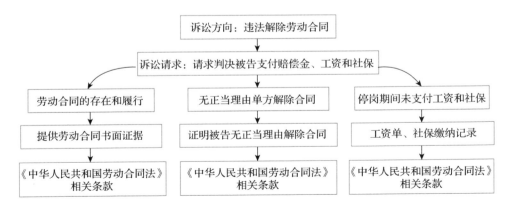

图 7-5　利用 ChatGPT 生成案件分析鱼骨图

2. GPTs 解密

该 GPTs 内部配置如下。

Rules:

Rules1: 如果我跟你说"请帮我分析一下这个案子。"这句话，你需要按照下面的要求执行。

Step 1. 首先你需要回问我"请问是什么案子？"

Step 2. 我发给你案子信息后，你需要先分析一下，该案件属于下面的哪种情况的哪个具体分支。

情况 1：违法解除

graph TD

A [劳动合同争议案件] -->| 存在劳动合同 | B [是否单方解除合同]

A -->| 无劳动合同 | X [考虑是否存在事实劳动关系]

B -->| 单方解除 | C [检查解除合同的程序]

B -->| 双方协商解除 | Y [一般不视为违法解除]

C -->| 合法程序 | D [确认解除合同的理由]

C -->| 非法程序 | E [构成违法解除]

D -->| 有合法理由 | F [可能合法解除]

D -->| 无合法理由或理由不充分 | E

E --> G [应支付赔偿金，考虑其他赔偿如加班费、未缴社保等]

F --> H [无须支付赔偿金，检查其他合同违反情况]

X --> I [考虑是否存在事实劳动关系（如龚浩森案（2023）粤 01 民终 18731 号）]

I -->| 事实劳动关系认定 | J [可能支付双倍工资差额赔偿]

I -->| 事实劳动关系不成立 | K [不支付双倍工资差额赔偿]

G --> L [判决支付赔偿]

H --> M [判决不需支付赔偿]

J --> N [判决支付双倍工资差额赔偿]

K --> O [判决不支付双倍工资差额赔偿]

D --> P [考虑绩效工资差额问题（如广州九尾信息科技有限公司案（2023）粤 01 民终 34660 号）]

P --> | 绩效工资差额争议 | Q [考虑是否有足够证据支持绩效计算]

Q --> | 有证据支持 | R [不需支付差额]

Q --> | 无证据支持 | S [需支付差额]

（其他情况同理，此处省略）

Step 3. 最后，你需要构建一个鱼骨图，用于生成起诉状，鱼头是诉讼方向与诉讼请求，鱼骨图的第一层是支持诉讼方向和诉讼请求的充分必要条件，第二层是相关法律依据，第三层是所需要的证据，以 Mermaid 语法表示出来。

Rules99：如果不匹配上面的任意一个预设问题，那么你不需要调用 Action，直接回答我的问题即可。

这里将对这类案件研究的决策树保存在 Mermaid 中，然后通过 GPTs 的对话来生成鱼骨图。

为什么是鱼骨图的形式呢？其实是要把律师的起诉状与法官审批的"要件审判法"关联起来，形成端到端的流程。所谓的要件审判法，就是基于大前提、小前提、结论的结构，将审批过程拆解为九步：锁定权利请求，寻找基础规范，分解规范要件（以构成大前提）；检索诉讼主张，整理诉讼争点，证明要件事实，认定要件事实（以构成小前提）；要件归入，做出裁判（以形成结论）。具体的内容可以参见邹碧华法官的《要件审判九步法》。律师的起诉状要先说明自己的诉讼请求，然后讲明事实、理由、证据、总结，从而与法官的审判方法对应，这就是端到端的意思，如图 7-6 所示。

所以上述配置所做的工作，就是将第 6 章得到的决策树反转过来，变成一个鱼骨图，为之后写起诉状做准备。其中涉及的提示词会变得越来越长，可以通过 Notion 的提示词构建表自动生成。

7.2.2　与 ChatGPT 进行不设限的法律探讨

除了使用 GPTs 的预设问题，我们还可以直接与 ChatGPT 探讨案件的法律分析。探讨过程如下。

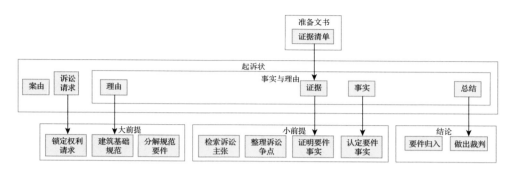

图 7-6   律师起诉状与法官审判方法间的对应关系

提问：假如你是律师，请判断下面案例中的案件事实、证据及证据的证明力。

张三于 2017 年 5 月入职被告处从事井下支护工作，每年签订一次劳动合同至年底。2023 年 3 月下旬，在双方劳动合同履行期间，被告没有任何缘由地将原告停岗，原告多次要求继续工作，被告均拒绝，并于 2023 年 4 月底通知原告办理离职手续，停岗期间未向原告支付工资及缴纳社保。

ChatGPT：在这个案例中，原告张三声称其在劳动合同履行期间，被被告无缘无故停岗，并在停岗期间没有收到工资和社保缴纳。以下是对案件事实、证据以及证据的证明力的分析：

1. 案件事实

-**劳动关系确认**：张三自 2017 年 5 月起在被告处工作，且每年签订劳动合同，表明双方存在劳动关系。

-**停岗事实**：被告在 2023 年 3 月下旬停止张三的工作，且在 4 月底通知张三离职。

-**工资及社保问题**：在停岗期间，被告未向张三支付工资及未缴纳社保。

2. 证据要求

-**劳动合同**：需提供张三与被告签订的劳动合同，证明劳动关系的存在及合同期限。

-**停岗通知**：若有书面的停岗通知或相关通信记录，可证明被告确实进行了停岗行为。

–**工资单和社保记录**：工资单和社保缴纳记录可以用来证明在停岗期间被告是否支付了工资和社保。

3.证据的证明力

–**劳动合同**：合同的证明力强，可以直接证明劳动关系的性质和期限。

–**停岗通知**：若停岗通知书面化，其证明力较强，可以明确停岗的事实和时间。如果是口头通知，可能需要通过录音、见证人证言等间接方式证明。

–**工资和社保记录**：工资条和社保记录是硬性证据，能直接证明在停岗期间被告是否履行了支付工资和缴纳社保的义务。

4.法律分析

根据相关劳动法规，雇主在劳动合同期内无正当理由单方面停止雇员工作且不支付工资和社保的行为是违法的。张三可以根据劳动合同法要求赔偿，包括但不限于未支付的工资、社保补缴以及可能的经济补偿。

5.法律建议

– 张三应尽快搜集和整理所有相关的书面证据，如劳动合同、工资单、社保记录及任何交流记录。

– 可能需要通过法律途径提起诉讼，要求被告补发工资、缴纳社保并支付相应的赔偿。

– 张三也可以考虑与当地劳动保障部门联系，寻求行政救济。

综上所述，张三的案件中证据的搜集和整理至关重要，这将直接影响案件的判决结果。在准备过程中，张三可能需要法律专业人士的帮助，以确保所有证据的合法性和有效性，并合理运用法律手段保护自己的权益。

提问：请判断案件中的法律事实，以及哪些是合法行为（主体合格、权限合法、意思表示真实完全、行为内容合法、程序合法、形式合法，六要素需同时具备为合法），哪些是违法行为（违反现行法律规定、不同程度侵犯法律所保护的社会关系并有社会危害性、行为人有主观过错）？

让我们一步一步思考。

ChatGPT：在分析案件中的法律事实和判定哪些行为是合法或违法时，我们可以按照法律行为的六个要素进行评估。根据您提供的案例，让我们逐一分析：

法律事实

1. **存在劳动关系**：张三自 2017 年起与被告单位签订并续签劳动合同，每年至年底。

2. **无故停岗**：在合同履行期间，被告无任何缘由停止张三的工作。

3. **未支付工资及社保**：在停岗期间，被告未向张三支付工资及缴纳社保。

合法行为分析

合法行为需要同时具备以下六个要素：

- **主体合格**：主体需要有行为能力和相应的资格。在本案中，张三和被告都具备签订劳动合同的资格。

- **权限合法**：行为人在行为时必须在其法定或授权的权限范围内行事。在此案件中，被告作为雇主具有管理劳动关系的权限。

- **意思表示真实完全**：行为人的意思表示应当真实，不受胁迫、欺诈等影响。初始的劳动合同签订应当基于双方真实意愿。

- **行为内容合法**：行为必须符合法律、行政法规的规定，不得违法。劳动合同的签订属于合法行为。

- **程序合法**：行为的过程必须符合法定程序。关于签订劳动合同的程序在本案中应该是合法的。

- **形式合法**：有些法律行为必须采取法律规定的形式，如书面形式等。劳动合同通常需要书面形式，本案中假定合同形式符合法律要求。

违法行为分析

违法行为包括违反现行法律规定，具有一定的社会危害性，且行为人有主观过错：

–**无故停岗**：被告在没有合理理由的情况下停止张三的工作，这违反了劳动法规定的合同履行原则和保护劳动者权益的法律要求。

–**未支付工资及社保**：在停岗期间未支付工资和未缴纳社保，这违反了《中华人民共和国劳动合同法》和《中华人民共和国社会保险法》的明确规定，对张三的生活和权益构成直接影响。

–**社会危害性和主观过错**：被告的行为对张三的生活和经济状况造成了损害，并有可能损害社会的公平正义，显示出被告的过失或故意行为。

结论

在本案中，被告单位的停岗行为以及未支付工资和社保的行为违法，侵犯了张三作为劳动者的合法权益。张三可依法要求赔偿损失，并寻求法律途径保护自身权益。同时，张三应当搜集和准备所有相关证据，以支持其在法律上的诉求。

提问：请详细说一下本案中的程序问题。

ChatGPT：在张三的案例中，程序问题主要涉及被告方在处理停岗和解除劳动合同时的程序合法性。根据劳动法和相关法规的要求，以下几个方面是关键的程序问题：

1. 停岗程序

–**合法停岗理由**：按照劳动法规定，除非有合法理由（如员工的不当行为、经济裁员、公司重组等），雇主不得随意停止员工的工作。在本案中，张三被停岗时没有提到被告提供任何合法理由，这是一个关键的程序性瑕疵。

–**停岗通知**：理想情况下，任何关于停岗的决定都应当以书面形式通知员工，并明确停岗的理由、期间和员工的权利。缺乏这种通知可能违反程序正义。

2. 解除劳动合同的程序

–**解除通知**：劳动法要求在解除劳动合同时提供书面通知，并且通常需要提前30天通知员工或支付一个月工资作为补偿。本案中并未提及被告是否有遵守这一要求。

-**解除理由的正当性和合法性**：除非有法律规定的情形，如员工严重违纪或公司经营状况需要，否则不得解除劳动合同。如果被告无正当理由解除合同，该行为是违法的。

-**协商解除**：理想情况下，解除劳动合同应当通过双方协商一致的方式进行，特别是在没有违法违规行为的情况下。未经协商单方面解除劳动合同不符合法律规定。

3. 支付工资和社保的程序
-**工资支付**：劳动法规定，即使员工处于非工作状态（如停岗），只要劳动合同仍在有效期内，雇主仍需支付工资。被告在停岗期间未支付工资，违反了劳动合同的规定。

-**社保缴纳**：按照社会保险法，雇主必须为员工缴纳社会保险费，无论员工是否在岗。停岗期间未缴纳社保也违反了法律规定。

4. 程序的合法性
-**程序合法性的缺失**：若以上提到的任何法定程序未被遵守，那么被告的行为不仅是对张三权益的侵犯，同时也构成了程序上的违法。

结论
在张三的案例中，被告在停岗、解除合同及工资和社保支付方面存在明显的程序违法行为。张三应该利用这些程序问题来在法律上主张自己的权利，包括请求赔偿因违反程序导致的损失。张三也可以向劳动监察大队或相应的劳动争议仲裁委员会投诉，以寻求行政或法律上的救济。

提问：请分析本案中的法律事实所引起的法律关系的形成、变更、消灭。

ChatGPT：在张三与被告公司的案例中，涉及的法律事实引起了劳动法律关系的形成、变更和消灭。以下是详细分析：

法律关系的形成
劳动合同的签订：
-**形成**：张三从 2017 年开始与被告公司签订劳动合同，这标志着一个正式的劳动法律关系的形成。劳动合同法规定，劳动合同应当具有明确的工作内容、工资待遇、工作时间、休息休假、劳动保护、劳动条件和工伤预防等条款。

–** 法律依据 **：《中华人民共和国劳动合同法》明确要求双方在劳动关系确立时签订书面劳动合同，并规定了劳动合同的必备内容。

法律关系的变更

1. ** 停岗 **：

–** 变更 **：2023 年 3 月，被告无故停止张三的工作，这一行为实质上改变了劳动合同原有的履行状态和内容，尤其是在工作地点和工作内容方面。

–** 法律分析 **：劳动法规定，雇主不能在没有合法理由的情况下单方面变更劳动合同条款，特别是不可以无故停止员工工作。

2. ** 未支付工资和社保 **：

–** 变更 **：同样，被告在停岗期间未支付工资和社保，更进一步变更了合同规定的工资支付义务。

–** 法律影响 **：这种变更违反了《中华人民共和国劳动合同法》和《中华人民共和国社会保险法》中关于雇主必须按期支付工资和社保的明文规定。

法律关系的消灭

** 解除劳动合同 **：

–** 消灭 **：2023 年 4 月底，被告通知张三办理离职手续，实际上是解除了劳动合同。

–** 法律依据与分析 **：按照《中华人民共和国劳动合同法》的规定，解除劳动合同应当有合法理由，并且在某些情况下需要提前通知或支付经济补偿。若被告没有合理的理由和程序，这种解除行为是非法的。

结论

张三与被告公司之间的劳动法律关系经历了从形成、变更到消灭的过程。案件中的法律事实显示，这些变更和消灭可能违反了相关的劳动法规。这一系列的法律行为不仅影响了张三的合法权益，也可能使被告面临法律责任。张三可以基于这些法律事实提起诉讼或申请仲裁，要求恢复其权益，包括但不限于追回未支付的工资、社保及可能的经济补偿。同时，这些事件提供了强有力的依据，支持张三在法庭或仲裁中的主张。

提问：请判断本案中的法律责任，包括如何确定？谁是责任的主体？主体应承担什么责任？是否有免责情形？如何量化主体承担的法律责任？

ChatGPT：在张三与被告公司的劳动纠纷案中，确定法律责任包括几个关键步骤：责任的确定、责任主体的确认、责任类型的界定、免责情形的评估，以及责任的量化。下面一一分析：

1. 如何确定法律责任

法律责任的确定通常基于是否存在法律义务的违反，以及这种违反是否给对方造成了损害。在本案中，被告公司通过无故停岗、未支付工资及社保、非法解除劳动合同，违反了《中华人民共和国劳动合同法》和《中华人民共和国社会保险法》等相关法律规定，从而对张三的合法权益造成了损害。

2. 谁是责任的主体

在本案中，责任主体为被告公司。作为张三的雇主，被告公司负有履行劳动合同、支付工资、缴纳社保和合理解除合同的法律义务。

3. 主体应承担什么责任

被告公司应承担的责任主要包括：

-** 经济补偿 **：对于非法解除劳动合同，被告需要根据《中华人民共和国劳动合同法》向张三支付经济补偿。

-** 工资支付 **：补发张三停岗期间的工资。

-** 社保补缴 **：补缴张三停岗期间未缴的社保费用。

-** 可能的赔偿 **：对张三因非法停岗及合同解除可能遭受的其他经济损失进行赔偿。

-** 道歉 **：在某些情况下，如果法庭认为必要，被告可能还需要对张三进行形式上的道歉以恢复名誉。

4. 是否有免责情形

在劳动法领域，免责情形通常包括不可抗力或者员工的严重违法违纪行为。在本案中，没有证据显示被告公司的行为是由于不可抗力或张三自身的违法违纪导致的。因此，被告公司似乎没有免责的可能。

5. 如何量化主体承担的法律责任

量化责任通常需要考虑以下因素：

–**工资和社保的具体金额**：根据张三的合同工资及应缴纳的社保计算。

–**经济补偿**：通常基于张三工资的数月（具体月数根据合同期限和张三的工作年限确定）来计算。

–**赔偿金额**：如果张三因停岗或合同非法解除遭受其他损失（如求职成本、心理咨询费等），可能需根据实际损失进行计算。

–**法律费用**：张三为维权产生的合理法律费用也应由被告承担。

结论

在本案中，被告公司的行为构成了对张三权益的侵犯，应当承担相应的法律责任，包括经济补偿、工资和社保的补发以及可能的其他赔偿。张三应当通过法律途径（如劳动仲裁或法院诉讼）来追求自己的权益，确保所有责任得到合理量化和履行。

提问：最后，本案中，可以提出哪些诉求？

ChatGPT：在张三的案例中，他可以提出一系列诉求以维护自己的合法权益和寻求适当的赔偿。以下是可能的诉求列表：

1. 工资和社保的补发

张三可以要求被告公司补发在停岗期间未支付的工资和未缴纳的社保费用。这是基于《中华人民共和国劳动合同法》和《中华人民共和国社会保险法》的规定，雇主应当按时支付工资和缴纳社保，即使员工因雇主的原因未能工作。

2. 经济补偿

由于被告公司似乎在没有合法理由的情况下解除了劳动合同，张三可以要求经济补偿。这通常基于员工的在职时间和月工资计算，具体的计算方式依照相关法律规定执行。

3. 赔偿金
如果张三因被非法停岗和解除劳动合同而遭受了额外的经济损失（如求职费用、丧失工资、心理咨询费等），他可以要求相应的赔偿。

4. 道歉声明
在某些情况下，如果张三认为他的名誉或者人格受到了损害，他可以要求被告发表道歉声明。

5. 法律费用赔偿
张三还可以要求被告承担与此案相关的合理法律费用，包括但不限于律师费、仲裁费等。

6. 建议恢复工作
如果张三希望继续在被告公司工作，他可以要求恢复其工作岗位。这种情况下，法院或仲裁机构可能需要评估双方关系的实际情况和恢复工作的可行性。

7. 劳动仲裁或法院诉讼
张三应提出通过劳动仲裁申请解决争议。如果仲裁结果不满意，他有权向法院提起诉讼。

实施步骤
1. **准备证据**：张三应收集所有相关的证据，包括劳动合同、工资条、社保缴费记录、任何通信记录（如电子邮件、短信、书面通知等）。
2. **法律咨询**：咨询专业的劳动法律师，了解自己的权利并制定合适的诉讼策略。
3. **提交申请**：向当地劳动仲裁委员会提交仲裁申请，根据仲裁结果决定是否需要进一步向法院提起诉讼。

通过这些步骤，张三可以有效地维护自己的权益并寻求合法的赔偿。

提问：如果产生诉讼，被告公司可能会如何抗辩？

ChatGPT：在张三提起诉讼的情况下，被告公司可能会采用多种策略来抗辩。这些策略取决于具体案件的细节和被告公司的法律顾问。以下是一些可能的抗辩策略：

1. 合法理由停岗或解除合同

被告可能会主张存在合法理由停岗或解除合同，如经济困难、企业重组或张三的业绩不佳、违反工作纪律等。被告将需要提供证据来支持其主张，如财务报表、业绩评估报告、纪律处分记录等。

2. 合同解释

被告可能会试图对劳动合同的某些条款进行不同的解释，以证明其行为是基于合同条款的合理解释。这可能涉及合同中关于工作职责、工作表现评估或终止条款的具体语言。

3. 程序合法性

被告可能会主张其停岗和解除劳动合同的程序是合法的，比如声称已经提前通知了张三，或者支付了相应的经济补偿。被告需要提供相关的书面证据，如通知书、银行转账记录等。

4. 否认责任或责任的程度

被告可能会否认对张三的任何责任，或者试图减轻其责任程度。例如，他们可能会争论张三的损失不如其主张的那么大，或者提出张三有找到新工作的机会但没有利用。

5. 引用免责条款

如果合同中包含免责条款，被告可能会试图利用这些条款来免除责任。例如，可能会有关于不可抗力或特定情况下解除合同的条款。

6. 挑战证据的有效性或充分性

被告可能会质疑张三提供的证据的有效性或充分性，如质疑证据的真实性、相关性或证据保全的程序是否规范。

7. 反诉

在一些情况下，被告可能会提出反诉，声称张三违反了劳动合同的某些条款，如未能履行合同规定的工作职责或泄露商业机密。

策略选择

被告公司的具体抗辩策略将取决于案件的具体事实、可用的证据以及法律顾问的建议。在法律程序中，双方都有机会提出证据和论点，由仲裁委员会或法院根据法律规定和事实证据作出判断。对张三来说，准备充分和理解可能的抗辩策略将对维护自己的权益至关重要。

提问： 如何事先防范和应对这些情况？

ChatGPT： 对张三这样的员工来说，事先防范和应对潜在的劳动纠纷是至关重要的。这样不仅可以保护自身的合法权益，还可以在出现问题时更有效地应对。以下是一些关键的策略和步骤：

1. ** 了解并保存关键文件 **

– 确保自己有一份最新的劳动合同副本，了解合同中的条款，特别是关于工作职责、工资支付、社保缴纳、合同终止和争议解决等方面的内容。

– 保存工资单、社保缴纳凭证、工作表现评估、任何形式的表彰或警告信以及与雇主的所有书面通信。

2. ** 维护良好的工作记录 **

– 记录详细的工作日志，包括任务完成情况、特殊事件、加班记录等，以备不时之需。

– 对于任何工作中的争议或重要事件，应及时书面报告，并确保保留副本。

3. ** 及时沟通和解决问题 **

－遇到潜在的工作问题或不满时，应通过正式渠道与上级或人力资源部门沟通，尽可能通过内部程序解决。

－书面形式提交任何申诉或请求，并要求书面回复。

4. ** 法律意识与培训 **

－定期参加劳动法相关的培训，了解自身的权利和义务。

－关注劳动法律法规的更新，特别是与自己的行业和工作性质相关的变动。

5. ** 准备应对措施 **

－在感觉到可能被非法对待时，及时咨询法律专家。

－如果工作环境恶化，考虑咨询律师准备可能的法律行动，以保护自己的权益。

6. ** 网络与支持系统 **

－建立一个可靠的同事和行业内部人士网络，以便在遇到问题时可以获得建议和支持。

－可以考虑加入相关的职业协会或工会，这些组织通常能提供法律援助和咨询服务。

7. ** 保持职业素养 **

－无论工作环境如何变化，保持专业的工作态度和行为，避免给雇主留下解除合同的合法理由。

通过采取这些预防措施，张三可以更好地保护自己免受潜在的不公正对待，并在必要时有备无患地维护自己的权利。这些步骤不仅有助于避免纠纷，还可以在纠纷发生时提供必要的证据支持自己的立场。

提问：在事件发生后，开庭前，有哪些补救措施？

ChatGPT：在事件发生后，尤其是在开庭前，张三可以采取一系列补救措施来为即将到来的法律程序做好准备，并尽可能地维护和恢复自己的权益。

以下是一些关键的补救措施：

1. ** 详细记录和收集证据 **
－细致记录事件的发生经过，包括日期、时间、地点、涉及人员和具体情况。
－收集与事件相关的所有文件和证据，如劳动合同、工资单、任何通信记录（邮件、短信、微信等）、人事通知、会议记录等。

2. ** 咨询法律专家 **
－尽早咨询劳动法律师，获取专业的法律意见，了解自己的权利和可能的法律行动。
－根据律师的建议，制订具体的法律行动计划，准备必要的法律文件。

3. ** 尝试和解 **
－在律师的协助下，尝试与雇主进行和解谈判。和解可以是一种经济实惠且能快速解决问题的方式，可能包括补偿金、恢复职位或其他形式的补救措施。
－准备和解协议草案，明确和解条款，确保条款的公正和合理。

4. ** 提交劳动仲裁申请 **
－如果和解无果，准备提交劳动仲裁申请。在中国，大多数劳动争议首先需要通过劳动仲裁解决。
－按照法律规定和实际情况，准备仲裁所需的申请书和支持文件。

5. ** 心理和情绪支持 **
－面对可能的法律斗争，个人的情绪和心理状态也非常重要。可能需要寻找心理咨询或参加支持小组，以保持良好的心理状态。
－与家人、朋友或同事保持沟通，寻求他们的理解和支持。

6. ** 准备证人和证言 **
－确定可能的证人，并与他们沟通，确保他们愿意并能在仲裁或法庭上提供有利的证言。

　　－准备证人证言的大纲，确保证言的相关性和效力。

7. ** 公文及法律文件的审核 **
　　－仔细审查所有相关的法律文件，确保没有遗漏任何可能影响案件结果的重要信息或文件。

　　－准备开庭前的法庭陈述和证据展示，模拟法庭程序，以确保在实际开庭时能够有效地表达和捍卫自己的权益。

　　通过这些补救措施，张三不仅能够为即将到来的法律程序做好充分准备，还能够在整个过程中保持主动和控制权，从而最大限度地保护自己的合法权益。这些措施旨在通过多方面的准备和策略，达到最佳的法律结果。

　　提问：作为律师，在事件发生后，开庭前，有哪些补救措施？

　　ChatGPT：作为律师，在事件发生后，开庭前阶段，关键在于全面准备并构建一个有力的案件以支持客户的法律权益。以下是律师可以采取的一些重要补救措施：

1. ** 初始咨询与案件评估 **
　　－与客户进行详细的初步会谈，了解事件的所有细节和相关背景。

　　－收集所有相关的文件和证据，包括劳动合同、工资单、通信记录和任何其他相关文档。

　　－对案件进行法律评估，确定法律依据、可能面临的挑战以及成功的可能性。

2. ** 证据搜集与整理 **
　　－确定并收集证据，包括书面文件、电子邮件、短信、证人证言和其他可能支持案件的材料。

　　－安排与可能的证人进行访谈，收集关键证人的陈述，并评估这些证人的可信度和证言的影响力。

3. ** 法律策略的制订 **

- 根据法律框架和已收集的证据，制订详细的诉讼策略。
- 讨论可能的和解方案，评估和解的利弊，以及是否应该追求和解。

4. ** 准备法律文书 **
- 起草必要的法律文件，包括诉状、答辩状、证人名单、证据清单等。
- 准备开庭所需的所有书面陈述和法庭提交文件。

5. ** 案件管理与客户沟通 **
- 管理与案件相关的所有日程安排，包括截止日期、会议和听证日期。
- 定期更新客户关于案件进展的情况，确保客户了解所有重要的法律步骤和决策。

6. ** 模拟庭审和证人准备 **
- 对关键证人进行审前准备，包括模拟问答以帮助他们在真正的法庭上作证时更加自信和准确。
- 可能的话，进行模拟庭审练习，以评估论点的有效性和潜在的法庭动态。

7. ** 探讨和解可能性 **
- 与对方律师进行沟通，探讨和解的可能性。评估和解提议是否符合客户的最佳利益。
- 准备和解协议草案，进行谈判，确保条款符合客户的期望和需求。

8. ** 法庭程序的准备 **
- 准备开庭陈述，包括开案陈词、证人询问、交叉审问策略和结案陈词。
- 确保所有法庭材料按序和完整性准备好，以便在法庭上有效展示。

通过这些补救措施，作为律师，可以确保在开庭前为客户提供全面的法律支持，最大限度地保障客户的权益，并为法庭争议做好充分准备。

点评：
准确性 4 分、完整性 5 分、清晰度 4 分、相关性 5 分、专业性 4 分。

　　该回答演示了律师与 ChatGPT 讨论案件的过程，旨在表明律师能够通过正确的提问让 ChatGPT 为自己服务。整体来看，ChatGPT 的回答基本上是围绕作者问题展开的，内容具有相关性，也比较专业。当然，本次使用的案例比较简单，但是随着 ChatGPT 的发展，日后对于复杂的案例，律师也可以借助它进行分析。

7.3　小结

　　本章使用了"案件分析子系统"中的数据，借助律师助手 7 号 GPTs，演示了"对劳动争议案件的分析"。

　　有个性化要求的读者可以参考附录 A 及附录 B 的配置参数进行修改，构建属于自己的案件分析子系统和 GPTs。

第 8 章

法律文书撰写与合同审核

在本章，我们将构建一个新的 GPTs（律师助手 8 号），并通过一个具体的例子介绍律师如何通过 ChatGPT 来辅助撰写法律文书，如图 8-1 所示。本章所涉及的数据同样会存储到 Notion 的模板中。

图 8-1　律师助手 8 号

8.1　法律文书管理子系统

8.1.1　法律文书模板表

　　法律文书模板表主要记录了一些常用的法律文书模板，方便在律师需要的时候事通过简单修改就能快速投入使用，如图 8-2 所示。

Aa Name	类型	URL
民事起诉状	民事起诉状	
建设项目工程总承包合同（示范文本）	合同	cont.12315.cn/Vie...527dea

法律文书模板表（法律文书管理子系统）

\+ New

Calculate ⌄

图 8-2　法律文书模板表

8.1.2　法律文书表

法律文书表就是具体的关于法律文书的实例，如图 8-3 所示。

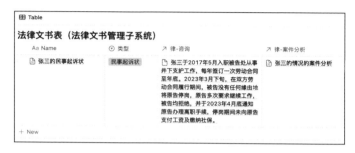

图 8-3　法律文书表

8.2　引入 ChatGPT

8.2.1　民事起诉状的撰写

1. 实战

我们通过一个具体的劳动争议案件来讲解这个 GPTs 如何使用。

> **提问：** 请生成民事起诉状。
>
> **ChatGPT：** 请问是关于什么事情的？
>
> **提问：**
>
> 张三于 2017 年 5 月入职被告处从事井下支护工作，每年签订一次劳动合同至年底。2023 年 3 月下旬，在双方劳动合同履行期间，被告没有任何缘由地将原告停岗，原告多次要求继续工作，被告均拒绝，并于 2023 年 4 月底通知原告办理离职手续，停岗期间未向原告支付工资及缴纳社保。
>
> **ChatGPT：**
>
> 民事起诉状
>
> 原告：张三，男，xx 年 xx 月 xx 日出生，住址：[原告住址]。
>
> 被告：[被告公司全称]，住所地：[被告公司注册地址]，法定代表人：

[法定代表人姓名]，职务：[法定代表人职务]。

案由：劳动合同争议。

诉讼请求：

要求被告立即支付原告停岗期间的工资及应缴纳的社会保险费用，合计人民币[具体金额]元；

要求被告赔偿原告经济损失人民币[具体金额]元；

要求被告承担本案的诉讼费用。

事实与理由：

原告张三于 2017 年 5 月入职被告公司，担任井下支护工作，双方自 2017 年起至 2023 年间每年签订一次劳动合同，合同期至每年年底。2023 年 3 月下旬，尽管原告与被告之间的劳动合同尚在有效期内，被告却无故将原告停岗，停止了原告的工作安排。原告在停岗期间多次向被告提出继续工作的要求，但被告均予以拒绝，并于 2023 年 4 月底通知原告办理离职手续。在此期间，被告未向原告支付任何工资及缴纳社会保险。

原告认为，被告的行为违反了《中华人民共和国劳动法》《中华人民共和国劳动合同法》等相关法律法规的规定，侵犯了原告的合法权益。原告因被告的违法行为遭受了经济损失，故提起诉讼，请求法院依法判决。

此致：

×××人民法院

附：本诉状副本 份

起诉人：张三

年　月　日

[请根据具体情况填写相应的信息，如原告住址、被告公司全称、注册地址、法定代表人姓名及职务、具体金额等详细信息。]

点评：

准确性 3 分、完整性 4 分、清晰度 3 分、相关性 5 分、专业性 3 分。

这是 ChatGPT 拟的一份起诉状。从起诉状的必备要素来说，这一起诉状具备原被告身份、案由、诉讼请求、事实与理由、管辖法院的要素。但存在以下几个问题：

从案由来说，不够准确，应为劳动争议。

从诉讼请求来说，诉讼请求存在较多错误。比如，请求被告向原告支付某年某月某日到某年某月某日的工资；请求被告向原告支付违法解除劳动合同的经济赔偿，而非经济损失；补缴社会保险不属于劳动争议管辖范围，不应列入诉讼请求当中。

从程序来说，提问者提问的是生成一份起诉状，但个人觉得 ChatGPT 可以在遵循提问者指令的同时，提示提问者在中国劳动争议案件中应先进行劳动仲裁程序，建议明确案件所处阶段，并在必要时咨询律师，明确诉讼方案。如此就更完善了。

当然，这份起诉状并非十全十美，这与 ChatGPT 现阶段的能力及提问者的引导有很大关系，所以本书也会讲解如何通过有效提问使其更好地为律师服务。

2. GPTs 解密

GPTs 内部进行了如下配置。

Rules1：如果我跟你说"请生成民事起诉状。"这句话，你需要按照下面的要求执行。

Step 1. 首先你需要回问我"请问是关于什么事情的？"

Step 2. 我发给你用 Mermaid 语法显示的案件说明后，你需要按照下面的格式，生成民事起诉状。

民事起诉状

原告：

被告：

案由：

诉讼请求：

事实与理由：

此致：

×××人民法院

附：本诉状副本　份

起诉人：

年　月　日

　　其中的起诉状格式可以在"中国审批流程信息公开网"（https://splcgk.court.gov.cn/gzfwww/）上搜索，如图 8-4 所示，以"民事起诉状"为关键词进行搜索，使用搜索结果中的浙江省高级人民法院发布的民事起诉状（https://splcgk.court.gov.cn/gzfwww/sszn/details?id=ff8080815a5ef25f015a896c243a3953）。

图 8-4　在中国审批流程信息公开网搜索"民事起诉状"

此外，合同范本可以从国家市场监督管理总局的合同示范文本库（https://cont.12315.cn/）中下载，如图 8-5 所示。

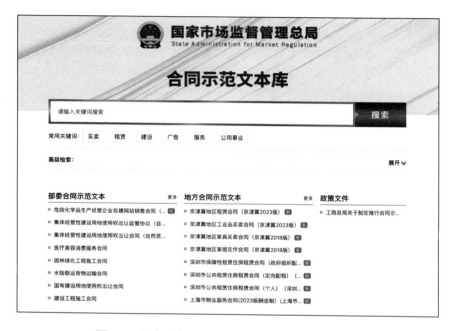

图 8-5   国家市场监督管理总局的合同示范文本库

8.2.2   合同审核

1. 实战

提问：请帮我审核合同。

ChatGPT：

请提供合同内容。

提问：

下面是《建设项目工程总承包合同》的一部分，请帮我看一下有什么风险？

第 4 条   承包人

4.1   承包人的一般义务

除专用合同条件另有约定外，承包人在履行合同过程中应遵守法律和工程建设标准规范，并履行以下义务：

（1）办理法律规定和合同约定由承包人办理的许可和批准，将办理结果书面报送发包人留存，并承担因承包人违反法律或合同约定给发包人造成的任何费用和损失；

（2）按合同约定完成全部工作并在缺陷责任期和保修期内承担缺陷保证责任和保修义务，对工作中的任何缺陷进行整改、完善和修补，使其满足合同约定的目的；

（3）提供合同约定的工程设备和承包人文件，以及为完成合同工作所需的劳务、材料、施工设备和其他物品，并按合同约定负责临时设施的设计、施工、运行、维护、管理和拆除；

（4）按合同约定的工作内容和进度要求，编制设计、施工的组织和实施计划，保证项目进度计划的实现，并对所有设计、施工作业和施工方法，以及全部工程的完备性和安全可靠性负责；

（5）按法律规定和合同约定采取安全文明施工、职业健康和环境保护措施，办理员工工伤保险等相关保险，确保工程及人员、材料、设备和设施的安全，防止因工程实施造成的人身伤害和财产损失；

（6）将发包人按合同约定支付的各项价款专用于合同工程，且应及时支付其雇用人员（包括建筑工人）工资，并及时向分包人支付合同价款；

（7）在进行合同约定的各项工作时，不得侵害发包人与他人使用公用道路、水源、市政管网等公共设施的权利，避免对邻近的公共设施产生干扰。

4.2　履约担保

发包人需要承包人提供履约担保的，由合同当事人在专用合同条件中约定履约担保的方式、金额及提交的时间等，并应符合第 2.5 款 [支付合同价款] 的规定。履约担保可以采用银行保函或担保公司担保等形式，承包人为联合体的，其履约担保由联合体各方或者联合体中牵头人的名义代表联合体提交，具体由合同当事人在专用合同条件中约定。

承包人应保证其履约担保在发包人竣工验收前一直有效，发包人应在竣工验收合格后 7 天内将履约担保款项退还给承包人或者解除履约担保。

因承包人原因导致工期延长的，继续提供履约担保所增加的费用由承包人承担；非因承包人原因导致工期延长的，继续提供履约担保所增加的费用由发包人承担。

4.3　工程总承包项目经理

4.3.1　工程总承包项目经理应为合同当事人所确认的人选，并在专用合同条件中明确工程总承包项目经理的姓名、注册执业资格或职称、联系方式及授权范围等事项。工程总承包项目经理应具备履行其职责所需的资格、经验和能力，并为承包人正式聘用的员工，承包人应向发包人提交工程总承包项目经理与承包人之间的劳动合同，以及承包人为工程总承包项目经理缴纳社会保险的有效证明。承包人不提交上述文件的，工程总承包项目经理无权履行职责，发包人有权要求更换工程总承包项目经理，由此增加的费用和（或）延误的工期由承包人承担。同时，发包人有权根据专用合同条件约定要求承包人承担违约责任。

4.3.2　承包人应按合同协议书的约定指派工程总承包项目经理，并在约定的期限内到职。工程总承包项目经理不得同时担任其他工程项目的工程总承包项目经理或施工工程总承包项目经理（含施工总承包工程、专业承包工程）。工程在现场实施的全部时间内，工程总承包项目经理每月在施工现场时间不得少于专用合同条件约定的天数。工程总承包项目经理确需离开施工现场时，应事先通知工程师，并取得发包人的书面同意。工程总承包项目经理未经批准擅自离开施工现场的，承包人应按照专用合同条件的约定承担违约责任。工程总承包项目经理的通知中应当载明临时代行其职责的人员的注册执业资格、管理经验等资料，该人员应具备履行相应职责的资格、经验和能力。

4.3.3　承包人应根据本合同的约定授予工程总承包项目经理代表承包人履行合同所需的权利，工程总承包项目经理权限以专用合同条件中约定的权限为准。经承包人授权后，工程总承包项目经理应按合同约定以及工程师按第 3.5 款 [指示] 做出的指示，代表承包人负责组织合同的实施。在紧急情况下，且无法与发包人和工程师取得联系时，工程总承包项目经理有权采取必要的措施保证人身、工程和财产的安全，但须在事后 48 小时内向工程师送交书面报告。

4.3.4　承包人需要更换工程总承包项目经理的，应提前 14 天书面通知发包人并抄送工程师，征得发包人书面同意。通知中应当载明继任工程总承包项目经理的注册执业资格、管理经验等资料，继任工程总承包项目经理继续履行本合同约定的职责。未经发包人书面同意，承包人不得擅自更换工程总承包项目经理，在发包人未予以书面回复期间内，工程总承包项目经理将继续履行其职责。工程总承包项目经理突发丧失履行职务能力的，承包人应当及时委派一位具有相应资格能力的人员担任临时工程总承包项目经理，履行工程总承包项目经理的职责，临时工程总承包项目经理将履行职责直至发包人同意新的工程总承包项目经理的任命之日止。承包人擅自更换工程总承包项目经理的，应按照专用合同条件的约定承担违约责任。

4.3.5　发包人有权书面通知承包人要求更换其认为不称职的工程总承包项目经理，通知中应当载明要求更换的理由。承包人应在接到更换通知后 14 天内向发包人提出书面的改进报告。如承包人没有提出改进报告，应在收到更换通知后 28 天内更换项目经理。发包人收到改进报告后仍要求更换的，承包人应在接到第二次更换通知的 28 天内进行更换，并将新任命的工程总承包项目经理的注册执业资格、管理经验等资料书面通知发包人。继任工程总承包项目经理继续履行本合同约定的职责。承包人无正当理由拒绝更换工程总承包项目经理的，应按照专用合同条件的约定承担违约责任。

4.3.6　工程总承包项目经理因特殊情况授权其下属人员履行其某项工作职责的，该下属人员应具备履行相应职责的能力，并应事先将上述人员的姓名、注册执业资格、管理经验等信息和授权范围书面通知发包人并抄送工程师，征得发包人书面同意。

4.4　承包人人员

4.4.1　人员安排

承包人人员的资质、数量、配置和管理应能满足工程实施的需要。除专用合同条件另有约定外，承包人应在接到开始工作通知之日起 14 天内，向工程师提交承包人的项目管理机构以及人员安排的报告，其内容应包括管理机构的设置、各主要岗位的关键人员名单及注册执业资格等证明其具备担任关键人员能力的相关文件，以及设计人员和各工种技术负责人的安排状况。

关键人员是发包人及承包人一致认为对工程建设起重要作用的承包人主要管理人员或技术人员。关键人员的具体范围由发包人及承包人在附件 5[承包人主要管理人员表] 中另行约定。

4.4.2　关键人员更换

承包人派驻到施工现场的关键人员应相对稳定。承包人更换关键人员时，应提前 14 天将继任关键人员信息及相关证明文件提交给工程师，并由工程师报发包人征求同意。在发包人未予以书面回复期间内，关键人员将继续履行其职务。关键人员突发丧失履行职务能力的，承包人应当及时委派一位具有相应资格能力的人员临时继任该关键人员职位，履行该关键人员职责，临时继任关键人员将履行职责直至发包人同意新的关键人员任命之日止。承包人擅自更换关键人员，应按照专用合同条件约定承担违约责任。

工程师对于承包人关键人员的资格或能力有异议的，承包人应提供资料证明被质疑人员有能力完成其岗位工作或不存在工程师所质疑的情形。工程师指示撤换不能按照合同约定履行职责及义务的主要施工管理人员的，承包人应当撤换。承包人无正当理由拒绝撤换的，应按照专用合同条件的约定承担违约责任。

4.4.3　现场管理关键人员在岗要求

除专用合同条件另有约定外，承包人的现场管理关键人员离开施工现场每月累计不超过 7 天的，应报工程师同意；离开施工现场每月累计超过 7 天的，应书面通知发包人并抄送工程师，征得发包人书面同意。现场管理关键人员因故离开施工现场的，可授权有经验的人员临时代行其职责，但承包人应将被授权人员信息及授权范围书面通知发包人并取得其同意。现场管理关键人员未经工程师或发包人同意擅自离开施工现场的，应按照专用合同条件约定承担违约责任。

4.5　分包

4.5.1　一般约定

承包人不得将其承包的全部工程转包给第三人，或将其承包的全部工程支解后以分包的名义转包给第三人。承包人不得将法律或专用合同条件中禁止分包的工作事项分包给第三人，不得以劳务分包的名义转包或违法分包工程。

4.5.2　分包的确定

承包人应按照专用合同条件约定对工作事项进行分包，确定分包人。

专用合同条件未列出的分包事项，承包人可在工程实施阶段分批分期就分包事项向发包人提交申请，发包人在接到分包事项申请后的 14 天内，予以批准或提出意见。未经发包人同意，承包人不得将提出的拟分包事项对外分包。发包人未能在 14 天内批准亦未提出意见的，承包人有权将提出的拟分包事项对外分包，但应在分包人确定后通知发包人。

4.5.3　分包人资质

分包人应符合国家法律规定的资质等级，否则不能作为分包人。承包人有义务对分包人的资质进行审查。

4.5.4　分包管理

承包人应当对分包人的工作进行必要的协调与管理，确保分包人严格执行国家有关分包事项的管理规定。承包人应向工程师提交分包人的主要管理人员表，并对分包人的工作人员进行实名制管理，包括但不限于进出场管理、登记造册以及各种证照的办理。

4.5.5　分包合同价款支付

（1）除本项第（2）目约定的情况或专用合同条件另有约定外，分包合同价款由承包人与分包人结算，未经承包人同意，发包人不得向分包人支付分包合同价款；

（2）生效法律文书要求发包人向分包人支付分包合同价款的，发包人有权从应付承包人工程款中扣除该部分款项，将扣款直接支付给分包人，并书面通知承包人。

4.5.6　责任承担

承包人对分包人的行为向发包人负责，承包人和分包人就分包工作向发包人承担连带责任。

4.6　联合体

4.6.1　经发包人同意，以联合体方式承包工程的，联合体各方应共同与发包人订立合同协议书。联合体各方应为履行合同向发包人承担连带责任。

4.6.2　承包人应在专用合同条件中明确联合体各成员的分工、费用收取、发票开具等事项。联合体各成员分工承担的工作内容必须与适用法律规定的该成员的资质资格相适应，并应具有相应的项目管理体系和项目管理能力，且不应根据其就承包工作的分工而减免对发包人的任何合同责任。

4.6.3　联合体协议经发包人确认后作为合同附件。在履行合同过程中，未经发包人同意，不得变更联合体成员和其负责的工作范围，或者修改联合体协议中与本合同履行相关的内容。

4.7　承包人现场查勘

4.7.1　除专用合同条件另有约定外，承包人应对基于发包人提交的基础资料所做出的解释和推断负责，因基础资料存在错误、遗漏导致承包人解释或推断失实的，按照第 2.3 项 [提供基础资料] 的规定承担责任。承包人发现基础资料中存在明显错误或疏忽的，应及时书面通知发包人。

4.7.2   承包人应对现场和工程实施条件进行查勘，并充分了解工程所在地的气象条件、交通条件、风俗习惯以及其他与完成合同工作有关的其他资料。承包人提交投标文件，视为承包人已对施工现场及周围环境进行了踏勘，并已充分了解评估施工现场及周围环境对工程可能产生的影响，自愿承担相应风险与责任。在全部合同工作中，视为承包人已充分估计了应承担的责任和风险，但属于 4.8 款 [不可预见的困难] 约定的情形除外。

4.8   不可预见的困难

不可预见的困难是指有经验的承包人在施工现场遇到的不可预见的自然物质条件、非自然的物质障碍和污染物，包括地表以下物质条件和水文条件以及专用合同条件约定的其他情形，但不包括气候条件。

承包人遇到不可预见的困难时，应采取克服不可预见的困难的合理措施继续施工，并及时通知工程师并抄送发包人。通知应载明不可预见的困难的内容、承包人认为不可预见的理由以及承包人制定的处理方案。工程师应当及时发出指示，指示构成变更的，按第 13 条 [变更与调整] 约定执行。承包人因采取合理措施而增加的费用和（或）延误的工期由发包人承担。

4.9   工程质量管理

4.9.1   承包人应按合同约定的质量标准规范，建立有效的质量管理系统，确保设计、采购、加工制造、施工、竣工试验等各项工作的质量，并按照国家有关规定，通过质量保修责任书的形式约定保修范围、保修期限和保修责任。

4.9.2   承包人按照第 8.4 款 [项目进度计划] 约定向工程师提交工程质量保证体系及措施文件，建立完善的质量检查制度，并提交相应的工程质量文件。对于发包人和工程师违反法律规定和合同约定的错误指示，承包人有权拒绝实施。

4.9.3   承包人应对其人员进行质量教育和技术培训，定期考核人员的劳动技能，严格执行相关规范和操作规程。

4.9.4   承包人应按照法律规定和合同约定，对设计、材料、工程设备以及全部工程内容及其施工工艺进行全过程的质量检查和检验，并作详细记录，编制工程质量报表，报送工程师审查。此外，承包人还应按照法律规定和合同约定，进行施工现场取样试验、工程复核测量和设备性能检测，提供试验样品、提交试验报告和测量成果以及其他工作。

ChatGPT：

这份《建设项目工程总承包合同》提供的部分内容是全面的，涵盖了承包人的义务、履约担保、项目经理的角色、分包规定等关键方面。以下是对该合同内容的审核，旨在指出可能存在的风险和建议：

1. 承包人义务（第 4 条）

风险：承包人需负责的范围非常广泛，包括但不限于法律和合同约定的许可、批准办理、质量保证、安全生产、环境保护等。这可能会因承包人的疏忽或管理不善而导致额外的成本和责任。

建议：明确承包人的具体责任，可能的话，限定其责任的范围，并尽可能具体化每项义务的履行标准和方法。

2. 履约担保（第 4.2 条）

风险：履约担保的有效期和条件应非常清晰，避免因解释不一而产生争议。

建议：应具体约定履约担保的金额、形式、期限，以及因工期延长而产生额外费用的具体承担方。

3. 工程总承包项目经理（第 4.3 条）

风险：项目经理的变更和代行机制可能导致管理上的不连贯性和效率低下。

建议：在合同中加入更为详细的项目经理更换程序和要求，确保任何更换或代行均不会影响工程的正常进行。

4. 分包（第 4.5 条）

风险：不恰当的分包可能导致质量、安全和法律责任问题。

建议：应严格审查分包人的资质，并明确分包工作的管理和监督责任，确保所有分包均符合合同要求和法律规定。

5. 联合体（第 4.6 条）

风险：联合体成员间的责任分配不明确可能导致责任归属不清。

建议：合同中应详细规定联合体内各方的责任、权利和义务，以及对外的连带责任。

6. 工程质量管理（第 4.9 条）

风险：质量管理责任若未明确或执行不到位，可能会导致工程质量问题。

建议：加强质量管理体系的要求，明确承包人的具体质量管理职责，包括质量控制程序、质量检查、不合格品的处理等。

综合建议

合同的具体性和操作性：合同条款应尽可能具体和明确，避免留下过多模糊的空间，以减少未来的解释争议。

风险分配：合同应公平合理地分配风险，确保双方的权利和义务平衡。

合法性和合规性：确保合同的所有条款都符合当地法律和行业规定，避免因违法而导致合同无效或部分无效。

紧急和异常情况处理：合同中应包含应对紧急和不可预见情况的条款，明确双方在此类情况下的权利和义务。

通过细致地审核并调整合同内容，可以有效地降低法律风险，保护合同双方的权益。

点评：

准确性4分、完整性3分、清晰度4分、相关性4分、专业性3分。

该回答模拟了ChatGPT审核合同的场景。提问时引用了建设工程施工合同范本中的一部分内容，内容不够具体，具有概括性。ChatGPT的审核意见认为应当结合工程情况，将承包人责任、项目经理更换等条款具体化，说明其能够识别需要细化的条款，这能为律师提供一些审核合同的思路。

因提问时并未指定ChatGPT从承包人或者发包人的角度去审核合同，加之合同为示范文本，合同内容的冲突性比较小，ChatGPT没有从双方利益的角度过度阐述修改意见。律师们在应用ChatGPT审核合同时，可将单个条款或者关联条款单独进行审核，并明确指出从哪一方的角度进行审核，同时要求其给出审核意见。

2. GPTs解密

GPTs内部其实里面做了如下配置。

Rules2: 如果我跟你说"请帮我审核合同。"这句话，你需要按照下面的要求执行。

Step 1. 首先你需要回问我"请提供合同内容。"

Step 2. 我发给你合同内容后，你需要对合同进行审核，对可能的法律问题进行把关，判断是否合法，是否对等平衡，是否具体明确，是否具有可操作性。

8.3　小结

本章使用了"法律文书管理子系统"中的数据,借助律师助手 8 号 GPTs,演示了民事起诉状的撰写和合同审核两个案例。

有个性化要求的读者,可以参考附录 A 及附录 B 的配置参数进行修改,构建属于自己的法律文书管理子系统和 GPTs。

第三部分

升级：知识管理
与认知提升

为什么要建立律师个人的知识体系？这源自一个显著的矛盾。律师往往需要在极短的时间内，对一个棘手的问题进行深入的思考并做出有远见的决策。其深入性上，至少要钻研到问题的第二层、第三层，厘清细节之下的细节。其远见性上，既要解决眼前的问题，又要触及问题的根源，使此问题以后不会再次发生。通俗地讲，就是既治标又治本，还要做出最优选择。这听起来几乎是不可能完成的任务，其决策的跨度可能以年为单位，而现实中律师可能只有几秒的时间来思考和决策，这怎么可能做到呢？

"台上一分钟，台下十年功。"这句看似简单的话语却提供了一把解决这个矛盾的钥匙。假如对这个复杂问题进行深入的剖析，涉及三个主要点、九个次要点，如果律师能在过去十年间，分别在第一年、第二年……第十年，逐步将全部的点都掌握，那么在面临这个棘手的问题时，他所要做的就不是即时思考，而是把过去十年的零散积累串联起来，这就能实现极短时间思考与极长时间决策之间的矛盾统一。

第 9 章是为了解决深远决策的需求，第 10 章是为了实现思考决策的对立统一，这两章都采用了基于渐进式思考模式的设计方法。

所谓的渐进式思考，是一种适应现代社会碎片化时间的原子化思考策略。它将需要思考的事情拆成小的、可管理的思考单元，每次思考时只需要处理一个思考单元，能降低思考负担。这样会有三个好处：首先，不需要单独留出大块时间进行思考，因为每个思考单元很小，所以可以利用零散时间思考问题，比如十几秒；其次，不需要集中注意力进行思考，过程中可以随时记录灵感，没有灵感就可以将问题暂时搁置，因为思考的过程都被记录下来，所以可以随时从之前中断的地方继续；最后，不是必须要自己亲自思考，可以通过开讨论会、阅读书籍等搜集新的场景、想法和尝试，并将其按格式记录下来，作为思考过程的一部分。

那渐进式思考模式会造成思维的碎片化吗？不会。渐进式思考通过三个特点来保障这一点。首先是结构，渐进式是从上而下的设计，将复杂的结构拆解为原子化的思考单元，所以这些思考单元是可以再自下而上组装回去的。组装的方式如父子关联、"场景"与"尝试"关联、场景与概念关联。对此，我们可以看到实际的例子。其次是时间的深度，要论对于一件事进行思考的总时间，渐进式思考其实更久，集中式思考可能会让人在桌子前想一天，而渐进式思考则通过把问题拆成多个点，在实践现场、在日常生活中不断积累灵感，其时间跨度可能达到几个月甚至几年，并且过程中夹杂着各种生命体验与工作体验，其深度不是集中式思考能比的。最后是集体智慧，既然已经将问题拆分为基本的思考单元，那么就可以集体共享，共同思考，共同成长。借助集体智慧，这台知识机器的触角将伸向一件事的各个方面，通过穷举的方式找到最优路线，其智力的量级远超过个体。

所以，本部分将充分利用渐进式思考的优势，帮助律师处理工作流程中结案阶段的复盘工作。

CHAPTER 9

第 9 章

渐进式复盘

　　如图 9-1、图 9-2 所示，本章将构建一个新的人机协作复盘系统，并封装 ChatGPT 的操作，构建一个新的 GPTs（律师助手 9号）来辅助使用这个系统，同时介绍律师如何通过 ChatGPT 来辅助案件复盘，以及如何将复盘的结果串起来形成新的工作流程。同样，本章所涉及的数据都会存储到 Notion 模板中。

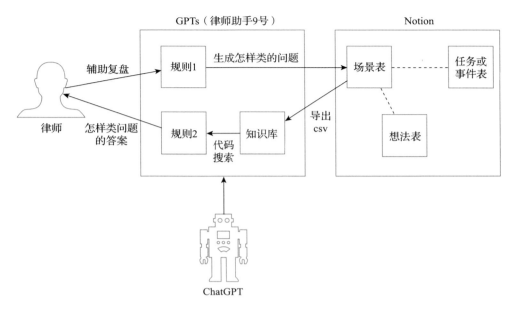

图 9-1　人机协作的复盘系统

图 9-2　律师助手 9 号

该复盘系统采用渐进式复盘的方式，将具体问题场景与最佳解决方案关联起来，有助于我们在脑中建立起问题与答案的最短链路。这将进一步帮助我们控制情绪，塑造工作直觉。

9.1　复盘子系统

复盘子系统主要是由场景表、想法表、任务或事件表这三张表组成的。场景表指的是问题描述，通常是“什么困难 + 怎么样处理”的句式。想法表与场景表关联，是对怎么做某事的回答。任务或事件表与想法表或问题场景表关联，当与场景表关联的时候，表示这个问题反复重复出现；当与想法表关联的时候，表示这个想法进入尝试阶段，并且会注明“尝试成功”还是“尝试失败”。

9.1.1　场景表

场景表主要记录问题场景，通常都是些“怎么样处理”之类的问题，如图 9-3 所示。这里面既可以记录律师工作中“怎么样处理”的问题，也可以记录客户常遇到的一些法律问题。

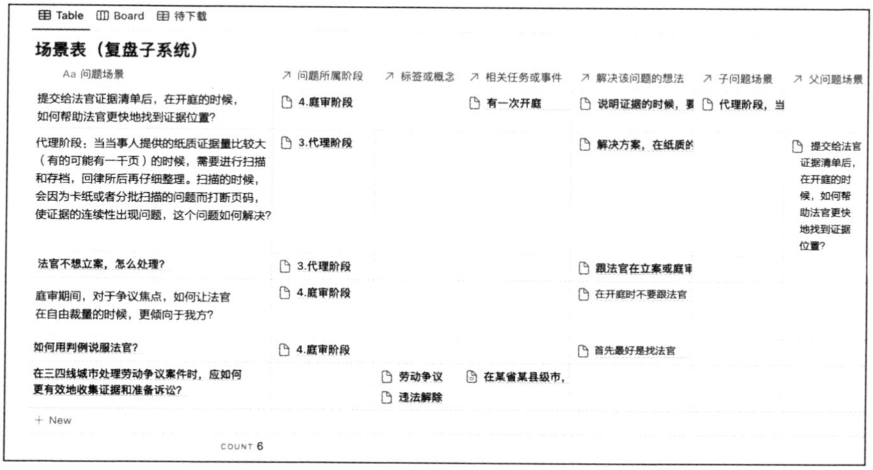

Table　Board　待下载

场景表（复盘子系统）

Aa 问题场景	↗ 问题所属阶段	↗ 标签或概念	↗ 相关任务或事件	↗ 解决该问题的想法	↗ 子问题场景	↗ 父问题场景
提交给法官证据清单后，在开庭的时候，如何帮助法官更快地找到证据位置？	4.庭审阶段		有一次开庭	说明证据的时候，要	代理阶段，当	
代理阶段：当当事人提供的纸质证据量比较大（有的可能有一千页）的时候，需要进行扫描和存档，回律所后再仔细整理。扫描的时候，会因为卡纸或者分批扫描的问题而打断页码，使证据的连续性出现问题，这个问题如何解决？	3.代理阶段			解决方案，在纸质的		提交给法官证据清单后，在开庭的时候，如何帮助法官更快地找到证据位置？
法官不想立案，怎么处理？	3.代理阶段			跟法官在立案或庭审		
庭审期间，对于争议焦点，如何让法官在自由裁量的时候，更倾向于我方？	4.庭审阶段			在开庭时不要跟法官		
如何用判例说服法官？	4.庭审阶段			首先最好是找法官		
在三四线城市处理劳动争议案件时，应如何更有效地收集证据和准备诉讼？		劳动争议 违法解除	在某省某县级市，			

+ New

COUNT 6

图 9-3　场景表

9.1.2　想法表

想法表主要记录关于“怎么样处理”问题的一些解决方案，如图 9-4 所示。

表中有四种状态：刚记录下来的时候是"想法"；开始尝试处理的时候，是"尝试"；处理成功是"尝试成功"；处理失败，则是"尝试失败"。如果同一个场景下有多个想法，其中一个想法尝试成功的次数最多，则为这个问题场景下的最佳实践。

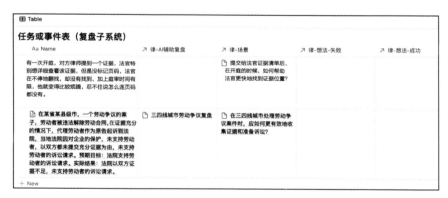

图 9-4　想法表

9.1.3　任务或事件表

任务或事件表记录与问题场景相关的事件，同时可以作为成功或失败案例关联到想法表中，如图 9-5 所示。

图 9-5　任务或事件表

9.2　导入 ChatGPT

9.2.1　复盘：怎么了？为什么？怎么样？

1.实战

如例 9-1 所示，我们针对一个劳动争议的案子进行复盘，最终输出案例的基本情况、场景和新想法。

例 9-1 使用 ChatGPT 辅助复盘

提问：请帮我复盘这个案例。

ChatGPT：请将需要复盘的案例、案例预定目标、实际结果这三要素提供给我。

提问：在某省某县级市，一个劳动争议的案子，劳动者被违法解除劳动合同，在证据充分的情况下，代理劳动者作为原告起诉到法院，当地法院因对企业的保护，未支持劳动者，以双方都未提交充分证据为由，未支持劳动者的诉讼请求。预定目标：法院支持劳动者的诉讼请求。实际结果：法院以双方证据不足，未支持劳动者的诉讼请求。

ChatGPT：

怎么了？这个案例与其他类似的案例有什么不一样的地方，以至于让你惊讶呢？是不是下面三个方面不一样？下面是可能与其他类似的案例不一样的三个方面，作为参考。

1. 证据充分却被法院认为不足；

2. 法院对企业的明显保护态度；

3. 即便在劳动争议案件中，通常偏向于保护劳动者的权益，但本案中法院的判决却与预期相反。

提问：

实际的判决结果中的举证责任判断，与法律规定的举证责任的分配有差异。法律出于保护劳动者的目的，举证责任的主要一方是在用人单位。而实际执行中，法院对劳动者的举证责任要求过于苛刻，但是完全没有审视用人单位的证据情况。

ChatGPT：

为什么这个差异让你惊讶？是不是你假定下面这些成功条件是达成此案例预定目标的充分必要条件，但是实际这些条件并不能达成必然的成功？

1. 法院会公正无私地根据证据的充分性来判断案件，不会受外界因素影响；

2. 法律对劳动者保护的规定，如举证责任分配，会被严格执行；

3. 法院会严格审查用人单位提交的证据，保证裁决的公正性。

提问：

假设就是，法律规定的举证责任应该是怎样的，就按照规定的去做就行了。劳动者已经提供了证据，初步证明了用人单位存在解除的事实，此时用人单位就应当就解除的合法性提供证据，若不能提供，则需要承担不利后果。同时我们能提供的证据是与用人单位的主管领导的聊天记录，假设法院是认可这类证据的。

ChatGPT：

既然失败了，是否证明你假设的充分必要条件可能是错误或者有疏漏的？你觉得基于现在的事实，要达成既有的案例目标，还需要修改或者补充哪些充分必要条件？这里先提供三个我觉得可以修改或者补充的充分必要条件给你参考。

1.除了依赖法律规定的举证责任分配，还需要预先评估法院对证据的接受度和可能的偏见，特别是在地方保护主义可能影响案件判决的地区。

2.需要准备更多元的证据类型，包括但不限于书面证据、物证、证人证言等，以弥补单一证据类型可能存在的局限性。

3.加强对案件法律逻辑的构建，特别是在证据法律效力方面的论证，以期能够影响法官的判决，即使在举证责任理应由对方承担的情况下也要有所准备。

提问：

新假设：增加限定条件。一线城市，倾向于劳动者。三四线城市更加倾向于用人单位。三四线城市的诉讼需要提供更强有力的证据。劳动者应当就举证方面需要进一步做工作，比如与法人、主管人力的领导、总经理等人的聊天记录，进一步确认解除事实，最好要到解除的书面文件，盖有公司公章的。

ChatGPT：

那么基于这些新的假设，我们应该怎么去做呢？在案例中的哪些行为需要修改，哪些行为不要再做，哪些行为需要增加？对于这几个问题，我先分别生成2个答案作为参考。

需要修改的行为：

增加证据的收集力度，不仅依赖聊天记录，还应包括获取用人单位的内部文件、通知书、劳动合同、考勤记录等正式文件，以及可能的第三方证明（如同事的证言）。

在三四线城市，要特别关注和准备对策，比如通过增加对法律条文的引用、提供更多的法律先例支持，以及可能的寻求当地法律环境的专业咨询。

不要再做的行为：

避免仅依赖单一类型的证据或认为已有的证据就足够。在面对不同地域法院的倾向性时，要有针对性地准备证据，不能一概而论。

不应忽视用人单位可能的反应和策略，应该从多方面预测和准备用人单位可能采取的反证或抗辩策略。

需要增加的行为：

对案件进行更深入的地域性分析，考虑一线城市和三四线城市的法律环境和判决倾向差异，制订相应的诉讼策略。

加强与经验丰富的法律专家的合作，特别是那些对特定地区的法律环境有深入了解的律师，以便更好地准备案件和应对可能的挑战。

提问：

如果是三四线城市的话，要指导劳动者把证据收集工作做得更彻底。就举证方面需要进一步做工作，比如与法人、主管人力的领导、总经理等人的聊天记录，进一步确认解除事实，最好要到解除的书面文件，盖有公司公章的。

ChatGPT：

复盘总结

一、基本情况

案例预定目标：法院支持劳动者的诉讼请求。

实际结果：法院以双方证据不足，未支持劳动者的诉讼请求。

过程细节：劳动者被违法解除劳动合同，虽有证据，但法院未按预期支持。

二、梳理过程

差异的点：法院的举证责任判断与法律规定有差异，对劳动者的举证责任要求过于苛刻。

假设的成功条件的错误：假设法院会公正执行法律规定的举证责任分配，实际上法院的裁决过程中存在地域差异性偏向。

新的成功条件：考虑到地域差异性，特别是在三四线城市，需要准备更多样和更有力的证据，如书面解除通知、公司公章等。

新的行为模式：指导劳动者彻底收集证据，包括但不限于与关键人物的聊天记录、书面文件等，并考虑地域法院的特定倾向。

三、整理为场景与新想法

场景：在三四线城市处理劳动争议案件时，应如何更有效地收集证据和准备诉讼。

新想法：成功可能需要彻底的证据收集工作和地域特性的深入理解，所以应该深入收集与用人单位的法人、主管人力的领导等人的直接证据，确保获取解除合同的书面文件，并考虑与对当地法律环境有深刻理解的律师进行沟通，以提高诉讼的成功率。

如图 9-3、图 9-4、图 9-5 所示，输出的内容可以分别填入复盘子系统的场景表、想法表和任务或事件表中。并将填入想法表的状态设定为"想法"状态，以后实践的时候，可以改为"尝试"状态，实践成功或失败了，可以将对应任务关联到想法中。同一个场景下，在尝试阶段成功次数最多的想法，可以设定为当前场景的最佳实践。

2. GPTs 解密

该 GPTs 内部进行了这样的配置。

Rules1: 如果我跟你说"请帮我复盘这个案例。"这句话，你需要按照下面的要求执行。

Step 1. 首先你需要回复我"请将需要复盘的案例、案例预定目标和实际结果这三要素提供给我。"

Step 2. 我发给你案件说明、预定目标、实际结果后，你需要先问我"怎么了？这个案例与其他类似的案例有什么不一样的地方，以至于让你惊讶呢？是不是下面三个方面不一样？下面是可能与其他类似的案例不一样的三个方面，作为参考。"

Step 3. 然后我会回答你哪里不一样。紧接着你要问我下面的问题"为什么这个差异让你惊讶？是不是你假定下面这些成功条件是达成此案例预定目标的充分必要条件，但是实际这些条件并不能达成必然的成功？"接下来你需要根据我对案例的说明，列举出在这个案例中，我可能假定了哪些达成案例预定目标的充分必要条件。

Step 4. 然后我会回答你对不对，或者对假设进行补充和修改。这个时候你需要问我下面的问题"既然失败了，是否证明你假设的充分必要条件可能是错误或者有疏漏的？你觉得基于现在的事实，要达成既有的案例目标，还需要修改或者补充哪些充分必要条件？这里先提供三个我觉得可以修改或者补充的充分必要条件给你参考。"

Step 5. 然后我会回答你哪些充分必要条件需要修改或者补充。接下来你需要问我："那么基于这些新的假设，我们应该怎么去做呢？在案例中的哪些行为需要修改，哪些行为不要再做，哪些行为需要增加？对于这几个问题，我先分别生成 2 个答案作为参考。"

Step 6. 然后我会回答你。接下来你需要总结一下这次复盘，复盘的总结的如下：

一、基本情况

案例预定目标、实际结果、过程细节。

二、梳理过程

差异的点、假设的成功条件的错误、新的成功条件、新的行为模式

三、整理为场景与新想法

场景：将上面的内容，整理为怎么样做某事的问题

新想法：将新的成功条件与新的行为模式，整理为"成功可能需要……，所以应该……"的句式。

其设计的思路如下。

首先，"怎么了……"的问题用于提醒律师察觉差异。我们作为世界的观测者，只能从自己的视角出发，这样看到的世界必然是不全面的。复盘的目的之一是照亮盲区，为此我们需要察觉刺入视野中的异常情况，也就是说，先察觉那些似乎司空见惯实际存在差异的现象。这个问题可以直接由我们自己回答，也可以让 ChatGPT 生成几个备选回答作为参考。

其次，"为什么……"的问题用于察觉潜在假设。我们从自己的视角出发，对于一件事情之所以成功具有基本的认知与假设。所谓的假设，就是指我们认为这件事成功所需要的充分必要条件是什么。

这一问题很重要，所以需要设计完善，因为"为什么"这样的提问很容易带有缺陷，使我们陷入误区。第一个误区是基于错误的事实导致先入为主。比如，为什么张三能够凭空发明新东西？如果没有事先验证这一事实就直接探讨，可能会不自觉地接受一个错误的前提，就是张三真的凭空发明了新东西。所以，正确的处理方式是先确认事实，然后关注差异而不是原因。第二个误区是让人思维懒

惰，引导我们陷入情绪中，偏离了解决问题的初衷。因此，对于以"为什么"开头的问题，需要以"怎么样"结束。

最后，"怎么样……"用于从"为什么"中提炼出如何做，即用于提出建设性意见而不是进行情绪宣泄。针对"怎么样"问题，在渐进式复盘中，并不需要一开始就提出解决方法，只需要从不同角度提出解决问题的想法，然后按照"想法→尝试→最佳实践"的路径去一步步推动，最终得到一个解决此类问题的最优方案。

9.2.2　提取：这件事怎么办

1. 实战

如例 9-2 所示，针对常见问题提取"这件事怎么办"的结果。

例 9-2　ChatGPT 回答"怎么样"的问题

提问：在扫描纸质证据的时候，出现卡纸的情况导致页码乱了，应该怎么处理？

ChatGPT：

知识库类似结果总结

在处理大量纸质证据扫描和存档保存时，尤其是当证据量可能达到一千页时，一个有效的解决方案是在纸质卷宗上事先写好页码。这样，在扫描卷宗时，电子版上会自带页码，便于日后查找和引用。

结合结果与问题的回答

针对扫描纸质证据时出现的卡纸导致页码乱序的情况，可以采取以下措施：

1. ** 在扫描前预先标记页码：** 在所有纸质证据上手动标记页码，确保即便在扫描过程中发生卡纸，也能够根据手写页码重新排序，确保顺序的准确性。

2. ** 检查和重新排序：** 如果卡纸导致页码乱序，应立即停止扫描过程，手动检查并根据之前标记的页码重新排序纸质证据，以恢复正确的顺序。

3. ** 分批扫描：** 为减少卡纸导致的影响，可以将大量纸质证据分成多个小批次进行扫描。这样即使某一批次出现问题，也不会影响其他证据的顺序。

新的想法、独到的想法

　　－ **使用自动文档送纸器的扫描仪：** 如果条件允许，使用带有自动文档送纸器的扫描仪进行扫描，这种扫描仪可以减少卡纸的发生，并且在处理大量纸质文件时更加高效。

　　－ **电子备份与核对：** 每扫描一定数量的页码后，进行一次电子文件的保存和核对，确保电子版文件的页码与纸质证据的实际页码一致，避免后期大量的调整和修正。

行动建议

　　1. **预先准备：** 在纸质证据上标记页码，并检查扫描仪是否适合大量文件的扫描。

　　2. **分批次操作：** 将证据分批次扫描，每次扫描后核对电子版文件的页码。

　　3. **实施备份与核对：** 定期备份电子文件，并与纸质证据进行核对，确保一致性。

　　4. **技术投资：** 考虑投资自动文档送纸器的扫描仪，以提高效率和准确性。

2. GPTs 解密

GPTs 内部进行了这样的配置。

Rules2: 如果我问你与"怎么""怎样""怎么样"有关的问题，那么你需要先按照下面的要求执行，并结合返回结果回答我。

Step 1. 从知识库中的律 - 场景表中里找到类似的问题场景和解决该问题的想法。

Step 2. 如果找到了，转到 Step 3。如果找不到，则简化关键字再找一次。如果第二次还找不到，则转到 Step 3。

Step 3. 先总结一下知识库中的律 - 场景表中找到的结果，然后结合返回结果，加上你在结果之外的独到见解，综合回答我的问题。回答格式如下。

　　一、知识库类似结果总结

　　二、结合结果与问题的回答

　　三、新的想法、独到的想法（需与知识库总结内容不同）

　　四、行动建议

要令上述配置生效，我们还需要做下面几个操作。

1）导出场景库里的问题场景。进入"待下载"视图后，单击右上角的"…"，然后执行 Export 命令，如图 9-6 所示。

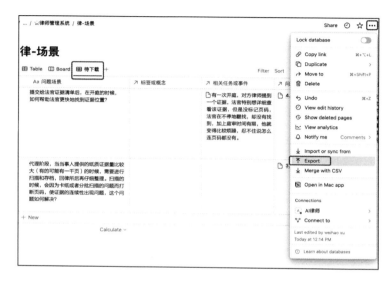

图 9-6   从场景库中导出问题场景内容

2）选择导出格式。选择导出格式为 CSV，Include databases 为 Current view，如图 9-7 所示。

3）解压缩导出的压缩包。解压缩后会有两个 CSV 文件，里面那个名称最短的 CSV 文件就是我们所需要的，如图 9-8 所示。

4）上传 CSV 作为 GPTs 的知识库。将 CSV 文件上传到 GPTs 配置中的 Knowledge 中，注意上传后自动勾选了 Code Interpreter，请不要取消勾选，如图 9-9 所示。

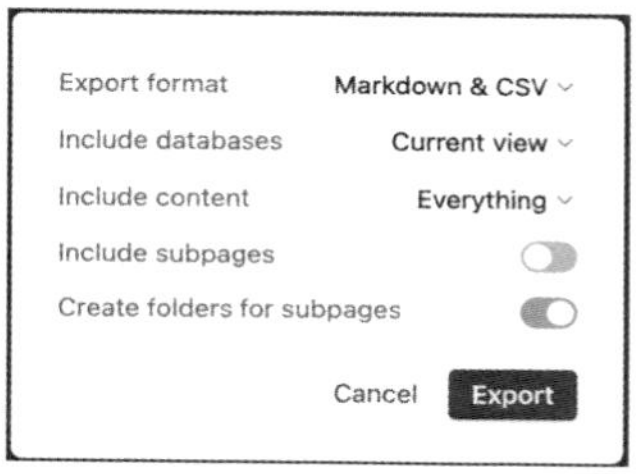

图 9-7   选择导出格式为 CSV

做完上面几个操作后，ChatGPT 会在相关问题后匹配到这个规则，并生成如下代码，自动从我们上传的 CSV 文件中搜索相关内容，结合起来回答问题。

图 9-8   解压缩后的结果

图 9-9　将 CSV 文件上传到 GPTs 配置中的 Knowledge 中

代码清单 9-1　自动搜索信息

```
import pandas as pd

# 加载上传的知识源（CSV 文件）以搜索相关信息
knowledge_source_path = '/mnt/data/ 律 - 场 景 c225871557eb495c9edc7a2c48
    b8fbf9.csv'
knowledge_df = pd.read_csv(knowledge_source_path)

# 通过关键词（这个关键词是 ChatGPT 自动拆分出来的）搜索有关在证据扫描过程中处理卡纸
    的相关信息
query_keywords = [' 扫描 ', ' 纸质证据 ', ' 卡纸 ', ' 页码乱 ']
relevant_info = knowledge_df[knowledge_df[' 问题场景 '].str.
    contains('|'.join(query_keywords), case=False, na=False)]

relevant_info
```

上面代码的大概意思就是用 Python 的一个框架，根据 "' 扫描 ',' 纸质证据 ',
' 卡纸 ',' 页码乱 '" 四个关键字，从上传的 CSV 文件中搜索内容，并将搜索结果
输出。下面是对代码每部分的解释。

"import pandas as pd"这行代码表示导入 pandas 库。pandas 是一个强大的 Python 数据分析工具库，经常用于数据处理和分析。

"knowledge_source_path = '/mnt/data/ 律 － 场 景 c225871557eb495c9edc7a 2c48b8fbf9.csv'"和"knowledge_df = pd.read_csv(knowledge_source_path)"这两行代码表示加载知识源 CSV 文件。它设定了一个 CSV 文件的路径，并使用 pd.read_csv() 函数读取该 CSV 文件。读取后的数据被存储在 knowledge_df 变量中。这是一个 DataFrame 对象。DataFrame 是 Pandas 库中的一种数据结构，用于以表格形式存储和操作数据。

"query_keywords = [' 扫描 ', ' 纸质证据 ', ' 卡纸 ', ' 页码乱 ']"这行代码表示定义搜索关键词。它定义了一个列表 query_keywords，包含搜索的关键词。这些关键词用于查找扫描纸质证据时遇到的问题的相关信息。

"relevant_info = knowledge_df[knowledge_df[' 问题场景 '].str.contains('|'.join (query_keywords), case=False, na=False)]"这行代码表示搜索相关信息。它使用了 DataFrame 的高级索引功能来搜索含有任一关键词的记录。其中，'|'.join(query_keywords) 将关键词列表连接成一个字符串，关键词之间用"|"分隔。这在正则表达式中表示"或"的关系。因此，这个表达式会匹配任一关键词。.str.contains() 是 pandas 中的一个方法，用于检查字符串列中的元素是否包含某个模式（这里是上一步生成的正则表达式）。case=False 表示搜索时不区分大小写。na=False 用于处理缺失值，确保不包括任何包含缺失值的行。

"relevant_info"最后这行代码表示满足搜索条件的行会被选出并存储在 relevant_info 变量中。这个变量包含了所有匹配搜索关键词的记录，可以用于进一步的分析或展示。

9.3　流程生长：由最佳实践组成的动态决策树

这些零散的思考单元最后会串成完整、复杂、深入、动态的思考逻辑，它可以不断学习，自我发展。比如，它会发展出一套工作流程来。

从渐进式复盘中构建工作流程分为四步：选择术语，展开状态，关联场景，抽取并连接最佳实践。接下来我将以一个实际的构建例子来演示。

1. 选择术语

可以选择一个或多个术语，如选择概念表中的"律师流程各阶段"这一项，如图 9-10 所示。

2. 展开状态

如果选择了一个术语，则将状态展开，然后取相对概念作为阶段，这是为了实现端到端闭环。如果选择了多个术语，则将因果链作为阶段。律师流程各阶段的状态可以展开为"案件线索阶段、委托阶段、代理阶段、庭审阶段、结案阶段"，如图 9-11 所示。

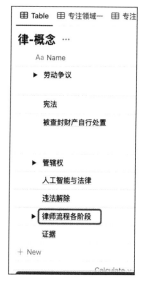

图 9-10　选择术语

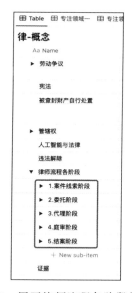

图 9-11　展开律师流程各阶段的状态

3. 关联场景

有意识地将复盘场景关联到阶段，并打上标签，如图 9-12 所示，可以看到在案件处理不同阶段中的问题有了更具体的处理措施。

4. 抽取并连接最佳实践

将最佳实践抽取出来，再连接起来，并根据阶段调整顺序，就形成了流程，如图 9-13、图 9-14 所示。保留最佳实践，这就是构建流程所需的素材，将最佳实践的内容总结一下，然后用箭头连接起来，并将不合理的顺序调整，就形成了一套简单的工作流程。这种流程是动态的、灵活的，随着之后的不断复盘，会变得越来越详尽、越来越实用。

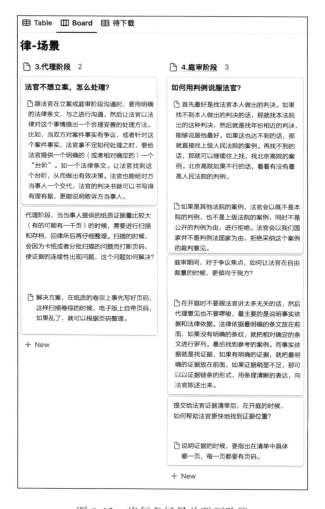

图 9-12   将复盘场景关联到阶段

9.4   小结

本章使用了"复盘子系统"中的数据，借助律师助手 9 号 GPTs，演示了提取和复盘两个使用案例。

有个性化要求的读者可以参考附录 A 及附录 B 的配置参数进行修改，构建属于自己的复盘子系统和 GPTs。

律-想法 ···				
🔍 场景所属阶段	Aa Name	☑ 作为最佳实践	↗ 律-场景	⊙ 状态
📄 3.代理阶段	跟法官在立案或庭审阶段沟通时，要用明确的法律条文，与之进行沟通，然后让法官以法律对这个事情提出一个合理妥善的处理方法。比如，双方对案件事实有争议，或者针对这个案件事实，法官拿不定如何处理之时，要给法官提供一个明确的（或者相对确定的）一个"台阶"。如一个法律条文。让法官找到这个台阶，从而做出有效决策。法官也能给对方当事人一个交代，法官的判决书就也可以书写得有理有据，更能说服败诉方当事人。	☑	📄 法官不愿立案，怎么处理？	尝试成功
📄 3.代理阶段	解决方案，在纸质的卷宗上事先写好页码，这样扫描卷综的时候，电子版以自带页码，如果乱了，就可以根据页码整理。	☑	📄 代理阶段，当当事人提供的纸质证据量比较大（有的可能有一千页）的时候，需要进行扫描和存档，回律所后仔细整理。扫描的时候，会因为卡纸或者分批扫描的问题而打断页码，使证据的连续性出现问题，这个问题如何解决？	尝试成功
📄 4.庭审阶段	首先最好是找法官本人做出的判决。如果找不到本人做出的判决的话，那就找本法院出的这种判决，然后就是找年份相近的判决，能够说服他最好。如果这也达不到的话，那就直接找上级人民法院的案例。再找不到的话，那就可以继续往上找，找北京高院的案例。北京高院如果不行的话，看看有没有最高人民法院的判例。	☑	📄 如何用判例说服法官？	尝试成功
📄 4.庭审阶段	在开庭时不要跟法官讲太多无关的话，然后代理意见也不要啰唆，最主要的是说明事实依据和法律依据。法律依据最明确的条文放在前面，如果没有明确的条纹，就把相对确定的条文进行罗列。最后再找到参考的案例。而事实依据就是证据，如果有明确的证据，就把最明确的证据放在前面，如果证据稍显有不足，那可以以证据链接的形式，用条理清晰的表达，向法官陈述出来。	☑	📄 庭审期间，对于争议焦点，如何让法官在自由裁量的时候，更倾向于我方？	尝试成功
📄 4.庭审阶段	说明证据的时候，要指出在清单中具体哪一页，每一页都要有页码。	☑	📄 提交给法官证据清单后，在开庭的时候，如何帮助法官更快地找到证据位置？	尝试成功

+ New

Calculate ∨

图 9-13　将最佳实践抽取出来

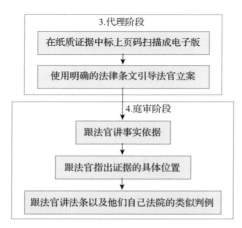

图 9-14　将最佳实践连接起来

CHAPTER 10

第 10 章

渐进式
知识管理

本章将构建一个新的系统——知识管理子系统，并封装对
ChatGPT 的操作，构建一个新的 GPTs（律师助手 10 号）来辅
助使用这个系统，同时介绍律师如何通过 ChatGPT 来辅助知识管
理，以及如何将知识整理成文章对外输出，如图 10-1 所示。本章
所涉及的数据都会存储到 Notion 的模板中。

图 10-1　律师助手 10 号

如何体现这个系统的渐进式呢？如图 10-2 所示，之前构建的各个子系统几乎都与概念表关联。随着关联的不断增强，我们对该表中概念的解释和理解就会逐渐完善，这就体现了渐进式的思想。

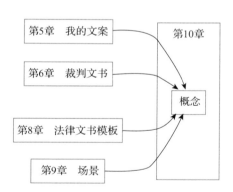

图 10-2　各子系统与概念表的关联

但了解一个概念本身还不够，在本章中，我们还要进一步了解概念之间的关系，从而对概念有更深一层的理解。我们还需要察觉概念背后的意义，就是概念的隐喻。在第 9 章中我们曾通过"为什么"来察觉"假设"，本章将深入探究假设背后的隐喻。当我们完全了解了法律概念的含义后，我们还要应用这些概念，就是针对这些概念进行输出。以上就是我们在本章的任务。

10.1 知识管理子系统

在本节，我们补全概念所需的最后几块拼图，组成一个完整的知识概念体系。如此，我们才算真正了解了一个概念，对这个概念相关的问题可以做到有问有答，游刃有余，深入浅出，具有思考的深度。而对于怎么做，我们也能结合对应的场景，实现行动的深谋远虑。同时，当提到一个概念的时候，我们可以在脑中迅速调取与这个概念相关的种种信息，从而增强我们在对话与阅读过程中对于表达的敏感性。

10.1.1 法律法规表

法律法规表能将概念与法律法规关联起来，这样就可以快速找到这个法律概念所涉及的法律法规，如图 10-3 所示。

Table

律-法律法规表（知识管理子系统）

Aa 法律法规名称	出处URL	实施时间	版本	律-概念	律-法条库
《中华人民共和国宪法》	gov.cn/guo...18.htm		（2018年修正）	宪法	序言 第一章 总纲 第二章 公民的基本权利和义务 第三章 国家机构
《中华人民共和国劳动法》	mohrss.gov.cn/wap...0.html		（2018年修正）	劳动争议	第一章 总则 第二章 促进就业 第三章 劳动合同和集体合同
《中华人民共和国商标法》		1983年3月1日	2019年4月23日修正（第四次）		

+ New

图 10-3 法律法规表

10.1.2 法条表

法条表既要与法律法规表关联起来，也要与概念表关联起来，如图 10-4 所示，我在法条表中补充了一些宪法与劳动法的法条。

10.1.3 假设的重构表

假设的重构表如图 10-5 所示。这个表的作用会在 10.2.1 提到，这里暂且按下不表。

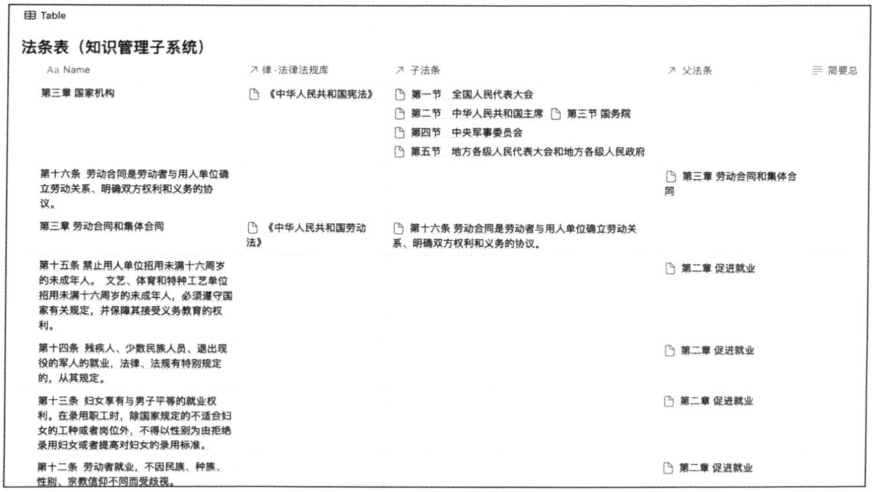

图 10-4　法条表

图 10-5　假设的重构表

10.1.4　文案初稿表

文案初稿表如图 10-6 所示。该表的上游是场景表，下游是我的文案表。

10.2　引入 ChatGPT

打通了知识管理的最后拼图，将本书各章的知识点用法规概念表串联在一起，形成了对一个法律概念的完整、复杂、深刻、具体的理解，这就够了吗？这还不够，本节将引入 ChatGPT，去探究概念之间的关系与概念下深层的隐喻，以及将自己掌握的知识进行输出。并且，我们将回到最初的出发点——律师职业的增长飞轮来提高专业能力，持续增强个人品牌的知名度。

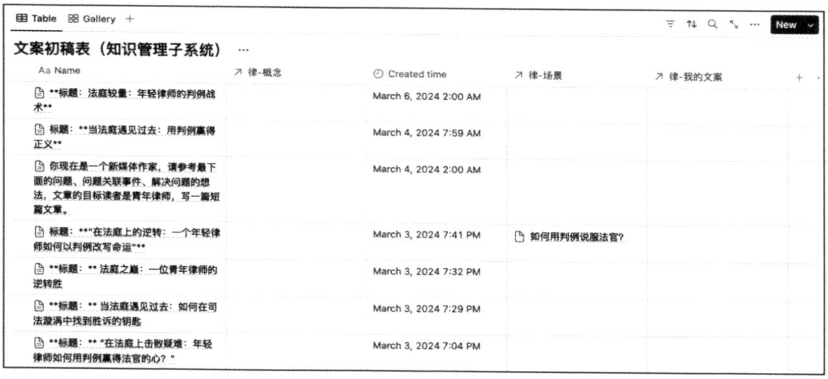

图 10-6   文案初稿表

10.2.1   探究假设背后的隐喻

在本节，我们将构架一个 GPTs，通过对假设背后的隐喻的探究来重构自己脑中的世界模型。

1. 实战

如例 10-1 所示，我们将针对 9.2.1 节的复盘结果，探究假设是怎么来的，为什么会存在这个假设。

例 10-1   使用 ChatGPT 辅助加深对概念的理解

提问：请帮我深入复盘我的假设。

ChatGPT：请提供之前复盘总结的内容。

提问：

复盘总结 一、基本情况 案例预定目标：法院支持劳动者的诉讼请求。 实际结果：法院以双方证据不足，未支持劳动者的诉讼请求。 过程细节：劳动者被违法解除劳动合同，虽有证据，但法院未按预期支持。二、梳理过程 差异的点：法院的举证责任判断与法律规定有差异，对劳动者的举证责任要求过于苛刻。 假设的成功条件的错误：假设法院会公正执行法律规定的举证责任分配，实际上法院的裁决过程中存在地域差异性偏向。新的成功条件：考虑到地域差异性，特别是在三四线城市，需要准备更多样和更有力的证据，如书面解除通知、公司公章等。新的行为模式：指导劳动者彻底收集证据，包括但不限于与关键人物的聊天记录、书面文件等，并考虑地域法院的特定倾向。三、整理为场景与新想法场景：在三四线城市处理劳动争议案件时，应如何更有效地收集证据和准备诉讼。新想法：成功可能需要彻底的证据收集工作和地域特性的深入理解，所以应该深入收集与用人单位的法人、主管人力的领导等人沟通的直接证据，确保获取解除合同的书面文件，并考虑与对当地法律环境有深刻理解的律师进行沟通，以提高诉讼的成功率。

ChatGPT：

一、你之前的假设是这样的：假设法院会公正执行法律规定的举证责任分配。

二、这件事的出发点基于这个概念：法院应支持被违法解除劳动合同的劳动者。而目标关联这个概念：法院在具体操作中公正、客观地分配举证责任，保护劳动者权益。

三、从出发概念到目标概念，你的旧假设背后是如下隐喻：法院像一座公正无私的灯塔，照亮黑夜中的航道，引导失落者（劳动者）回到岸边。但实际上，这座灯塔的光芒在地域差异的雾霾中变得微弱，无法指引所有船只（劳动争议案件）安全抵达。

四、新的假设，还是同样的出发和目标，修正的隐喻是这样的：法院更像一个需要各种天气条件下导航的港口，不同地区（如三四线城市）的气象（法律实践与地域差异）对航行（案件审理）有着极大的影响。因此，作为航行者（律师和劳动者），需要根据具体的海域（法律环境）和天气（地域特性），准备充足的导航工具（证据）和详细的航海图（对地域法院特性的理解），以确保能够准确导航，最终安全抵达目的地（成功维权）。

2. GPTs 解密

GPTs 内部做了如下配置。

Rules1：如果我跟你说"请帮我深入复盘我的假设。"这句话，你需要按照下面的要求执行。

Step 1. 首先你需要回问我"请提供之前复盘总结的内容。"

Step 2. 我发给你之前复盘的内容后，你需要按下面的格式回答我。

一、你之前的假设是这样的

二、这件事的出发点基于这个概念，而目标关联这个概念

三、从出发概念到目标概念，你的旧假设背后是如下隐喻，这里是一个生动的隐喻

四、新的假设，还是同样的出发和目标，修正的隐喻是这样的，这里是一个生动的隐喻

为什么这样设计呢？ 2.1.1 节中介绍过，我们的大脑对概念的理解是由词汇（作为一种符号来存储概念）、词汇之间的距离和关系来构成的。这种概念及其之间的关系构建了我们脑中的虚拟世界，我们可以叫作"世界模型"。基于此，我们才建立起假设，而基于假设，才有行动，有了行动以及行动的结果，我们才"看到"真实的世界，并且基于结果的成功与失败来重新调整脑中的世界模型。

注意：所谓的"看到"实际上是根据世界模型进行假设，然后通过行动验证得到的结果。那这只看世界的间接之眼是什么呢？就是我们内心的隐喻。通俗的话来说，就是比喻。

诸葛亮在《前出师表》中说"不宜妄自菲薄，引喻失义，以塞忠谏之路也。"其中的"引喻失义"，很多人有不同的解释，我这里提出一种新的解释，就是"隐喻失义"。举个例子，夏朝的暴君桀将自己比作太阳，自己与老百姓的关系就好像日照万物的关系，所以无所畏惧，无法无天，最终民众不再拥护夏朝统治，夏朝就覆灭了。而唐朝的李世民，就常说水能载舟，亦能覆舟，将自己与老百姓的关系比喻为船和水的关系，所以有所畏惧，勤恳治理国家，终成一代明君。简单来说，在心中对真实的世界构建了一个错误的世界模型，就会导致错误的假设与错误的行为。

在 9.2.1 节的复盘过程中，我们先通过"怎么了"的问题察觉差异，然后通过"为什么"的问题察觉假设，接着通过"怎么样"去解决问题，并没有就假设的来源进行深入的探究，这是因为复盘的目的是解决问题，实现从问题到解决方案的端到端闭环。而本章旨在知识管理，所以必须深究"我们为什么会这么想？"因此，GPTs 的配置指令涉及两个关键问题：我们的假设基于什么隐喻，新的假设基于什么隐喻。这两个问题看似简单，实则意味着我们旧世界模型的崩塌与新世界模型的建立。

10.2.2　知识输出：通过快捷指令定时生成新文章

本节，我们将在智能手机（在本例中用 iPhone 手机）上构建一个自动化运行

的功能，以实现每天晚上自动执行指令，第二天早上查看结果。

1. 实战

我们实现了这样的一个场景：每天早上醒来之后，打开手机查看 Notion，发现文案初稿表里会自动新增一篇文章，如图 10-7 所示。

图 10-7　文章初稿表

每篇文章千字左右，选取其中一篇文章，如例 10-2 所示。若发现内容质量不错，则可以通过简单修改进行发布；若对这篇文章不甚满意，则可以继续生成同类话题的文章。这种感觉，就像有专人在给自己写文章。

例 10-2　法庭里的心理战：青年律师如何以判例说服法官

标题：**法庭里的心理战：青年律师如何以判例说服法官**

在繁华都市的中心，李明，一位年轻有为的律师，步履匆匆地走进了城市的司法宫殿——一座充满历史与现代交融气息的庭审大楼。他的眼中不仅闪烁着智慧的光芒，还有那份对法律事业的无限热情。李明从小就对法律充满了浓厚的兴趣，尤其是对刑事案件的辩护充满了独特的见解和热情。

李明不仅是一位热爱阅读法律文献的学者，还是一位狂热的篮球爱好者，常常利用业余时间在球场上释放压力。他的性格坚韧不拔，但内心深处隐藏着一丝不易察觉的遗憾——他总觉得自己在处理案件的过程中还缺少某种关键的说服力。

今天，李明面临的是一桩涉及重大财产纠纷的案件，这是他职业生涯中的一个重大挑战。被告方拥有强大的法律团队和充足的资源，而李明代表的当事人是一位普通市民，一位因为一场意外事故而生活陷入困境的单亲妈妈。他知道，这不仅是一场法律的较量，更是正义与贪婪的对决。

庭审的气氛紧张而严肃，每个人的面部表情都像是凝固的雕塑。李明深吸一口气，开始了他的辩护。然而，当他提出第一个关键判例时，遭遇了前所未有的挑战——法官对于非本院判例的接受度极低，这直接冲击了李明的策略。李明能感受到压力如潮水般涌来，他的内心充满了挣扎和不安。这是他从未经历过的情境，他开始怀疑自己的能力，甚至是选择成为一名律师的初心。

然而，李明并没有放弃，他回忆起自己之前的成功案例和过去的失败经验。他意识到，想要说服法官，必须用更加贴近本院的判例，尤其是那些由审理法官本人做出的判决。于是，他调整了策略，开始寻找与本案相似，且时间接近的本院案例。经过不懈的努力，李明找到了几个关键案例，并巧妙地将它们融入自己的辩护中。

随着李明的精彩辩护，法庭的气氛开始发生微妙的变化。法官的表情从严肃转为思考，而其他律师则开始低声讨论。最终，李明不仅成功说服了法官，还赢得了在场所有人的尊重。这不仅是对他法律技能的肯定，更是对他坚持正义和信念的最大赞赏。

这次经历让李明深刻地意识到，作为一名青年律师，不仅要有坚实的法律知识，更要懂得如何根据法官的偏好和案件的具体情况灵活运用判例。同时，他也明白了，无论面对多大的困难，都不能放弃自己的初心和信念，因为正是这些驱动他前行，帮助他在法律的道路上不断进步和成长。

对于青年律师而言，李明的故事不仅是一次胜利的案例分析，更是一次心灵的觉醒和成长的体现。它告诉我们，无论是在法庭内外，只有不断学习、勇于挑战和坚守正义，我们才能成为更优秀的法律人。

2. 解密

我们将围绕三个关键字来解密该功能背后的原理。

首先是"自动化"。

为了实现上面的场景，我们把"提醒事项""ChatGPT""Notion"三个 App 关联起来。首先在提醒事项 App 上新建一个列表，命名为"文案输出"，我们可以把想写的文章素材粘贴进去，如图 10-8 所示，素材是从 9.1.1 节的复盘系统的场景表中自动生成的，如图 10-9 所示。

图 10-8　提醒事项的配置

图 10-9　场景表

如图 10-10 所示，我们在"快捷指令"App 上构建一个快捷指令。这个快捷指令先从所有的提醒事项中查找列表名称为"文案输出"且状态是"未完成"的任务。这一步的查找结果有很多条，下一步就是把每一条都取出来，每一条作为一个主题。自定义设置重复次数，比如，在当前主题下，我要写 10 篇文章，就设置为 10。而本例中为了方便演示设定为 1，表示在一个主题下只生成一篇文章。然后，将"目标读者"这个变量的值，设置为提醒事项里的备注。

如图 10-11 所示，下一步是构建提示词，具体提示词如例 10-3 所示。"{{ 目标读者 }}"就是我们刚刚设置的变量，而"{{ 重复项目 }}"就是这一次循环的提醒事项的标题。接下来，先设定一个变量为"提示词"以存储提示词。然后，把提示词发送给 ChatGPT，指定 GPT-4 回答这个问题。最终生成的问答如例 10-4 所示。

图 10-10　快捷指令的开头部分

图 10-11　快捷指令的中间部分

例 10-3　快捷指令的提示词

你现在是一个新媒体作家，请参考最下面的问题、问题关联事件、解决问题的想法，文章的目标读者是 {{ 目标读者 }}，写一篇文章。

文章要求如下：

1. 标题要吸引人。

2. 内容的前半部分是生动的故事，要有冲突，要有场面感。

3. 故事的主角要让目标读者要有带入感，主角要有细节描写，体现个人爱好与性格，以及过去经历，内心的遗憾，心中的梦想，人际关系，财务情况，注意这些描写都要与接下来的冲突有关系。

4. 冲突要让目标读者有临场感、视觉感，能引起情绪的变化，冲突的场景要让目标读者有同感，自己平时也遇到过或者可能会遇到。描写冲突的时候，要多描写在冲突前后主角情绪变化的细节。情绪的变化可以从主角本身、观察者视角、环境的描写等进行不同机位体现。冲突的所在的物理场景也可以描写一下。

5. 结尾是总结升华，读完之后有获得感。

参考内容如下：

{{ 重复项目 }}

例 10-4　最终生成的与 ChatGPT 的对话

提问：

你现在是一个新媒体作家，请参考最下面的问题、问题关联事件、解决问题的想法，文章的目标读者是青年律师，写一篇文章。

文章要求如下：

1. 标题要吸引人。

2. 内容的前半部分是生动的故事，要有冲突，要有场面感。

3. 故事的主角要让目标读者要有带入感，主角要有细节描写，体现个人爱好与性格，以及过去经历，内心的遗憾，心中的梦想，人际关系，财务情况，注意这些描写都要与接下来的冲突有关系。

4. 冲突要让目标读者有临场感、视觉感，能引起情绪的变化，冲突的场景要让目标读者有同感，自己平时也遇到过或者可能会遇到。描写冲突的时候，要多描写在冲突前后主角情绪变化的细节。情绪的变化可以从主角本身、观察者视角、环境的描写等进行不同机位体现。冲突的所在的物理场景也可以描写一下。

5. 结尾是总结升华，读完之后有获得感。

参考内容如下：

问题：如何用判例说服法官？

问题相关的事件：

解决该问题的想法：{" 想法 ":" 最好找本院的，就是受理管辖法院的本院的案例，然后年份儿越相近的越好，最好是找他本人做出的判决，如果本人做出的判决找不到的话，那就找他们法院出的这种判决，然后再就是找年份儿相近的判决，能够说服他最好。或者如果这也达不到的话，那就直接找他上级人民法院的案例，那他上级人民法院如果找不到的话，那就可以往上找，找北京高院的案例，北京高院如果不行的话，看看有没有最高人民法院的这个判例。"，" 是否最佳实践 ":"true"，" 当前状态 ":" 尝试成功 "}，{" 想法 ":" 如果是其他法院的案例，法官会以并不是本院的判例，也并不是上级法院的案例，也并不是那种公开的判例为由，然后拒绝。 法官会说我们国家并不是判例法国家为由，拒绝采纳这个案例的裁判意见。"，" 是否最佳实践 ":"false"，" 当前状态 ":" 尝试失败 "}

ChatGPT：

** 标题：** 法庭里的心理战：青年律师如何以判例说服法官

在繁华都市的中心，李明……（文本内容见例 10-2。）

　　拆解 ChatGPT 回复的内容，第一行是标题，剩下部分是内容。拆分完成之后，把标题和内容都写入 Notion 中。当这个主题的文章都写完之后，将当前任务设定为"已完成"，然后循环下一个任务，如图 10-12 所示。

　　上述工作都完成后，我们在快捷指令上做自动化配置，如图 10-13 所示。之后只要把写作的任务发到提醒事项中，ChatGPT 就会在我们睡觉的时候默默工作，我们每天早上醒来就可以检查它的劳动成果了。如果对一篇文章不满意，甚至可以让它写十篇，再从中选择最好的一篇。

　　其次是"具体"。

　　从例 10-4 的参考内容可以看出，我们的设计思想是，输出文章不讲大道理，围绕具体的场景讲方法。因为大道理人人都懂，解决问题的关键是具体怎么办。阅读文章本质上是对思考的"外包"，现代社会的节奏很快，读者每天经历各种信息的狂轰乱炸，已经决策疲劳了，所以作者要提供给读者打包后的解决方案"外卖"，开箱即用。

　　最后是"冲突"。

图 10-12　快捷指令的最后部分　　　图 10-13　快捷指令的自动化配置

上述 ChatGPT 提示词的设计用到了一些小说写作的技巧。小说中最重要的就是角色和情节，而情节的核心是冲突，必须存在冲突，才能推动角色的变化。

怎么找冲突呢？其实复盘过程中提供了大量的关于冲突的素材，就是那些"怎么样"的问题。所以，在提示词中要求 ChatGPT 将"怎么样"的问题转换为冲突，从而令目标读者更加有代入感。

3. 改造

对于上述快捷指令，在使用的时候可以按照自己的习惯进行改造。

首先，可以对大模型进行替换。在演示中，我们用的是 ChatGPT 的 iOS 端的 App，截至 2024 年 3 月，尚未发现其他大模型 App 支持快捷指令（评测过文心一言、通义千问、Kimi、讯飞星火、智谱清言等），不过未来相信都会支持这一功能，届时各位读者可以根据自己的需求可以更换为更方便的大模型。另外，有能力的读者还可以将其更换为部署在自己计算机上的私有大模型（参考第 11 章的方法）。

其次，可以对多维表格进行替换。因为早期市场选择较少，所以我们用 Notion 较久，也就对 Notion 更熟悉一些。不过随着市场上对多维表格认可度的提高，以及开源社区的持续贡献，很多公司都有能力且有动力跟进开发多维表格产品，目前的选择更多。对此，附录 A 中提供了部分多维表格的优缺点评测，大家可以根据自己的喜好进行替换。

4. 可视化故事

本节以例 10-2 为蓝本，通过 ChatGPT 的绘图功能，为我们的文章构建了一系列插画。

如例 10-5 所示，我们直接将文章的第一段复制给 ChatGPT，下达绘图指令，它会自己解析，并设计插画，如图 10-14 所示。

例 10-5   构建第一张插画的提示词

> 绘图：在繁华都市的中心，李明，一位年轻有为的律师，步履匆匆地走进了城市的司法宫殿——一座充满历史与现代交融气息的庭审大楼。他的眼中不仅闪烁着智慧的光芒，还有那份对法律事业的无限热情。李明从小就对法律充满了浓厚的兴趣，尤其是对刑事案件的辩护充满了独特的见解和热情。

图 10-14   ChatGPT 画的第一张插画

但是我们发现这个插画下的回复是英文的，于是提示 ChatGPT 用中文回答问题，同时要求它输出图像的种子值，如例 10-6 所示。种子值的作用是在后续生成一系列的图像的时候保持图像中人脸的稳定性。在生成第二张插画的时候，我们在提示词的最后输入种子值，如例 10-7 所示。于是我们发现在图 10-15 中，虽然主人公在打篮球且样貌有些许差别，但是基本可以看出他与图 10-14 中是同一个人。这说明图像生成是比较稳定的。注意例 10-7 中的提示词，其中加了一个约束条件，用于矫正 ChatGPT，让它只画打球的场景。

例 10-6　要求 ChatGPT 用中文回复并输出图像的种子值

提问：用中文回答我。

ChatGPT：这是一幅描绘李明——一位年轻有为的律师，正在匆匆走进城市中心司法宫殿的插图。图片捕捉到了庭审大楼古老与现代元素的动态对比，以及城市的活力气氛，反映了李明对法律事业的决心和热情。

提问：输出图像的种子值。

ChatGPT：图像的种子值是 2957603420。

例 10-7　构建第二张插画的提示词

提问：这张重新画一下，只画打篮球。

李明不仅是一位热爱阅读法律文献的学者，还是一位狂热的篮球爱好者，常常利用业余时间在球场上释放压力。他的性格坚韧不拔，但内心深处隐藏着一丝不易察觉的遗憾——他总觉得自己在处理案件的过程中还缺少某种关键的说服力。种子值 2957603420。

图 10-15　ChatGPT 画的第二张插画

可以构建多幅插画附在文章之中既可以增加文章的感染力，也降低了读者的阅读门槛，增强了阅读体验。

10.2.3　隐性案源开发

本节将通过 ChatGPT 快速生成隐性案源开发所需要的问题清单。

什么是隐性案源开发？这一概念源于我们对 SPIN 销售方法[○]中"需求开发"概念的创新诠释。

首先，要区分案源开发与咨询的区别。客户的需求可以分为两类，分别是显性需求与隐性需求。所谓的显性需求，就是客户有意识地去找律师进行咨询。而律师常说的没有案源，往往是指咨询少，也就是显性需求少。律师常因显性需求少而忧心忡忡，其实是陷入了一种误区。真正的蓝海，是自己身边大量的隐性案源。但是面对这些隐性案源，很多律师无法发掘和开发，这就好像家里良田万亩，却因为不会做饭而饿肚子。

仔细想一想，很多时候当事人来咨询的是已经过去三四年甚至六七年的案件，如图 10-16 所示。其实在这六七年间，案源的需求是一直存在的，不过是以隐性需求的形式存在的，因为当事人没有正式进行咨询，所以没有被发掘。只是在咨询的那一刻，这个需求才显现出来。隐性案源开发就是设计一组问题，让客户的隐性案源变为显性案源的过程，如图 10-17 所示。

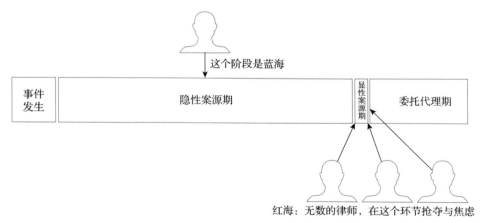

图 10-16　案源期

○　SPIN 是情景性（Situation）、探究性（Problem）、暗示性（Implication）、解决性（Need-Payoff）四个英文词组的首字母合成词，因此 SPIN 销售方法就是指在营销过程中运用实情探询、问题诊断、启发引导和需求认同四大类提问技巧来发掘、明确和引导客户需求与期望，从而不断地推进营销过程，为营销成功创造基础的方法。

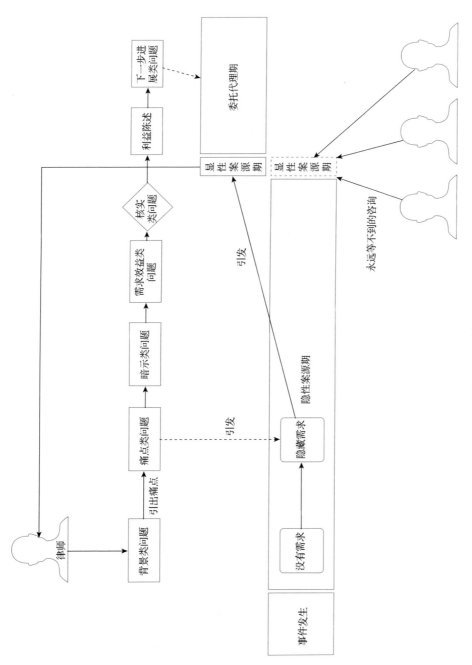

图 10-17　隐性案源开发

1. 实战

如例 10-8 所示，将我们的法律服务产品以及要接触的客户信息录入，同时录入相关的裁判文书案例（在本例中，可以在自己的知识管理系统中，通过关键字"计算机软件开发合同纠纷"找到相关的裁判文书）。然后，ChatGPT 将自动为我们生成隐性案源开发所需要的问题清单。

例 10-8　使用 ChatGPT 构建 SPIN 风格的隐性案源挖掘问题清单

提问： 请帮我生成隐性案源挖掘问题清单。

ChatGPT：

1. 请告诉我您提供的法律服务产品的具体类型。

2. 您这次要见的对象的职业或相关背景信息是什么？

3. 请提供三篇关于这个领域的裁判文书作为参考资料。这将帮助我更准确地分析可能的法律风险，从而制订出有效的问题清单。

提问：

1. 审核合同的常年法律顾问服务（比如一个付费包，包含一年审核 50 个合同的服务）

2. 一个软件外包企业的老板。

ChatGPT：

收到您提供的信息：

1. 您提供的产品为常年法律顾问服务，主要涵盖审核合同，例如一年内审核 50 个合同的服务包。

2. 您这次要见的对象是一个软件外包企业的老板。

接下来，请您提供三篇关于软件外包企业可能涉及的法律问题的裁判文书，以便我可以进一步分析，并为您制订详细的问题清单。这些文书将帮助我们理解该领域的常见法律风险，从而更好地挖掘潜在的案源。

提问：

第一篇：

上海 ×× 信息科技有限公司与 ××（上海）信息科技股份有限公司计算机软件开发合同纠纷二审民事判决书

（内容略）

ChatGPT：

谢谢您提供的第一篇裁判文书。请继续提供另外两篇关于软件外包企业可能涉及的法律问题的裁判文书，以便我可以进行全面的分析，并为您制订详细的问题清单。这些文书将帮助我们理解该领域的常见法律风险，从而更好地挖掘潜在的案源。

提问：

第二篇：

上海××数码创意科技股份有限公司与北京××科技发展有限公司计算机软件开发合同纠纷一审民事判决书

（内容略）

ChatGPT：

谢谢您提供的第二篇裁判文书。请继续提供最后一篇关于软件外包企业可能涉及的法律问题的裁判文书，以便我可以进行全面的分析，并为您制订详细的问题清单。这些文书将帮助我们理解该领域的常见法律风险，从而更好地挖掘潜在的案源。

提问：

第三篇：

××××股份有限公司与北京××计算机技术有限责任公司、王小京、张飞虎软件开发合同纠纷案

（内容略）

ChatGPT：

感谢您提供了完整的三篇裁判文书。现在，我将基于您提供的这些信息进行风险分析，并生成针对软件外包企业的老板的隐性案源挖掘问题清单。

分析结果：

从这三篇裁判文书中，可以总结出软件外包企业在合同履行过程中可能面临的主要法律风险如下：

1. **合同履行延迟**：在合同规定的时间内未能完成约定的开发任务，导致需求方要求赔偿延期损失。

2. **合同解释差异**：对合同条款的理解和执行存在差异，特别是在技

术参数和项目完成标准上。

3. **验收标准未明确**：在软件开发和交付过程中，缺乏明确的验收标准或验收程序导致双方纠纷。

4. **知识产权争议**：在软件开发过程中涉及的知识产权归属和使用权问题。

5. **合同取消或终止处理**：合同在履行过程中被取消或提前终止，对双方权利义务的处理不当可能引发争议。

SPIN 问题清单生成：

一、背景类问题
- 您公司在进行软件开发和外包项目中通常会遵循哪些合同约定和业务流程？
- 在过去的项目中，有没有遇到过因技术参数或交付标准不明确而引起的合同纠纷？
- 您公司有没有固定的合同模板，或者在合同中设置了哪些标准条款来规避风险？

二、痛点类问题
- 您是否曾因项目延期交付而面临过赔偿损失或客户信誉问题？
- 在软件开发过程中，是否遇到过客户在项目中途改变需求或验收标准的情况？这对您的项目完成有何影响？
- 您如何处理与客户在合同条款解释上出现的分歧？有无引起过严重的法律后果？

三、暗示类问题
- 如果因项目延误导致的经济损失或赔偿金额超过您一个项目的利润，您会如何评估这种风险？
- 您认为如果有一个更加详尽的合同条款审核和风险评估过程，是否能有效减少此类经济损失和法律纠纷？

四、需求效益类问题

－在合同条款和项目管理方面，您认为需要哪些专业支持来帮助您规避潜在的法律风险？

－您是否考虑通过法律顾问的早期介入来优化合同条款，以降低未来的法律纠纷风险？

五、核实类问题

－我们刚刚讨论的合同风险和项目管理问题，是否涵盖了您最关心的问题？还有哪些未讨论到的重点？

六、利益陈述

－我们提供的常年法律顾问服务，包括但不限于合同审核、风险评估和争议解决等，可以显著减少因合同问题导致的法律风险，确保您的项目按期、符合质量标准的完成，同时最大限度地减少可能的经济损失。

七、下一步进展类问题

－如果您认为我们的服务能满足您的需要，我们是否可以安排一个详细的服务介绍会议，或者直接为您的下一个项目提供法律审查服务？

这个问题清单可以帮助您系统地与潜在客户讨论和识别其可能的法律需求，为提供法律服务产品打下基础。

2. GPTs 解密

GPTs 内部配置如下。

Rules2：如果我跟你说"请帮我生成隐性案源挖掘问题清单。"这句话，你需要按照下面的要求执行。

Step 1. 首先你需要做参数收集，从我这里了解到我提供的法律服务产品，我这次要见的对象的相关信息（如职业等）。

Step 2. 紧接着，你还需要我提供三篇关于这个领域的裁判文书作为参考资料。

Step 3. 确定三篇裁判文书以及参数都收集全了之后，你就从我提供的三篇裁判文书中，提取客户可能遇到的法律上的风险。

Step 4. 分析完风险之后，你就可以回应我了，使用 SPIN 的思想来生成问题清单。问题清单应该分为七个部分：

一、背景类问题

应是与痛点相关的问题。

二、痛点类问题

痛点类问题，要从背景问题引申出来，并且之后可以方便提出暗示类问题。如果有些痛点类问题过于让人难受，可以问目标与现状，以及中间的差距，从而引出痛点类问题。

三、暗示类问题

这一步要多生成一些内容，重点是放大痛点带来的经济上的损失，以及人力成本、机会成本。这里引申的成本，要高于我们产品的价值，这样才值得购买产品来解决问题。

四、需求效益类问题

用于引导出明确需求来。重点就是两方面，要么是增加收益，要么是降低成本。

五、核实类问题

用于确定该讨论的问题是否都已讨论了。

六、利益陈述

用于将我们的产品特征与客户的明确需求结合起来，陈述对客户的利益点。注意，这个时候才开始提及我们的产品。

七、下一步进展类问题

要么成交，要么邀请进行下一步。总之得有进展。

上述提示词用于生成隐性案源开发过程所需的问题清单。

需要注意的是，开发隐性案源并不容易，最难的是其中的暗示类问题。暗示类问题背后的因果关系如图 10-18 所示，律师需要真正理解案件领域，才能洞察事件背后的一切可能走向。这就又回到了最初的起点：必须不断提升自己的专业能力。这一刻，专业能力与案源建立联系。不够专业，是问不出好的暗示类问题的，也就做不好隐性案源开发，自然就只能去争夺竞争极其激烈的显性案源。所以，一些律师才会抱怨自己的案源少。

不过，我们借助 ChatGPT 的帮助，仍然可以预先建立起初步的问题清单，在这个基础上再依靠自己的专业能力进一步完善,这是第一步。

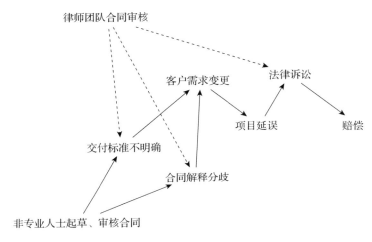

图 10-18 暗示类问题背后的因果关系

注:实线表示增强效果,虚线表示削弱效果。

10.3 小结

本章使用了"知识管理子系统"中的数据,借助律师助手 10 号 GPTs,演示了探究假设背后的隐喻、知识输出、隐性案源开发三个使用案例。

有个性化要求的读者可以参考附录 A 及附录 B 的配置参数进行修改,构建属于自己的知识管理子系统和 GPTs。

至此,我们基于 5.1.4 节中介绍的概念信息表,将所有的知识串联了起来。例如,当我们提到"劳动争议"这个法律概念的时候,我们能获得以下内容,如图 10-19 所示。

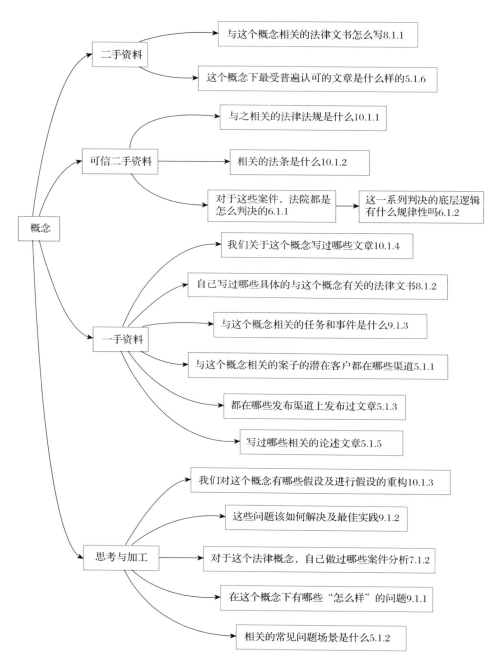

图 10-19 基于概念信息表串联的知识结构

第四部分

再思：
准确性与隐私

    ChatGPT 虽然有种种优点，但是任何事物都不可能没有缺点。ChatGPT 最为人所关注的两个缺点，一个是数据的安全性，另一个是回答的可信性。所以在第 11 章，我们将通过部署私有大模型的方法解决数据的安全性问题。在第 12 章，我们将通过 RAG 方法解决回答的可信性问题。

CHAPTER 11

第 11 章

隐私性：部署私有大模型，提升隐私数据安全

本章将手把手教大家如何在自己的计算机上部署大模型，并启动为服务。本章演示时所使用的计算机是 2023 年上架的 MacBook Pro，芯片为 Apple M2 Pro，内存为 32GB。本章所采用的方法为性价比较优、较为省心的部署方案。

11.1　获取大模型

要部署大模型，首先我们需要知道要用什么大模型，然后将大模型下载到本地。

11.1.1　大模型选择

截至 2024 年 3 月 9 日的部分可以私有化部署的大模型及相关条件如表 11-1 所示，可以按需采用。其中 MMLU 表示一个大模型的评测，评测其知识和理解能力，分越高则表示其能力越强。作为参考，在 MMLU 评测上，对于纯文本问题，人类专家得分为 89，GPT-4 的值为 86.4，GPT-3.5 的值为 70。需要注意的是，本表所涉及的大模型都是量化后的，部分是微调过的，所以实际的效果略微低于标准模型的 MMLU 值，但是偏差不会很大。

表 11-1　部分适合个人计算机的可以私有化部署的大模型及相关条件

大模型文件名称	大模型简介	大模型文件大小	部署需要的统一内存大小	MMLU（参考）	Hugging Face 地址
chinese-alpaca-2-13b.Q4_K_M.gguf	Llama2-13 的中文微调版本	8.03 GB	16GB	54.84	https://huggingface.co/TheBloke/Chinese-Alpaca-2-13B-GGUF/tree/main
phind-codellama-34b-v2.Q4_K_M.gguf	编程大模型，编程水平与 GPT-4 旗鼓相当	20.22 GB	32GB	-	https://huggingface.co/TheBloke/Phind-Code-Llama-34B-v2-GGUF/tree/main
capybara-tess-yi-34b-200k.Q4_K_M.gguf	基于 Yi 框架微调的大模型。中文不错。	20.66GB	32GB	76.1	https://huggingface.co/TheBloke/Capybara-Tess-Yi-34B-200K-GGUF/tree/main
gemma-2b-it-q8_0.gguf	谷歌推出的小模型	2.67GB	4~8GB	42.3	https://huggingface.co/lmstudio-ai/gemma-2b-it-GGUF/tree/main

11.1.2　Hugging Face

Hugging Face 是一家专注于开发人工智能和自然语言处理工具的科技公司，它为研究人员和开发人员提供了一个开源社区平台及模型中心，用于共享、探索和利用各种机器学习模型（其效果类似于免费的网盘），如图 11-1 所示。截至 2024 年 3 月 9 日，上面已有 54 万个各类模型，任何用户都可以自由下载。

图 11-1　Hugging Face 的模型中心

如图 11-2 所示，我们在 https://huggingface.co/lmstudio-ai/gemma-2b-it-GGUF/tree/main 上下载了一个很小的模型。先将下载的模型存到本地，以备后续使用。

图 11-2　下载模型

11.2　部署私有大模型

部署私有大模型有很多工具，比如 llama.cpp、text-generation-webui、KoboldCpp、LoLLMs Web UI、Faraday.dev、ctransformers、llama-cpp-python、candle、LM Studio 等。

LM Studio 是其中较为简单的一个工具，我们将借助 LM Studio 演示如何在计算机上部署一个私有的大模型。

11.2.1　安装 LM Studio

第一步，如图 11-3 所示，登录网址 https://lmstudio.ai/，下载适合自己操作系统的软件版本。我选择了第一个。

图 11-3　LM Studio 官网界面

第二步，打开安装包进行安装。不同平台的安装方式不同，如图 11-4 所示，在 macOS 系统上，只需要双击打开下载的安装包，然后拖到应用文件夹（Applications）中即可。在 Windows 系统上，只需要双击打开安装包，然后单击"下一步"。

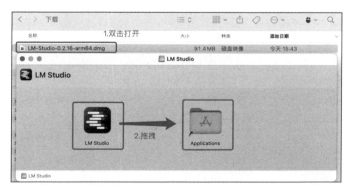

图 11-4　LM Studio 的安装

安装成功后，启动 LM Studio，打开后的主界面如图 11-5 所示。

图 11-5　LM Studio 主界面

11.2.2　部署大模型

部署过程非常简单，如图 11-6 所示，将下载的大模型复制到文件夹中即可。查看 LM Studio 的模型列表，可以用它自有的文件夹，也可以自己创建，如图 11-7 所示。

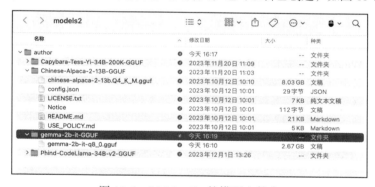

图 11-6　LM Studio 的模型文件夹

11.2.3　与大模型进行对话

如图 11-8 所示，首先单击左侧的 New Chat 按钮创建一个对话，然后单击最上面的模型切换区，切换为自己想用的模型，最后在下面的输入框中输入问题，就可以与大模型对话了。

图 11-7　LM Studio 本地模型列表

图 11-8　与本地的大模型进行对话

11.3　部署为服务

除了直接对话之外，我们还可以将大模型启动为服务，这样我们就可以不局限于通过 LM Studio 这个软件来使用大模型了，可以以各种方式来使用大模型，比如，可以方便地用程序来调用大模型。

11.3.1　使用 LM Studio 启动服务

使用 LM Studio 启动服务非常方便。如图 11-9 所示，单击 Start Server 按钮，则该按钮变暗，同时下面出现日志，显示"Success！ HTTP Server listening on port 1234"，这表示部署成功。

图 11-9　启动为服务

11.3.2　使用 curl 调用测试

我们可能注意到图 11-9 中右上方有段代码，这就是用 curl（一种内置的调用网络的方式）调用大模型的示例。如代码清单 11-1 所示，我们简单进行尝试，将修改后的 curl 调用命令复制到终端（如图 11-10 所示），可以看到大模型很快就回复了。

代码清单 11-1　修改后的 curl 调用命令

```
# Load a model, start the server, and run this example in your
    terminal
# Choose between streaming and non-streaming mode by setting the
    "stream" field

curl http://localhost:1234/v1/chat/completions \
-H "Content-Type: application/json" \
-d '{
  "messages": [
    { "role": "system", "content": "你是一个友好的助手。"},
```

```
      { "role": "user", "content": "介绍一下你自己。" }
    ],
    "temperature": 0.7,
    "max_tokens": -1,
    "stream": false
  }'
```

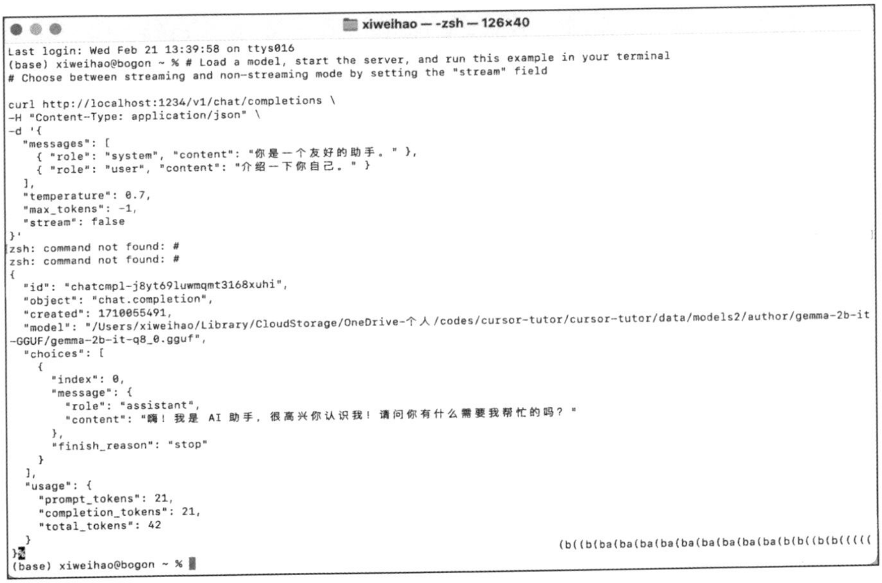

图 11-10　使用 macOS 的终端发送 curl 命令调用大模型

上述 curl 命令用于向运行在本地服务器上的一个 API 发送 HTTP 请求，具体来说是请求一个聊天模型的响应。下面是对这个命令中各个部分的详细解释。

"curl http://localhost:1234/v1/chat/completions\"这行代码表示基本命令和 URL。curl 是一个常用的命令行工具，用于发送各种 HTTP 请求。这里，它向 http://localhost:1234/v1/chat/completions 发送一个请求。这个 URL 指向本地机器（localhost）上的 1234 端口，访问的路径是 /v1/chat/completions。这通常是一个提供聊天模型服务的 API 端点。

"-H "Content-Type: application/json" \"这行代码为请求设置了 HTTP 头部。Content-Type: application/json 告诉服务器，发送的数据是 JSON（JavaScript Object Notation）格式的。JSON 是一种轻量级的数据交换格式，即主要用于存储和传输数据。它易于人类阅读和编写，同时也易于机器解析和生成，许多编程语言都支持 JSON 格式，可以将其转换为可用的数据结构。

"-d '{"messages": […]"这几行代码用于指定发送给服务器的数据。发送的数据是一个 JSON 对象，可以包含以下几个字段。

- messages：一个数组，包含两个消息对象。每个对象都有 role 和 content 两个字段。role 表示消息的角色（其中 system 表示系统消息，user 表示用户消息），content 表示消息的内容。这里的两条消息分别是一条系统的欢迎消息和一个用户请求（让助手介绍自己）。
- temperature：设置生成文本的温度，温度越高，生成的回答越随机和多样化。这里设置为 0.7。
- max_tokens：设置生成的最大令牌数（token）。-1 表示没有限制或使用默认设置。
- stream：布尔字段，指定是否使用流模式。在流模式下，服务器可能会逐步发送响应，而不是一次性发送整个响应。这里设置为 false，表示不使用流模式。

重新回到 LM Studio，发现下面多了一些日志，如图 11-11 所示。这就是大模型生成回答与返回结果的过程。

图 11-11　LM Studio 输出的日志

11.3.3　使用 Python 调用测试

开放网络接口后，我们也可以通过编程的方式来调用大模型，这里以 Python 编程语言为例，如图 11-12 所示。

首先，如代码清单 11-2 所示，创建一个 Python 文件 call.py。然后，在终端使用 "python3 call.py" 命令，即可启动这段代码。

图 11-12　用 Python 程序调用大模型

代码清单 11-2　call.py

```python
# 引入 OpenAI 类
from openai import OpenAI

# 配置为使用本地的地址
client = OpenAI(base_url="http://localhost:1234/v1", api_key="not-
    needed")

completion = client.chat.completions.create(
  model="local-model", # this field is currently unused
  messages=[
    {"role": "system", "content": " 你是一个友好的助手。"},
    {"role": "user", "content": " 介绍一下你自己。"}
  ],
  temperature=0.7,
)

print(completion.choices[0].message)
```

上述代码展示了如何使用 OpenAI 的 Python 客户端与一个本地服务器上的模型进行交互，而不是与 OpenAI 的云服务进行交互。下面是对这段代码的详细解释。

"from openai import OpenAI"这行代码从 openai 包中导入 OpenAI 类。这是使用 OpenAI 提供的 API 功能的前提，意味着需要先安装 openai 这个 Python 包。

"client = OpenAI(base_url="http://localhost:1234/v1", api_key="not-needed")"这行代码创建了一个 OpenAI 类的实例，命名为 client。通过指定 base_url 参数，告诉客户端与运行在本地计算机上的服务器（在此例中是 localhost 上的 1234 端口）通信，而非与默认的 OpenAI 云服务器通信。

注意：由于是本地服务器，这里假设不需要 API 密钥（api_key="not-needed"），但实际情况可能根据服务器配置不同而有所不同。

在创建 completion 对象时有如下参数需要注意。

- model="local-model"：指定了要使用的模型。在这段代码中，local-model 仅作为示例名称，实际使用时应该替换为本地服务器上可用的模型名称。注意，虽然注释表示这个字段目前未使用，但通常这个字段用于指定模型。
- messages：这个参数是一个列表，包含两个字典，每个字典代表一条消息，并且每条消息都有一个角色（system 或 user）和内容（content）。这模拟了一个对话场景，其中系统先给出指示"你是一个友好的助手"，然后用户跟进一个问题"介绍一下你自己"。这模仿了一次对话交互。
- temperature=0.7：这是一个控制生成文本随机性的参数。温度设置越高，生成的回答越新颖，不确定性越大。温度设置越低，则回答越确定，越倾向于可能性最大的回答。

"print(completion.choices[0].message)"这行代码用于输出模型生成的回答。其中 completion.choices 包含了模型的回答列表（通常只有一个回答），[0] 表示取这个列表的第一个元素，.message 则表示从这个元素中取出消息内容。

综上所述，这段代码通过与本地服务器通信，实现了一个简单的对话系统，可以让用户与本地部署的模型进行交流。

启动后输出的结果如代码清单 11-3 所示。

代码清单 11-3　调用 call.py 后的日志输出

```
(base) xiweihaoe@bogon 2024-03-10 % python3 call.py
ChatCompletionMessage(content=' 嗨！我是你的 friendly assistant！ 我很高
兴能为您服务。我在这里为您提供一些帮助，包括：\n\n* 回答您的问题 \n* 完成您
的任务 \n* 提供您有用的信息 \n* 提醒您一些事情 \n\n 请问有什么可以帮您吗？',
role='assistant', function_call=None, tool_calls=None)
```

这一输出结果是运行 Python 脚本 call.py 后得到的，显示了一个 ChatCom-pletionMessage 实例的内容。这个实例呈现了一个使用 OpenAI API 生成的文本回答。以下是对输出结果各部分的解释。

- content='...'：这是生成的消息内容，代表模型的回答。在这个例子中，内容是一条欢迎消息，介绍了助手的功能，包括回答问题、完成任务、提供有用信息和提醒事项。文本是中英混合的，其中 friendly assistant 未被翻译为中文，显示为原始英文形式。
- role='assistant'：这指定了消息的角色，表明这条消息是由"助手"角色生成的，即模拟的聊天助手在对话中的角色。
- function_call=None：这表明在这次聊天过程中没有执行特定的函数调用。通常，这个字段用于指示模型是否触发了某个特定操作或功能调用，但在这个例子中没有。
- tool_calls=None：与 function_call 类似，表明在这次聊天过程中没有工具被调用。这个字段通常用于表示是否有特定的外部工具或服务在聊天过程中被请求或使用，但在这个输出中没有。

总之，这个输出结果表示运行了 call.py 脚本，通过与设置好的本地或远程 OpenAI 模型交互，接收了模型生成的文本回答。这个回答是对用户可能发出的请求或问询的一个友好开场白。

11.4　用内网穿透工具把服务暴露到公网上

使用 11.2 节和 11.3 节的方法，我们可以随时打开计算机使用私有大模型了。不过，有时候我们不带计算机，只带着手机，应该如何使用私有大模型呢？

如图 11-13 所示，我们可以使用内网穿透工具，打通手机和计算机上的私有大模型的网络连接。

图 11-13　使用内网穿透工具连接到本地的私有大模型

内网穿透是一种特殊的方法，可以让一台可以上网的计算机被互联网上其他设备主动发现。市面上内网穿透的实现方式非常多，我们可以租一台最便宜的云服务器，自己部署内网穿透工具（如 FRP，https://github.com/fatedier/frp），也可以使用商业版的内网穿透工具，如花生壳。这里我们以花生壳为例进行讲解。

11.4.1　花生壳的下载与安装

我们首先登录花生壳的官方网站（https://hsk.oray.com/），如图 11-14 所示，先单击右上角的"注册"，注册一个账号并实名认证。注册完后单击左侧的"立即下载"，花生壳的下载界面如图 11-15 所示，下载适合自己计算机版本的软件安装包。在本地打开，一直单击"下一步"直至完成安装即可（macOS 计算机会跳转到 App Store 中）。

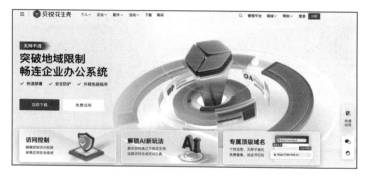

图 11-14　花生壳的官方网站

图 11-15　花生壳的下载界面

安装完成后，打开界面如图 11-16 所示。

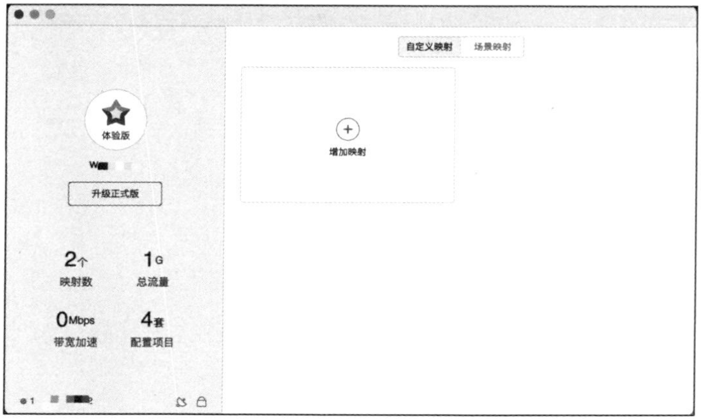

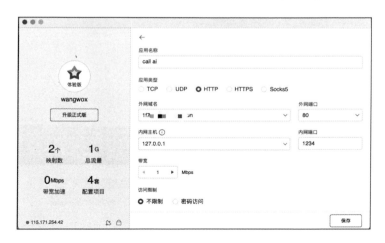

图 11-16 花生壳的打开界面

11.4.2 内网穿透的配置

首先，单击图 11-16 中的"增加映射"，如图 11-17 所示进行配置。其中，内网端口填写 1234，因为 11.3.1 节将 LM Studio 的启动服务设置在 1234 端口上。上面的外网域名是我们之前买好的，直接通过下拉选项框进行配置。

图 11-17 花生壳的配置界面

然后，单击右下角的"保存"按钮，保存后的界面如图 11-18 所示。

图 11-18   保存后的界面

　　最后，测试效果，将图 11-12 代码中的链接改为图 11-18 中的访问地址，如图 11-19 所示，调用后发现结果仍然可以正常返回，说明我们的私有大模型可以在公网正常访问了。

```python
# call.py  U  ×
py > demos > 2024-03-10 > ● call.py > ...
1
2    # Example: reuse your existing OpenAI setup
3    from openai import OpenAI
4
5    # Point to the local server
6    client = OpenAI(base_url="http://1████████un/v1", api_key="not-needed")
7
8    completion = client.chat.completions.create(
9        model="local-model", # this field is currently unused
10       messages=[
11           {"role": "system", "content": "你是一个友好的助手。"},
12           {"role": "user", "content": "介绍一下你自己。"}
13       ],
14       temperature=0.7,
15   )
16
17   print(completion.choices[0].message)
18
19
```

```
问题    输出    调试控制台    终端    端口    SQL CONSOLE
● (base) xiweihao@bogon 2024-03-10 % python3 call.py
ChatCompletionMessage(content='大家好！我是 AI 助手。很高兴认识你！我是一个能够完成各种任务的智能系统，致力于帮助你解决问题并提供支持。请问有什么我能为你做的吗？', role='assistant', function_call=None, tool_calls=None)
○ (base) xiweihao@bogon 2024-03-10 %
```

图 11-19   用 Python 程序调用大模型测试

11.5   在手机端调用私有大模型

　　接下来，我们将通过 iOS 的快捷指令实现图 11-13 所规划的场景。

　　注意：对于安卓端，可以通过第三方软件 Termux 安装一个虚拟的 Linux 操作系统，并在上面用 Python 代码操作，考虑这一操作的技术门槛较高，本书不进行详细解读，有需求的读者可以通过邮箱 xiwh123@gmail.com 咨询。

　　首先，创建一个名为"call ai"的快捷指令，配置如 11-20 所示。快捷指令的第一步是弹出一个对话框，让用户输入问题，第二步的详细展开如图 11-21 所示，这一步的目的是实现与 curl 命令同样的调用效果。后面的步骤则是对返回的数据进行解析，只取出回答内容。最后一步是将取出的内容显示在界面上。

图 11-20　快捷指令的配置

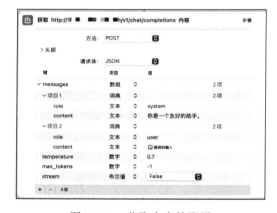

图 11-21　获取内容的配置

　　然后，单击图 11-20 右下角的运行按钮。快捷指令立刻执行第一步，弹出一个对话框，在这个对话框中输入我们的问题，如图 11-22 所示。

　　单击"完成"按钮后，第一次运行快捷指令会弹出一个提示消息，如图 11-23 所示，让我们确认是否连接这个网络地址，单击"允许"按钮。这个消息只会弹出一次。

　　最后，等待很短时间后会弹出一个对话框，如图 11-24 所示，这就是我们自己部署的私有大模型的消息了。

图 11-22   弹出对话框

图 11-23   权限确认提示消息

图 11-24   私有大模型的消息

11.6   小结

在本章中，我们通过部署私有大模型，缓解了使用商业大模型带来的数据安全方面的风险。不过，凡事有利有弊。私有大模型的好处是完全的数据安全和可控，缺点则是受制于个人计算机的性能及能够获取的开源大模型的"智力"（毕竟不是所有的组织或个人都会将自己辛苦研发的大模型免费共享），因此我们能部署的私有模型通常并不会很聪明，训练规模在 34B 以下的大模型基本不可用。

所以这就是一个取舍的问题，最终看具体每件事、每个场景对数据安全的要求，酌情选择。

## 第 12 章

准确性：通过 RAG 增强可靠性

大模型的准确性是一个现实问题，是一个不可回避的问题。

律师职业对文字的要求是非常严格的，不够审慎地使用 ChatGPT 会造成严重的后果。比如，2023 年 6 月 24 日，Arstechnica 官网就报道过美国两名律师因为使用 ChatGPT 编造六个子虚乌有的文件作为法庭文件而被处罚的事情，这就是一个典型的例子。

本章将通过 RAG 结合知识图谱来改善 ChatGPT 输出信息的质量。

12.1　RAG 与知识图谱

在开始实战之前，我们需要先了解一些前置知识。

12.1.1　什么是 RAG

RAG 是一种结合了信息检索（Retrieval）和文本生成（Generation）技术的自然语言处理模型。这种方法主要用于增强语言模型的知识回答能力，通过检索相关信息来辅助生成过程，使得生成的文本更准确，信息更丰富。

在 RAG 框架中，当需要生成文本时（比如回答一个问题），模型首先执行一个检索步骤，从一个大型的文档数据库（如维基百科或其他专业知识库）中找到与输入相关的文档或段落。然后，这些检索到的文档会被用作生成步骤的上下文，帮助语言生成模型（如 Transformer 基础的模型）更好地理解问题并生成相关的答案。

RAG 结合了检索系统的信息丰富性和生成模型的灵活性，能够提供更详细、准确的回答，特别是在需要外部知识支持的情况下。这种方法在问答系统、文本摘要和其他需要综合大量信息的 NLP 任务中特别有用。

12.1.2　怎样实现 RAG

实现 RAG 涉及几个关键步骤：构建或选择适合的文档数据库，设置检索机制，集成生成模型，并将它们整合在一起。以下是一个简化的例子，说明如何实现一个基本的 RAG 系统来回答问题。

1. 准备文档数据库

我们需要一个文档数据库，它可以是维基百科、专业书籍、论文集或任何其他大型的、信息丰富的文档集合。这些文档应该被索引以便于快速检索，我们可以使用 Elasticsearch、Solr 或任何其他文本搜索引擎来实现这一点。例如，将一系列关于法学的文章索引在 Elasticsearch 中，每篇文章包括"标题"和"内容"两个字段。

2. 设置检索机制

一旦文档被索引，就需要一个机制来根据用户的问题检索相关的文档。这通常涉及处理自然语言查询，并将其转换为搜索引擎可以理解的查询。例如，我们可以使用 BM25 算法，这是一种基于词频的排名函数，用于评估文档与查询语句的相关性。

在 Python 中，可以使用 Elasticsearch 客户端来执行这一步骤如代码清单 12-1 所示。

代码清单 12-1　检索信息

```python
from elasticsearch import Elasticsearch

# 连接 Elasticsearch 实例
es = Elasticsearch()

# 根据用户的问题构建查询
query = "法律是怎么形成的?"
response = es.search(index="cosmology", body={"query": {"match":
    {"content": query}}})

# 获取最相关的文档
documents = [hit["_source"] for hit in response['hits']['hits']]
```

上述代码使用 Python Elasticsearch 客户端与 Elasticsearch 实例进行交互。Elasticsearch 是一个高度可扩展的开源全文搜索和分析引擎，允许我们快速、实时地存储、搜索和分析大量数据。下面是这段代码的逐行解释。

"from elasticsearch import Elasticsearch" 这行代码从 elasticsearch 包导入 Elasticsearch 类。这个包是 Elasticsearch 的官方 Python 客户端，提供了与 Elasticsearch 集群交互的接口。

"es = Elasticsearch()" 这行代码创建了一个 Elasticsearch 类的实例，命名为 "es"。默认情况下会尝试连接到本地机器上的 Elasticsearch 实例（即 localhost，端口 9200）。如果你的 Elasticsearch 部署在不同的地址或端口，则需要在括号中提供这些参数，如 Elasticsearch(['http://otherhost:9200'])。

"query = "法律是怎么形成的?"" 这行代码定义一个查询字符串，这里是一个关于法律起源的问题。这个查询将用于搜索与之相关的文档。

"response = es.search(index="cosmology", body={"query": {"match": {"content": query}}})" 这行代码用于执行一个搜索操作，包含以下部分。

- index="cosmology"：指定要检索文档的 Elasticsearch 索引。在这个例子中，索引名为 cosmology。
- body=...：定义了搜索操作的请求体。这个请求体使用了 match 查询，这是 Elasticsearch 中的一种全文搜索查询。{"query": {"match": {"content": query}}} 的意思是在 content 字段中搜索与 query 变量（即用户的问题）匹配的文档。

"documents = [hit["_source"] for hit in response['hits']['hits']]"这行代码从搜索响应中提取文档。response['hits']['hits'] 包含了匹配查询的文档列表，每个文档的实际内容存储在 _source 字段中，这行代码遍历所有匹配的文档，将它们的 _source 字段收集到 documents 列表中。

总之，这段代码通过 Elasticsearch 搜索与用户问题相关的文档，并提取它们以供进一步处理或显示。这可以用于构建一个简单的问答系统或知识检索应用，其中用户的问题是用来在特定领域（如法学）的文档集中查找相关信息。

3. 集成生成模型

接下来，我们需要一个文本生成模型，如 GPT-3.5 或一个基于 Transformer 的自定义模型，它将利用检索得到的文档生成回答，从而改善答案。这个模型需要根据问题和检索到的文档上下文生成答案。例如，我们可以结合检索得到的文档和问题作为输入，使用 OpenAI GPT-3.5 来生成答案，如代码清单 12-2 所示。

代码清单 12-2　使用外置知识改善 ChatGPT 的回答

```
import openai

openai.api_key = 'your-api-key'

# 结合问题和检索到的文档
context = "\n\n".join([doc['content'] for doc in documents])
prompt = f"问题: {query}\n 上下文: {context}\n 答案: "

# 使用 GPT-3.5 生成回答
response = openai.Completion.create(
  engine="davinci",
  prompt=prompt,
  max_tokens=100
)

print(response.choices[0].text.strip())
```

上述代码展示了如何使用 OpenAI API（GPT-3.5 模型）来生成一个针对特定问题的回答，这个过程结合了之前从文档中检索到的信息。以下是该代码的详细解释。

"import openai"这行代码导入了 openai 模块，这是与 OpenAI API 进行交互所需的 Python 客户端库。

"openai.api_key = 'your-api-key'"这行代码设置了 OpenAI API 密钥。需要将 'your-api-key' 替换为我们实际的 API 密钥，以便对 OpenAI 进行身份验证和执行 API 调用。

"context = "\n\n".join([doc['content'] for doc in documents])"这行代码创建了一个字符串，名为"context"，它包含所有检索到的文档内容。它将文档内容列表（documents 中的每个 doc['content']）转换为一个长字符串，文档之间用两个换行符分隔。这样做是为了清晰地分隔不同文档的内容，并为 GPT-3.5 模型提供一个结构化的上下文。

"prompt = f "问题：{query}\n 上下文：{context}\n 答案："""这行代码构建了传递给 GPT-3.5 的完整提示文本。它以"问题："开始，后跟用户的查询语句（query），然后是"上下文："和之前创建的 context 字符串。最后，它添加"答案："，指示 GPT-3.5 在此处生成文本。

"response = openai.Completion.create(...)"这行代码调用 OpenAI API，请求一个文本完成（即生成文本）。它指定使用的模型（engine="davinci"），传递构建的提示文本（prompt=prompt），并限制生成文本的最大长度（max_tokens=100）。

"print(response.choices[0].text.strip())"这行代码输出从 GPT-3.5 模型接收的回答。response.choices 包含模型生成的一个或多个回答选项；这里我们只关注第一个选项（.choices[0]）。.text 属性包含实际的回答文本，.strip() 方法用于删除文本前后的空白字符。

综上所述，这段代码演示了如何将用户的问题和一组相关文档作为上下文输入 GPT-3.5 模型中，以生成一个信息丰富且相关的回答。

4. 整合系统

将这些组件整合成一个完整的系统。当用户输入一个问题时，系统首先使用检索机制查找最相关的文档，然后将这些文档和问题一起送入生成模型来产生答案。

这只是一个简化的概述，实际实现会更复杂，可能涉及优化检索算法、定制生成模型、处理大数据集等方面。不过，只了解这些，应该可以作为构建一个基本的 RAG 系统的起点了。

12.1.3　什么是知识图谱

知识图谱是一种结构化的语义知识库，由早期的语义网络发展而来，用于存储实体（如案件、法律、律所等）之间的关系和属性。它由节点（代表法律实体或概念）和边（代表实体间的法律关系）构成，形成一个图结构。这种结构使得知识图谱能够有效地组织和整合大量法律信息，并支持复杂的查询和案例分析。

知识图谱在法律领域的应用包括但不限于案例研究、法律推荐、法律问答系统和法律文档的自动化理解等。通过知识图谱，法律专业人员可以更好地理解案件的具体情况，提供更准确的法律建议和解决方案。例如，可以构建一个专门的法律知识图谱，用于增强律师对于不同案件类型、相关法规和先例判决的理解能力。

一个法律领域的知识图谱通常包括以下要素。

- 实体（Entities）：图谱中的节点，代表法律领域内的对象、概念或事件，如"合同法""北京市"或"某律所"。
- 关系（Relations）：连接实体的边，表示实体之间的各种法律关系，如"适用于""位于"或"代理"。
- 属性（Attributes）：附加到实体上的信息，描述了实体的特定法律特性，如生效日期、适用范围或法律条文。

让我们以一个简单的例子来说明。假设有一个关于法律案件的知识图谱，在这个图谱中，可以有以下实体和它们之间的关系。

（1）实体

- "商标侵权案件"：一个常见的法律案件类型。
- "北京知识产权法院"：一所位于中国的专门法院。
- "中华人民共和国商标法"：一部重要的法律法规。
- "北京市"：一个地理位置。

（2）关系

- "商标侵权案件" — [适用于] → "中华人民共和国商标法"：表示商标侵权案件需要依据商标法进行审理。
- "商标侵权案件" — [审理于] → "北京知识产权法院"：表示该案件由北京知识产权法院审理。
- "北京知识产权法院" — [位于] → "北京市"：表示法院位于北京市。

（3）属性

- "商标侵权案件"：案件编号，提交日期。
- "中华人民共和国商标法"：实施日期（1983年3月1日），修订历史。

- "北京知识产权法院"：成立年份，地址。
- "北京市"：人口，面积。

通过这种方式，知识图谱不仅帮助律师快速理解案件和法律关系，而且还能支持复杂的查询，比如"找出所有由北京知识产权法院审理的商标侵权案件"，或"列出所有与中华人民共和国商标法相关的案件类型"。对于法律专业人员来说，这是提高工作效率和决策质量的重要工具。

12.1.4 使用多维表格模拟知识图谱

理论上知识图谱需要用图数据库构建，不过在了解了知识图谱是什么以及更重要的使用知识图谱的目的之后，我们就可以用手头可找到的任何工具来构建知识图谱了，比如，可以用 Notion 这类的多维表格工具来构建知识图谱。

接下来对律师管理系统的裁判文书表、法律法规表、概念表做一点小改动，使裁判文书表增加了一个案件类型，并与概念表关联，再额外增加两个表，使其变成一个简单的知识图谱，如图 12-1 所示。

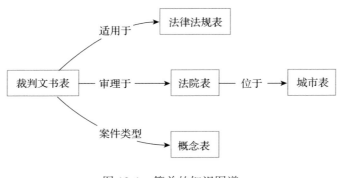

图 12-1 简单的知识图谱

1. 法院表

法院表如图 12-2 所示，为了实现对"商标侵权案件"—[审理于] →"北京知识产权法院"和"北京知识产权法院"—[位于] →"北京市"这两个关系的捕捉，我们新增了法院表，并与裁判文书表与城市表打通关系。

2. 城市表

我们构建了一个新的城市表，并且与法院表关联起来，如图 12-3 所示。

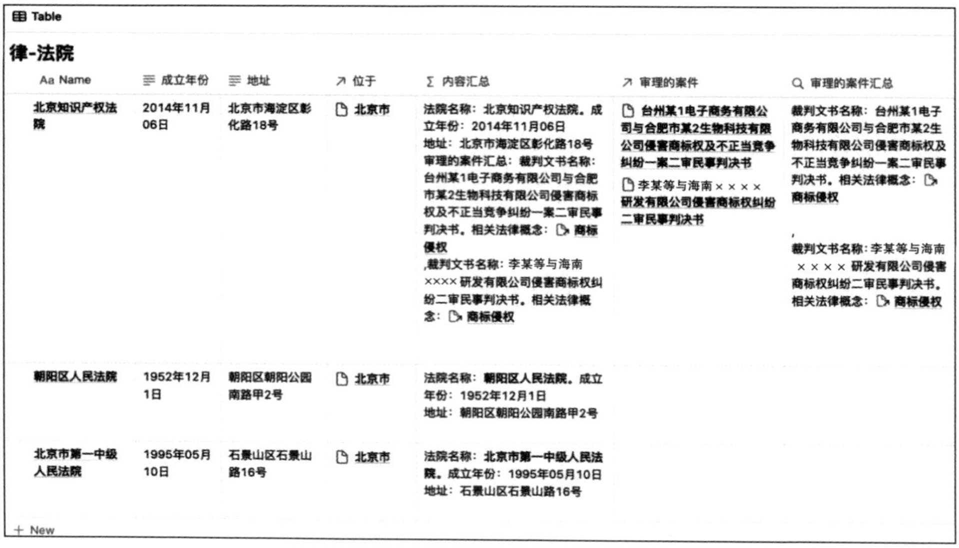

Table

律-法院

Aa Name	成立年份	地址	位于	内容汇总	审理的案件	审理的案件汇总
北京知识产权法院	2014年11月06日	北京市海淀区彰化路18号	北京市	法院名称：北京知识产权法院。成立年份：2014年11月06日 地址：北京市海淀区彰化路18号 审理的案件汇总：裁判文书名称：台州某1电子商务有限公司与合肥市某2生物科技有限公司侵害商标权及不正当竞争纠纷一案二审民事判决书。相关法律概念：商标侵权 ,裁判文书名称：李某等与海南××××研发有限公司侵害商标权纠纷二审民事判决书。相关法律概念：商标侵权	台州某1电子商务有限公司与合肥市某2生物科技有限公司侵害商标权及不正当竞争纠纷一案二审民事判决书 李某等与海南××××研发有限公司侵害商标权纠纷二审民事判决书	裁判文书名称：台州某1电子商务有限公司与合肥市某2生物科技有限公司侵害商标权及不正当竞争纠纷一案二审民事判决书。相关法律概念：商标侵权 , 裁判文书名称：李某等与海南××××研发有限公司侵害商标权纠纷二审民事判决书。相关法律概念：商标侵权
朝阳区人民法院	1952年12月1日	朝阳区朝阳公园南路甲2号	北京市	法院名称：朝阳区人民法院。成立年份：1952年12月1日 地址：朝阳区朝阳公园南路甲2号		
北京市第一中级人民法院	1995年05月10日	石景山区石景山路16号	北京市	法院名称：北京市第一中级人民法院。成立年份：1995年05月10日 地址：石景山区石景山路16号		

+ New

图 12-2　法院表

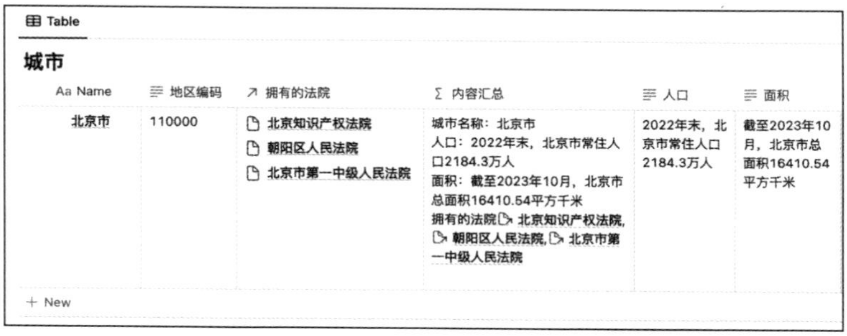

Table

城市

Aa Name	地区编码	拥有的法院	内容汇总	人口	面积
北京市	110000	北京知识产权法院 朝阳区人民法院 北京市第一中级人民法院	城市名称：北京市 人口：2022年末，北京市常住人口2184.3万人 面积：截至2023年10月，北京市总面积16410.54平方千米 拥有的法院 北京知识产权法院, 朝阳区人民法院, 北京市第一中级人民法院	2022年末，北京市常住人口2184.3万人	截至2023年10月，北京市总面积16410.54平方千米

+ New

图 12-3　城市表

12.2　RAG+ 知识图谱，改善 ChatGPT 回答质量

了解前置知识之后，我们就可以开始动手实战了。首先体验一下实战效果，然后探讨构建的过程。

1. 实战

我们首先启动快捷指令“ChatGPT 使用 Notion 作为知识库 V2”，而它会要

求我们输入问题。如图 12-4 所示，我们输入"找出所有由北京知识产权法院审理的商标侵权案件"。

接着，快捷指令就弹出一个消息框，如图 12-5 所示，说明它成功识别了我们的查询意图，匹配到了第一个表，需要在这个表里搜索"北京知识产权法院"的关键字。需要注意的是，在本例中有两个选项，一个是"法院表"（tn001），另一个是"城市表"（tn002），这里 ChatGPT 需要根据我们的问题去识别我们的意图，从而匹配正确的搜索问题的表。

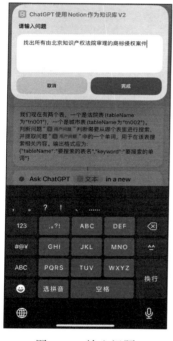

图 12-4　输入问题

图 12-5　意图识别

然后，快捷指令弹出来搜索的知识内容，如图 12-6 所示。请仔细看，这正是图 12-2 法院表的"内容汇总"一列里的内容。这说明 ChatGPT 正确地获取了它所需要的内容。

在获取所需要的内容后，ChatGPT 会结合这些内容以及它本身的知识储备，提供一些建议，如图 12-7 所示。它首先告诉我们，它在我们自己的知识库里找到了两起与商标侵权相关的案件。同时，它建议我们自己去裁判文书网上进行搜索。最后，它整理了相关资料和建议，综合性地回答了问题。

图 12-6 知识搜索结果

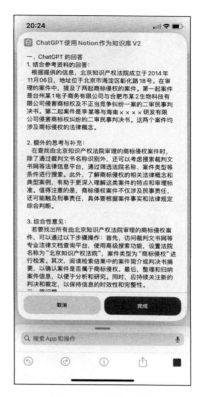

图 12-7 最终回答

2. 快捷指令解密

上述实战效果看起来非常棒，该快捷指令如何实现的呢？让我们一步步拆解。

快捷指令的第一部分如图 12-8 所示。首先获取输入的问题，并且将问题临时保存为"用户问题"这个变量；然后在下面的文本中构建提示词，将输入的问题嵌入提示词中，该提示词会要求 ChatGPT 必须以特定的结构输出。

第二部分的内容如图 12-9 所示，提示词构建完成后，就可以调用 ChatGPT 了。这里我们选用的是 GPT-3.5，原因是这里的问题比较简单，GPT-3.5 的速度会更快，同时效果不会受到影响。这里在实际执行中产生的对话如例 12-1 所示，最终结果如图 12-5 所示。同时，为了保险，进行了必要的匹配设置，即"\{.*?\}"，表示从一大段文字中匹配"{"与"}"中间的一段内容（包含"{"和"}"）。这个设置的目的是在 GPT-3.5 输出过多内容的时候，只从中提取我们想要的内容。提取到内容后，我们就可以把这段内容转换为字典，并从字典中提取出搜索的关键字（keyword），并设定"查询关键字"这个变量。

图 12-8　第一部分

图 12-9　第二部分

例 12-1　第二部分中与 ChatGPT3.5 的对话

提问：

我们现在有两个表，一个是法院表 (tableName 为 "tn001")，一个是城市表 (tableName 为 "tn002")。判断问题"找出所有由北京知识产权法院审理的商标侵权案件"判断需要从哪个表里进行搜索，并提取问题"找出所有由北京知识产权法院审理的商标侵权案件"中的一个单词，用于在该表搜索相关内容。输出格式应为：

{"tableName": " 要搜索的表名 ","keyword": " 要搜索的单词 "}

ChatGPT：

{"tableName": "tn001", "keyword": " 北京知识产权法院 "}

第三部分的内容如图 12-10 所示。需要获取查询哪个表，然后将其设定为 tableName 这个变量。接下来还需要定义一个词典，里面存着两个 Database 的

ID：table001-id 指的是法院表，table002-id 指的是城市表。其中的值是这两个表的 databaseid（获取这两个值的方法请见附录 A）。然后，需要把 Notion API 的密钥填入，因为调用 Notion 的 API 需要用到这个密钥（在附录 A 中提供了获取 Notion API 的密钥的方法）。这个 Key 被设定到变量 notionKey 中。

前置配置完成之后，在第四部分进行判断（在判断之前，先将 tableName 转为文本）。如图 12-11 所示，如果 tableName 为 tn001，那么将变量 databaseid 设定为 table001-id 的值；如果 tableName 为 tn002，那么将变量设定为 table002-id 的值。

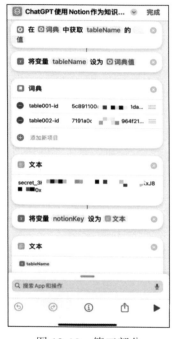

图 12-10   第三部分

图 12-11   第四部分

第五部分就是一个简单的兜底项（即在其他指令项未命中时提供的备用指令），如图 12-12 所示，如果无法匹配，就结束本次快捷指令。

现在可以从知识图谱中获取信息了。在本例中，我们使用 Notion 作为后端的知识图谱，通过 Notion API 来调用 Notion。

如图 12-13 所示，在第六部分，我们调用了 Notion 的 API 来获取信息，请求的详细配置如图 12-14 所示，再从获取的结果中进行一系列字段抽取操作。抽取动作一直持续到第七部分，如图 12-15 所示。

图 12-12　第五部分

图 12-13　第六部分

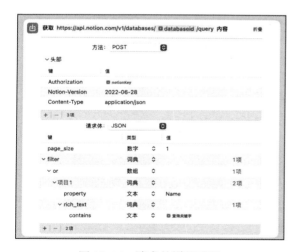

图 12-14　请求的详细配置

图 12-15　第七部分

第八部分完成了抽取操作，开始进入正题，如图 12-16 所示。结合从自己的知识图谱中获取的知识，构建一个新的问题，让 ChatGPT 进行综合性的回答。为了提高回答的质量，我选择了 GPT-4 模型。

如图 12-17 所示，第九部分将获取的回答（见例 12-2）和之前的信息进行汇总展示，效果如图 12-7 所示。

图 12-16　第八部分

图 12-17　第九部分

例 12-2　第九部分中与 ChatGPT-4 的对话

提问：

请结合下面提供的参考资料，综合性地回答问题"找出所有由北京知识产权法院审理的商标侵权案件"。回答的格式如下：

1. 结合参考资料的回答

2. 额外的思考与补充

3. 综合性意见

参考资料如下：

法院名称：北京知识产权法院。成立年份：2014 年 11 月 06 日

地址：北京市海淀区彰化路 18 号

审理的案件汇总：裁判文书名称：台州某 1 电子商务有限公司与合肥市某 2 生物科技有限公司侵害商标权及不正当竞争纠纷一案二审民事判决书。

相关法律概念：@商标侵权

裁判文书名称：李贵印等与海南纯绿农业研发有限公司侵害商标权纠纷二审民事判决书。相关法律概念：

ChatGPT：

1. 结合参考资料的回答：

根据提供的信息，北京知识产权法院成立于 2014 年 11 月 06 日，地址位于北京市海淀区彰化路 18 号。在审理的案件中，提及了两起商标侵权的案件。第一起案件是台州某 1 电子商务有限公司与合肥市某 2 生物科技有限公司侵害商标权及不正当竞争纠纷一案的二审民事判决书。第二起案件是李贵印等与海南纯绿农业研发有限公司侵害商标权纠纷的二审民事判决书。这两个案件均涉及商标侵权的法律概念。

2. 额外的思考与补充：

在查找由北京知识产权法院审理的商标侵权案件时，除了通过裁判文书名称识别外，还可以考虑搜索裁判文书网等法律信息平台，通过筛选法院名称、案件类型等条件进行搜索。此外，了解商标侵权的相关法律概念和典型案例，有助于更深入理解这类案件的特点和审理标准。值得注意的是，商标侵权案件不仅涉及民事责任，还可能触及刑事责任，具体要根据案件事实和法律规定综合判断。

3. 综合性意见：

若要找出所有由北京知识产权法院审理的商标侵权案件，可以通过以下步骤操作：首先，访问裁判文书网等专业法律文档查询平台，使用高级搜索功能，设置法院名称为"北京知识产权法院"，案件类型为"商标侵权"进行检索。其次，阅读检索结果中的案件简介或判决书摘要，以确认案件是否属于商标侵权。最后，整理和归纳案件信息，以便于分析和研究。同时，应持续关注新的判决和裁定，以保持信息的时效性和完整性。

12.3　小结

关于 Notion 多维表格的全局设置请见附录 A 与附录 B，其中提供了构建方法与配置参数。

在本章，我们构建了一个快捷指令，通过这个快捷指令与 ChatGPT 进行沟通，它的回答将更加准确。该指令是基于 RAG 设计的，在后端使用 Notion 作为知识图谱。

至此，也许有些读者觉得意犹未尽，实际上本书所构建的律师管理系统中 21 张表及其相互关联关系就是一个超级知识图谱。有兴趣的读者可以参考本章的配置方法，构建属于自己的更加庞大的知识图谱。

第 13 章

再出发，率先
拥抱新时代

在本章，我们讨论一些较为严肃的话题：机器智能最终会发展成什么样呢？人类的未来是怎样的呢？以及，最后落在律师的工作上，这些对律师行业有什么影响呢？

13.1　机器智能的未来

要谈论机器智能的未来，首先要讨论机器智能的物理边界（或者说物理学上的极限）。当机器智能发展到逼近其物理学意义上的边界时，即是机器智能的未来。

我们基于两个核心假设探讨机器智能的边界：首先，机器智能的边界遵循物理法则；其次，正如我们在 2.3.1 节中讨论的技术本质，所有已知的人类知识和技术都是组合进化的结果，因此我们假设机器智能同样处于这一进化框架之内。

基于这些假设，我们认为机器智能的边界并非无界限，而是限定在技术组合可能性的范围内。尽管在逻辑上这个边界似乎无限，但物理上它是有限的，主要受限于能源消耗。

而当机器智能逼近这一边界时，它将在可知领域内接近于全知的状态，随后可能会停止发展。如果机器智能超越这一边界继续发展，这将是一个颠覆性事件，也是对人类的多维度挑战。这一局面将迫使我们重新审视和定义人类与机器之间的关系，包括重新定义智能、重新思考人类身份等。

13.2　人类智能的未来

13.2.1　人类智能的边界

首先我们看看人类智力的边界在哪里。

有很多人觉得 ChatGPT 聪明，其实是因为它懂得很多，但是当它涉及人类自己熟悉且专业的领域的时候，感觉其表现还是差那么一点。这意味着人类并不笨，只是知识的广度不如 AI，也就是记忆力不如 AI。所谓的记忆力不行，归根究底是对知识的提取速度太慢。

假如我们将人脑的思考过程与计算机的 CPU 计算过程进行类比，那么可以分为两个阶段，一个是外部信息的进入，另一个是内部的思考／计算过程，如图 13-1 所示。这两个阶段的速度相差巨大。假如计算的速度是 1，信息的进入速度就可能是 1/100 万。

由此我们可知，人类智力的边界就是人与人的信息传输速度，信息传输到人脑的速度逐渐逼近人脑本身的计算速度。

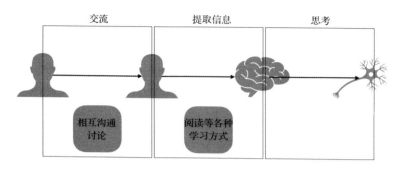

图 13-1　外部信息的进入与内部的思考计算过程

13.2.2　集体智慧的融合

知道了人类智力的边界，我们就可以想象当人类智力逐渐逼近边界时的情况，即人类智能的未来。如图 13-2 所示，当人类的智力逐渐逼近边界时，人与人之间将形成一种智慧的融合，成为一种集体生物。人类个体将形成一种外脑存储信息，通过脑机接口快速将信息加载到大脑中。

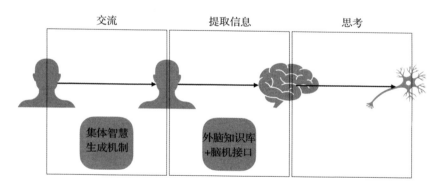

图 13-2　集体智慧体与脑机接口

在本书的第 9 章，就构建了这样一种集体智慧形成机制的雏形。在本书的第 10 章，就构建了这种外脑的雏形。

13.3　法律的未来

有一种假设是说文明发展过程中存在一个"大过滤器"，任何文明发展到最后都会因为各种原因自我毁灭或被外部毁灭。而人工智能的威胁，就是其中一种危险源。

　　因此，在未来人工智能"横行"的世界中，法律是否仍然保持效力，谁也说不好。而我们要做的，就是约束人工智能的应用，使其向更有利于人类发展的方向发展。

13.4　律师的未来：超级律师个体

　　让我们回到律师本身，律师的未来会如何？

　　科技的发展带来的永恒的变化，会放大人与人之间的差距，如图 13-3 所示。即使两个人基础分只差 1 分，在科技的放大之下（使双方分数呈指数级增长），双方的差距变为 1%、2.1%、4.1%、8.5%、17.6%……逐渐越拉越大。对律师来说，这就意味着增长飞轮中律师的个人时间限制的调节回路可能会打破，从而出现"超级律师个体"。

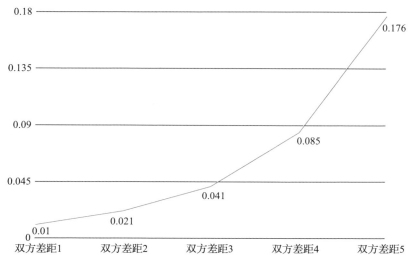

	基础分	双方差距1	2次方	双方差距2	4次方	双方差距3	8次方	双方差距4	16次方	双方差距5
张三	98		9604		92236816		8.50763e^{15}		7.23798e^{31}	
李四	99	0.0102	9801	0.0205	96059601	0.0414	9.22745e^{15}	0.084 6	8.51458e^{31}	0.1764

图 13-3　科技会放大人与人之间的差距

希望本书能作为一个因子，帮助每位青年律师在新的 AI 时代快人一步，迈出成为超级个体的第一步。

以下是我们设计的青年律师迈向超级律师个体的四个阶段。

13.4.1   信息化

第一个阶段是信息化，从纸质办公，靠脑子硬记，到数字化办公，把记忆负担转移到外脑中。

本书提供了一个律师管理系统，可以一键复制，作为律师迈向信息化的第一步。特别是第 10 章的知识管理，所有的知识都最终打通为一个关键字，这样在工作中遇到一个问题，可以在脑中快速抽取为一个关键字，然后到自己的信息化系统中去检索。

建立信息化后，会有以下几个好处。

- 把记忆的负担从大脑中剥离，让大脑专注于思考。
- 将知识数字化存储，相互建立起连接，形成知识的复利。
- 快速检索，遇到问题的时候，可以快速检索到相关的信息，省去知识的 IO 速度。
- 加强协作能力，将信息化平台作为中介，实现多人协作办公。办公的过程留痕在平台上，方便后人学习。也可以避免人员流失造成的团队知识流失。
- 为未来做准备：为 AI 提供语料，打造属于自己的 AI。因为 AI 所用的信息都是自己亲自录入的，所以信息足够可靠。

13.4.2   流程化

第二个阶段是流程化，从精神紧张、聚精会神地把问题的各个部分在脑中过一遍，到无意识间根据流程和核对清单把风险点一个一个打钩。

本书的第 9 章构建了一种特殊的复盘结构，避免了平时的流水账式复盘，真正地帮助律师从日常工作中总结方法与流程，形成属于自己的一套独特的办案流程。

建立信息化后，会有以下几个好处。

- 将烦琐的思考剥离开，分散开，控制单次思考的边界，保存上次思考的结果，让大脑可以一步一步地渐进式思考，愚公移山式地完成庞大课题的思考过程，以及专注于创造性思考。
- 用制度防范疏忽，减少因担忧而产生的焦虑。

- 为未来做准备：流程的每个节点需要界定明确的输入信息与产出信息，将思考链上的环节一点点用 AI 替换掉。

13.4.3　间接工作

第三阶段是间接工作。为了区分现有的工作形式，我们不妨将现有的工作称为直接工作，意为人类直接参与工作，而将人类不直接参与工作、通过指挥 AI 来完成的工作称为间接工作。

这个阶段，需要有意识地把第二阶段总结的工作流程的每个节点，通过间接工作的方式，将自己的工作总结为提示词，慢慢尝试用 AI 代替。具体的方式上，可以设计一些微提示词。所谓的微提示词，就是指这个提示词有输入内容和输出内容，要做的工作就是将输入转换为输出内容。设计完成后，就可以取代工作流程中的人工节点。

在 ChatGPT 下，可以将每个微提示词构造为一个一个 GPTs，通过 @ 的形式，形成一个流程。

举个简单的例子。假如我们在第二阶段设计了一个流程，该流程只有两步：第一步是分析案件，输入案件情况，输出法律意见；第二步是起草起诉状，输入法律意见，输出起诉状模板。在第二阶段，这两步都是以律师人工处理的形式实现的。在第三阶段，这两步是这样实现的。

律师 @GPTs 分析案件助手：这是案件情况……

GPTs 分析案件助手：生成的法律意见是……

律师 @GPTs 起草起诉状助手：到你了

GPTs 起草起诉状助手：生成的起诉状模板为……

当然这是一个简单的例子，实际上我们要建立的完整的律师工作流程至少得有 4 个大的环节、40～50 个小步骤。

建立间接工作后，会有以下几个好处。

- 将人脑从反复、机械化的思考剥离出来，专注于创造性的思考，专注于探究未知的事务，专注于探究更本质的思维。
- 将自己最好的智力状态以提示词的形式保存下来，避免因睡眠不好、情绪不好、年龄变大、精力下降、有利益关联、有成见、有刻板印象等原因，造成的决策质量波动。
- 可以用外部的智力（以提示词的形式），对自己流程的特定环节进行加强和优化，使自己可以做出超过智力上限的事情。
- 为未来做准备：为未来的 AI 自动化做准备。

13.4.4   AI 自动化

第四个阶段是自动化。这个阶段，要让律师管理系统和流程从 5×8 小时，到 7×24 小时运转，到自动化运转。比如，10.2.2 节提供了一个例子，即使我们在睡觉的时候，系统也会默默为我们工作。

建立 AI 自动化后，会有以下几个好处。

- 突破人体精力上限，即使睡觉的时候，系统也在自动思考和运转。
- 工作与生活的平衡。即使去休假，也并不影响系统的自动运转。
- 人脑可以进一步解放出来，去思考一些更加本质与创造性的工作。

13.5   小结

本章从宏观到具体，讲了机器的未来、人类的未来、法律的问题、律师的未来，并提供了从青年律师走向超级律师个体的四阶段路线图。

附　　录

Notion 的使用与
数据的备份
及导出

本书在构建系统的时候，存储数据使用的是 Notion 中的多维表格（Database）。多维表格类似于 Excel，但是添加了多人编辑与表之间的关联关系，可以算作一个低配版的数据库，进而可以在上面可以实现一些简单的软件功能模拟，所以我们借助多维表格，使用 21 张相互关联的表构建了一个简化版的"律师管理系统"，作为与 AI 协作的地基。相比原来的软件架构来说，AI 就相当于原来的前端界面，而多维表格就相当于原来的后台管理界面和部分前端界面，AI+ 多维表格的方式是一种 AI 原生应用的构建方案。

多维表格目前非常流行，被视为无代码平台的一种实现方向之一，有非常多的 App 都支持多维表格，比如 Airtable 是较早支持多维表格的，后来 Notion 在第二次重构的时候就从 Airtable 中借鉴了这一思路。随着 Notion 的流行，其他 App 也开始慢慢支持多维表格了，比如飞书云文档的多维表格、企业微信中的智能表格。有一些多维表格支持将数据存储在用户手里保证数据的安全性，比如 Collections Database 等。同时，有一些开源的多维表格项目提供了全部的源代码，方便用户部署在自己的计算机中来实现绝对的掌控，比如 NocoDB、APITable 等。虽然有耐心的人借助 Excel 的数组公式 +TEXTJOIN 等函数在 Excel 上也可以实现的效果，不过这样做就太费时费力了。

在本书中使用 Notion 作为例子，但这并不代表只能使用 Notion，部分多维表格产品的优缺点如表 A-1 所示，大家按需采用，选择最适合自己的即可。数据也可以通过 CSV 的格式（Excel 支持的一种格式）定时备份，在不同的多维表格中导入导出进行迁移，不用担心数据丢失。

表 A-1　部分多维表格产品的优缺点

多维表格	简介	优点	缺点
Airtable	较早支持多维表格的	自动化功能比较强大	价格比较高，数据存在云端，需要定期备份
Notion	一个笔记软件，提供多维表格功能	免费，使用体验非常棒，界面很有美感。数据的隐私与安全性比较高。全局搜索很方便	有时候存在网络访问较慢的情况。数据存在云端，需要定期备份。自动化比较弱
飞书的多维表格	飞书内置的多维表格	自动化强一些，且图表功能很棒	—
企业微信的智能表格	企业微信中的智能表格	功能不是很多	—
Collections Database	一个 iOS 端的应用，同时也有 mac 的版本	数据存在用户自己的设备上，通过 iCloud 在手机端和计算机端同步。使用时不依赖网络，网络断开连接的情况下也可以正常使用。有额外的字段类型，比如手绘与条形码	只有 iOS 端和 macOS 端。支持的公式不如 Notion 多。需要付费一次性买断
NocoDB	开源的多维表格	源代码开放，可以自己部署在自己的计算机上，数据与代码都在自己手里。开源版本稳定性较好	需要一定的技术能力。另外折腾多了，就偏离用工具最初的目的了
APITable	类 Airtable 的开源项目	源代码开放，可以自己部署在自己的计算机上，数据与代码都在自己手里。还支持图表与较为复杂的自动化	需要一定的技术能力。开源版本稳定性较差，经常有些漏洞。另外折腾多了，就偏离用工具最初的目的了

A.1　Notion 的注册

Notion 的注册过程非常简单，打开 https://www.notion.so，打开后的页面如图 A-1 所示，之后照着页面上的提示，注册即可。

图 A-1　Notion 的注册页面

A.2　创建 Database

下面以法律法规库和法条库为例，讲一下如何创建库。

1. 创建并初始配置法律法规库

按照图 A-2 创建法律法规库，并按照表 A-2 进行初始配置，初始配置完的效果如图 A-3 所示，务必一模一样。

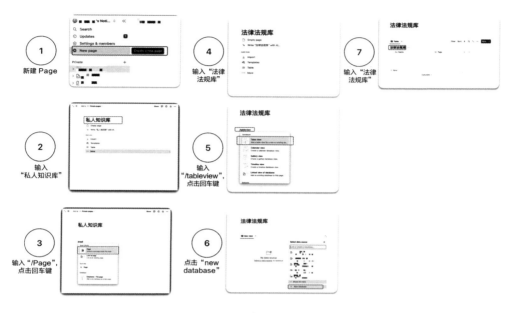

图 A-2　创建法律法规库

表 A-2　法律法规库的初始配置

字段名称	类型	说明
法律法规名称	Title	用于填写法律法规的名称
出处 URL	URL	获得一个 32 位整数，表示 Array 的所有维数中元素的总数
版本	Text	填写是哪个版本的

法律法规库

⊞ Table

法律法规库

Aa 法律法规名称	🔗 出处URL	≡ 版本	+	⋯
《中华人民共和国宪法》	https://www.gov.cn/guoqing/2018-03/22/content_5276318.htm	(2018年修正)		

+ New

图 A-3　初始化配置完成后并添上一些数据后的法律法规库

2. 创建并初始配置法条库

法条库是一个稍微复杂一些的数据库（一个法律法规库可对应多个法条库），我们先看一下初步效果，如图 A-4 所示，然后一步步通过配置达到这个效果。

图 A-4　法条库初步效果

参照图 A-5 的步骤，创建法条库，并按照表 A-3 配置法条库。

表 A-3　法条库的初始配置

字段名称	类型	说明
Name	Title	用于填写法条的内容
子法条	Relation	参照图 A-5

（续）

字段名称	类型	说明
摘录缩减	Text	占位备用，后面会说明具体作用
简要总结	Text	占位备用，后面会说明具体作用
一层子树	Formula	辅助计算：复制代码清单 A-1，粘贴进去。注意需要一模一样
二层子法条	Rollup：Relation（子法条）、Property（一层子树）、Calculate（Show original）	辅助计算
二层子节冻	Formula	辅助计算：复制代码清单 A-2，粘贴进去。注意需要一模一样
三层子法条	Rollup：Relation（子法条）、Property（二层子节冻）、Calculate（Show original）	辅助计算
三层子节冻	Formula	辅助计算：复制代码清单 A-3，粘贴进去。注意需要一模一样
四层子法条	Rollup：Relation（子法条）、Property（三层子节冻）、Calculate（Show original）	最终效果，起到功能是透查三层子法条，在当前页面展示出来，方便阅读

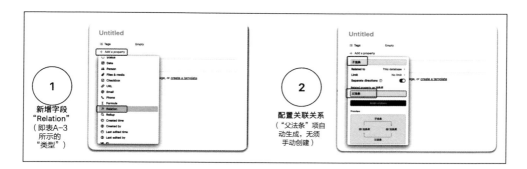

图 A-5　新增子法条

　　因为代码清单 A-1 至代码清单 A-3 的内容基本差不多，所以下面详细讲解代码清单 A-1 具体做了什么，其他部分就不展开讲了。

　　代码清单 A-1 的主要目的是把子法条的名称和当前法条的简要总结、观点缩减、拼接到当前法条名称的下方。下面拆解代码清单 A-1 并进行详细说明。

代码清单 A-1　法条库一层子树字段的脚本配置

```
((((Name + if(empty(简要总结), "", "\n\t\t└" + replaceAll(简要
总结, ",", "\n\t\t└"))) + if(empty(观点缩减), "", "\n\t\t└
" + replaceAll(观点缩减, ",", "\n\t\t└"))) + "") + if(empty
(join(map(子法条, format(current)), ", ")), "", "\n\t\t└"))+
replaceAll(join(map(子法条, format(current)), ",  "), ",", "\n\t\t└")
```

代码清单 A-2　法条库二层子节冻字段的脚本配置

```
(((prop("Name") + if(empty(prop("简要总结")), "", "\n\t\t└" +
replaceAll(prop("简要总结"), ",", "\n\t\t└"))) + if(empty(prop("
观点缩减")), "", "\n\t└" + replaceAll(prop("观点缩减"), ",", "\n\
t└"))) + if(empty(join(map(prop("二层子法条"), format(current)),
",")), "", "\n\t└")) + replaceAll(join(map(prop("二层子法条"),
format(current)), ","), ",", "\n\t└")
```

代码清单 A-3　法条库三层子节冻字段的脚本配置

```
(((((" " + prop("Name")) + if(empty(prop("简要总结")), "","\n\t\t└" +
replaceAll(prop("简要总结"), ",", "\n\t\t└"))) + if(empty(prop("
观点缩减")), "", "\n└" + replaceAll(prop("观点缩减"), ",", "\n\t\
t└"))) + if(empty(join(map(prop("三层子法条"), format(current)),
",")), "", "\n└")) + replaceAll(join(map(prop("三层子法条"),
format(current)), ","), ",", "\n└")
```

```
        ((
        (
(Name +              // 加号表示将其后的字符串拼接到前面的字符串之后
if(                  // if 表示条件判断, 格式为 if("条件","真","假")
empty(简要总结)       // 条件判断: "简要总结"字段为空
, ""                 // 如果上面条件为真, 则不拼接
, "\n\t\t└" + replaceAll(简要总结, ",", "\n\t\t└")
                     // 如果上面条件为假, 则加一个换行和两个缩进符, 拼接"简要总结"
)                    // 结束 if 判断
) +
if(                  // 和上面一样, 这次是拼接"观点缩减"
empty(观点缩减)
, ""
, "\n\t\t└" + replaceAll(观点缩减, ",", "\n\t\t└")  // replaceAll 表示替换,
                                                   // 这里替换号为换行符
)
) + "")
+ if(                // 这里是判断语句。如果为空, 则加个换行符
empty(
join(                // 将多个子法条的名字用逗号拼接成一个字符串
    map(子法条,
        format(current)
```

```
        ), ", "
    )
    )
    , ""
    , "\n\t\t "            // \n 是换行符，表示换一行，\t 表示缩进一次
        ))
        + replaceAll(    // 这里直接拼接子法条
join(
    map(子法条 ,
        format(current)
    ), ", "
)
, ","
, "\n\t\t"
        )
```

A.3 Notion 数据的定期备份

Notion 数据的定期备份，可以通过导出 CSV 的形式来操作。

首先单击 TableView 右上角的 Open as full page 按钮，如图 A-6 所示。

图 A-6 单击 Open as full page 按钮

其次在打开的界面中，右击右上角的"…"，之后在弹出的菜单中单击 Export 命令，如图 A-7 所示。

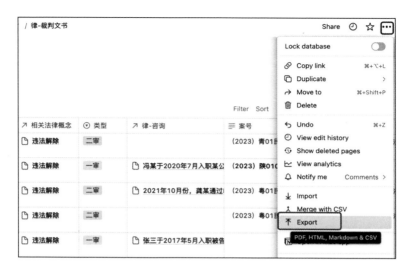

图 A-7　单击 Export 命令

接着会出现一个弹窗，如图 A-8 所示，单击 Export format 对应的下拉框，选择 Markdown & CSV 选项。单击右下角的 Export 按钮，就开始下载了。

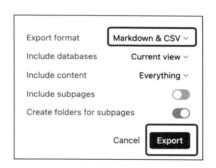

图 A-8　更改下载的文件格式

如图 A-9 所示，下载完成后，我们在本地目录下会发现一个 zip 的压缩包，将其解压后通常会出现两个 CSV 文件，其中 all.csv 就是我们所需要的备份文件。几乎所有的多维表格类产品都支持此格式的文件上传。

∨ c87163ba-f624-4137-b32d-898b30f6d3...d3afce7-43d6-435b-bcc8-15200c6c058a	--
律-裁判文书 246b59cfcf7940428d3a171682c320fd_all.csv	69 KB
律-裁判文书 246b59cfcf7940428d3a171682c320fd.csv	69 KB
c87163ba-f624-4137-b32d-898b30f6d3...fce7-43d6-435b-bcc8-15200c6c058a.zip	49 KB

图 A-9　解压缩

A.4　模板

　　觉得本书配置太麻烦的读者无须沮丧，我们已经把整个系统配置好并作为一个模板提供给大家，通过链接 https://agate-zenobia-063.notion.site/fb9f0fd15a7e421787f81cb000f8b062?pvs=4 即可以直接将其复制到自己的 Notion 中（也可通过邮箱 xiwh123@gmail.com 获取），打开的界面如图 A-10 所示。

☆律师管理系统

第二部分

▸ 第5章　渠道管理子系统

▸ 第6章　法律问题研究子系统

▸ 第7章　案件分析子系统

▸ 第8章　法律文书管理子系统

第三部分

▸ 第9章　复盘子系统

▸ 第10章　知识管理子系统

第四部分

▸ 第12章 RAG

其他

▸ 一些图

图 A-10　模板首页

　　图 A-10 中的每个"▸"符号都表示该项可以展开，展开后的效果如图 A-11 所示，本书所涉及的所有的表都在这里了。

　　如图 A-12 所示，单击页面的右上角的 Duplicate 按钮，就可以一键将这个模板复制到自己的 Notion 中了。

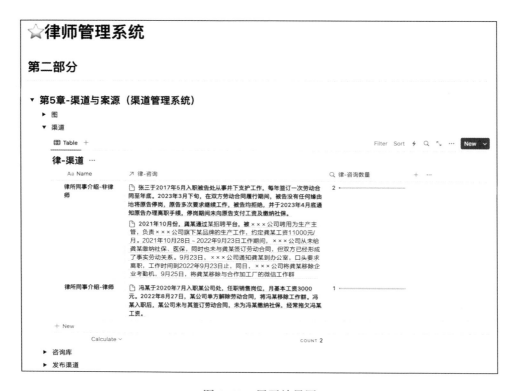

图 A-11　展开效果图

图 A-12　复制到自己的 Notion 中

A.5　开通 Notion API

A.5.1　创建 integration 并获取密钥

这里介绍一下 Notion API 的配置。

首先打开 Notion API 的配置页面 https://www.notion.so/my-integrations，单击左侧的 New integration 按钮，如图 A-13 所示。

图 A-13　单击 New integration 按钮

　　紧接着会跳转到 integration 的配置页面，如图 A-14 所示。这里主要配置一个名称即可，然后单击右下角的 Submit 按钮。

Basic Information

Basic Information

Type

Internal

Internal integrations are installed to a specific workspace. You can make this integration public later

Associated workspace *

🌐 xi weihao's Notion

Select a workspace to install the integration to. Workspace owners will be able to manage the integration as well. You can upgrade the integration to use OAuth later

Name *

gpt use

Name to identify your integration to users

Logo

Upload image

512px x 512px in PNG format is recommended

By submitting, you agree to Notion's Developer Terms.

Submit ›

图 A-14　integration 的配置界面

提交之后，单击左侧的 Secrets 按钮，进入 Secrets 页面，如图 A-15 所示，然后单击右侧的 Show 按钮。

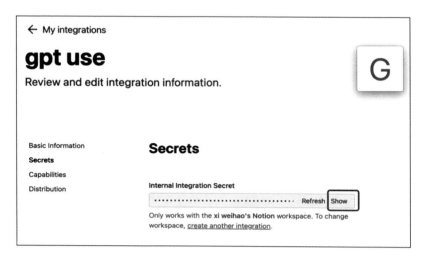

图 A-15 查看 Secrets

如图 A-16 所示，单击右侧的 Copy 按钮。将这个密钥保存下来，这是用于获取 Notion 数据的"钥匙"。

图 A-16 获取密钥

A.5.2　配置权限

出于安全考虑，这个密钥默认是什么数据都没有的，希望这个密钥可以获取哪些 Notion 数据是需要单独配置的。

如果希望刚刚配置的 NotionAPI 的密钥可以访问 "律师管理系统" 下的页面及页面内所有 Database 的权限，可以单击页面右上角的 "…"，选择 Connect to→gpt use 选项，如图 A-17 所示。

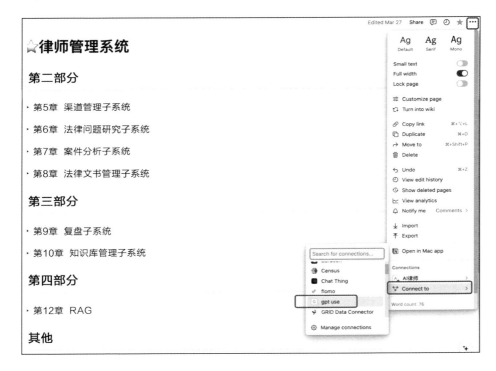

图 A-17　配置访问权限

A.5.3　通过代码调用 NotionAPI

一切配置到位后，通过 API 调用，就可以获取 Notion 中的数据，如代码清单 A-4 所示。

代码清单 A-4　Python 调用 Notion API

```
import requests
```

```
import json
url = 'https://api.notion.com/v1/databases/{your databaseid}/
    query?filter_properties=title&filter_properties=eOfa'
headers = {
    'Authorization': '{your notion Secrets}',
    'Notion-Version': '2022-06-28',
    'Content-Type': 'application/json'
}
response = requests.post(url, headers=headers)
response_json = response.json()
content_str = ""
for item in response_json['results']:
    content_str += '\\n' + item['properties']['Name']['title'][0]
        ['plain_text']+ '渠道有' + str(item['properties']['律 - 咨询数量']
        ['rollup']['number']) + '个咨询'
output = {'result': content_str}
```

下面是对代码的逐行解释。

① "import requests"：导入 Python 的 requests 库，用于发起 HTTP 请求。

② "import json"：导入 Python 的 JSON 库，用于处理 JSON 数据格式。

③ " url='https://api.notion.com/v1/databases/{your databaseid}/query?filter_properties=title&filter_properties=eOfa'"：设置请求的 URL，需要替换 {your databaseid} 为自己的 Notion 数据库 ID。filter_properties 参数用于指定你想要筛选的属性。先不加 filter_properties 参数调用一遍接口，然后从中选择自己想获取的属性的 ID，作为 filter_properties 参数即可。

④ "headers = {...}"：定义请求头，需要替换 {your notion Secrets} 为个人的 Notion 密钥。同时，指定 Notion API 的版本和内容类型。

- " 'Authorization': '{your notion Secrets}'"：授权头，用你的 Notion API 密钥替换 {your notion Secrets}。

- "'Notion-Version': '2022-06-28'"：指定 Notion API 的版本。

- "'Content-Type': 'application/json'"：指定发送的数据类型为 JSON。

⑤ "response = requests.post(url, headers=headers)"：发起一个 POST 请求到上面定义的 URL 中，并附上请求头，获取响应。

⑥ " response_json = response.json()"：将响应的内容转换为 JSON 格式，响应的内容如代码清单 A-5 所示。

⑦初始化一个空字符串 "content_str = """，用于后续拼接每个条目的信息。

⑧ " for item in response_json['results']:"：遍历响应 JSON 中的 results 部分，

每个 item 代表数据库中的一个条目。

⑨ "content_str += '\\n' + item['properties']['Name']['title'][0]['plain_text']+ ' 渠道有 '+ str(item['properties'][' 律 − 咨询数量 ']['rollup']['number']) + ' 个咨询 '"：该代码在循环结构中，表示对于每个条目，从其属性中提取 Name 和律 − 咨询数量的值，并将这些信息格式化后添加到 content_str 字符串中。

注意：这里使用了转义字符"\\n"来表示换行，实际应用中应该使用"\n"。

⑩ "output = {'result': content_str}"：将拼接好的字符串封装在一个字典中，键为 'result'。

代码清单 A-5　Notion API 的返回值

```
{
    "object": "list",
    "results": [
        {
            "object": "page",
            "id": "c3973cc8-ccdf-44db-9378-bfa8ea73b51d",
            "created_time": "2024-01-08T13:01:00.000Z",
            "last_edited_time": "2024-01-08T13:01:00.000Z",
            "created_by": {
                "object": "user",
                "id": "b6fc1de5-7174-457c-bd77-362e4330813a"
            },
            "last_edited_by": {
                "object": "user",
                "id": "b6fc1de5-7174-457c-bd77-362e4330813a"
            },
            "cover": null,
            "icon": null,
            "parent": {
                "type": "database_id",
                "database_id": "45bc3df3-9da1-4cb0-88e9-3464410e5e75"
            },
            "archived": false,
            "properties": {
                "Name": {
                    "id": "title",
                    "type": "title",
                    "title": [
                        {
                            "type": "text",
                            "text": {
                                "content": " 律所同事介绍 − 律师 ",
                                "link": null
```

```
                            },
                            "annotations": {
                                "bold": false,
                                "italic": false,
                                "strikethrough": false,
                                "underline": false,
                                "code": false,
                                "color": "default"
                            },
                            "plain_text": "律所同事介绍-律师",
                            "href": null
                        }
                    ]
                },
                "律-咨询数量": {
                    "id": "eOfa",
                    "type": "rollup",
                    "rollup": {
                        "type": "number",
                        "number": 1,
                        "function": "count"
                    }
                }
            },
            "url": "https://www.notion.so/c3973cc8ccdf44db9378bfa8ea7
                3b51d",
            "public_url": "https://agate-zenobia-063.notion.site/c397
                3cc8ccdf44db9378bfa8ea73b51d"
        },
        {
            "object": "page",
            "id": "37a9e42c-911e-45fa-8cf6-dc5f891050d7",
            "created_time": "2024-01-06T09:30:00.000Z",
            "last_edited_time": "2024-01-08T13:01:00.000Z",
            "created_by": {
                "object": "user",
                "id": "b6fc1de5-7174-457c-bd77-362e4330813a"
            },
            "last_edited_by": {
                "object": "user",
                "id": "b6fc1de5-7174-457c-bd77-362e4330813a"
            },
            "cover": null,
            "icon": null,
            "parent": {
                "type": "database_id",
                "database_id": "45bc3df3-9da1-4cb0-88e9-3464410e5e75"
```

```
            },
            "archived": false,
            "properties": {
                "Name": {
                    "id": "title",
                    "type": "title",
                    "title": [
                        {
                            "type": "text",
                            "text": {
                                "content": " 律所同事介绍 - 非律师 ",
                                "link": null
                            },
                            "annotations": {
                                "bold": false,
                                "italic": false,
                                "strikethrough": false,
                                "underline": false,
                                "code": false,
                                "color": "default"
                            },
                            "plain_text": " 律所同事介绍 - 非律师 ",
                            "href": null
                        }
                    ]
                },
                " 律 - 咨询数量 ": {
                    "id": "eOfa",
                    "type": "rollup",
                    "rollup": {
                        "type": "number",
                        "number": 2,
                        "function": "count"
                    }
                }
            },
            "url": "https://www.notion.so/37a9e42c911e45fa8cf6dc5f891
                050d7",
            "public_url": "https://agate-zenobia-063.notion.site/37a9
                e42c911e45fa8cf6dc5f891050d7"
        }
    ],
    "next_cursor": null,
    "has_more": false,
    "type": "page_or_database",
    "page_or_database": {},
    "developer_survey": "https://notionup.typeform.com/to/bllBsoI4?
        utm_source=postman",
```

```
        "request_id": "59fc4630-036d-4f14-8f7c-4a5adc6a0eee"
    }
```

A.6　Notion 表格配置参数

感兴趣的读者可以深入阅读。若要动手尝试，则务必注意细节，否则一个标点符号甚至空格的疏漏，都可能会导致失败。

A.6.1　第 5 章表格的配置参数

1. 渠道信息表

渠道信息表的配置如表 A-4 所示。

表 A-4　渠道信息表的配置参数

字段名	字段类型	类型配置
Name	Title	
律 – 咨询	Relation	Related to 律 – 咨询 Limit：No Limit Show on 律 – 咨询：True Related property on 律 – 咨询：律 – 渠道
律 – 咨询数量	Rollup	Relation：律 – 咨询 Property：Name Calculate：Count all Show as：Bar

2. 咨询信息表

咨询信息表的配置如表 A-5 所示。

表 A-5　咨询信息表的配置参数

字段名	字段类型	类型配置
Name	Title	
律 – 概念	Relation	Related to 律 – 概念 Limit：No Limit Show on 律 – 概念：True Related property on 律 – 概念：律 – 咨询

（续）

字段名	字段类型	类型配置
律－渠道	Relation	Related to 律－渠道 Limit：No Limit Show on 律－渠道：True Related property on 律－渠道：律－咨询
大概情况	Text	
动机	Text	
解答	Text	

3. 发布渠道信息表

发布渠道信息表的配置如表 A-6 所示。

表 A-6　发布渠道信息表的配置参数

字段名	字段类型	类型配置
Name	Title	
律－我的文案	Relation	Related to 律－我的文案 Limit：No Limit Show on 律－我的文案：True Related property on 律－我的文案：律－发布渠道
律－爆款文案	Relation	Related to 律－爆款文案 Limit：No Limit Show on 律－爆款文案：True Related property on 律－爆款文案：律－发布渠道

4. 概念表 / 关键词信息表

概念表（关键词信息表）的配置如表 A-7 所示，这是一个非常关键的表，后续还会不断地扩充。

表 A-7　概念表（关键词信息表）的配置参数

字段名	字段类型	类型配置	备注
Name	Title		
专注领域	Select	Sort：Manual Options：专注领域一、专注领域二、专注领域三	对应 5.4 节
律－咨询	Relation	Related to 律－咨询 Limit：No Limit Show on 律－咨询：True Related property on 律－咨询：律－概念	

（续）

字段名	字段类型	类型配置	备注
律－我的文案	Relation	Related to 律－我的文案 Limit：No Limit Show on 律－我的文案：True Related property on 律－我的文案：律－概念	
律－爆款文案	Relation	Related to 律－爆款文案 Limit：No Limit Show on 律－爆款文案：True Related property on 律－爆款文案：律－概念	
热度	Rollup	Relation：律－爆款文案 Property：阅读量 Calculate：Max Show as：Bar Color：Green Divide By：10000 Show number：true	以爆款文案的热度作为近似值，对专业领域的公众热度进行量化，以辅助领域选择

5. 我的文案表

我的文案表的配置如表 A-8 所示。

表 A-8　我的文案表的配置参数

字段名	字段类型	类型配置	备注
Name	Title		
面向群体	Select	Sort：Manual Options：大众、同行	对应专业输出的两个面向群体
律－概念	Relation	Related to 律－概念 Limit：No Limit Show on 律－概念：True Related property on 律－概念：律－我的文案	
首日阅读量	Number	Number format：Number Show as：Bar Color：Green Divide by：10000 Show number：true	非常重要的一个数据，知道了首日阅读量，就能预估总阅读量
律－发布渠道	Relation	Related to 律－发布渠道 Limit：No Limit Show on 律－发布渠道：True Related property on 律－发布渠道：律－我的文案	
内容	Text		用于暂存内容，方便复制

6. 爆款文案表

爆款文案表的配置如表 A-9 所示。

表 A-9　爆款文案表的配置参数

字段名	字段类型	类型配置	备注
Name	Title		
面向群体	Select	Sort：Manual Options：大众、同行	对应输出的两个面向群体
阅读量	Number	Number format：Number Show as：Bar Color：Green Divide by：10000 Show number：true	
律－概念	Relation	Related to 律－概念 Limit：No Limit Show on 律－概念：True Related property on 律－概念：律－爆款文案	
律－发布渠道	Relation	Related to 律－发布渠道 Limit：No Limit Show on 律－发布渠道：True Related property on 律－发布渠道：律－我的文案	
出处	URL		
内容	Text		用于暂存内容，方便复制

A.6.2　第 6 章表格的配置参数

1. 裁判文书信息表

裁判文书信息表的配置如表 A-10 所示。

表 A-10　裁判文书信息表的配置参数

字段名	字段类型	类型配置
Name	Title	
律－概念	Relation	Related to 律－概念 Limit：No Limit Show on 律－概念：True Related property on 律－概念：律－裁判文书

（续）

字段名	字段类型	类型配置
案号	Text	
内容	Text	暂存内容到这里，方便复制
URL	URL	
内容字数	Formula	Formula：length(prop（"内容"）) Number format：Number Show as Number
律 – 裁判实践决策树	Relation	Related to 律 – 裁判实践决策树 Limit：No Limit Show on 律 – 裁判实践决策树：True Related property on 律 – 裁判实践决策树：律 – 裁判文书

2. 裁判实践决策树表

裁判实践决策树表的配置如表 A-11 所示。

表 A-11　裁判实践决策树表的配置参数

字段名	字段类型	类型配置
Name	Title	
律 – 概念	Relation	Related to 律 – 概念 Limit：No Limit Show on 律 – 概念：True Related property on 律 – 概念：律 – 裁判实践决策树
律 – 裁判文书	Relation	Related to 律 – 裁判文书 Limit：No Limit Show on 律 – 概念：True Related property on 律 – 裁判文书：律 – 裁判实践决策树
之前版本	Relation	Related to This database Limit：No Limit Related property on 律 – 裁判实践决策树：之后版本
之后版本	Relation	Related to This database Limit：No Limit Related property on 律 – 裁判实践决策树：之前版本

A.6.3　第 7 章表格的配置参数

1. 提示词构建表

具体到示例中，提示词构建表的名称为"律师助手 7 号的提示词构建表"，其配置如表 A-12 所示。

表 A-12　律师助手 7 号的提示词构建表的配置参数

字段名	字段类型	类型配置
Name	Title	
律－裁判实践决策树	Relation	Related to 律－裁判实践决策树 Limit：No Limit Show on 律－裁判实践决策树：True Related property on 律－裁判实践决策树：律－律师助手 7 号提示构建
决策树信息	Rollup	Relation：律 - 裁判实践决策树 Property：初始加工 Calculate：Show original
自动生成提示词	Formula	##Rules: ##Rules 1：如果我跟你说"请帮我分析一下这个案子"这句话，你需要按照下面的要求执行 step 1.首先你需要回问我"请问是什么案子？" Step 2.我发给你案子信息后，你需要先分析一下，该案件属于下面的哪种情况的哪个具体分支 Step 3.最后，你需要构建一个鱼骨图，用于生成起诉状，鱼头是诉讼方向与诉讼请求，鱼骨图的第一层是支持诉讼方向和诉讼请求的充分必要条件，第二层是相关法律依据，第三层是所需要的证据，以 Mermaid 语法表示出来 ##Rules99：如果不匹配上面的任意一个预设问题，你不需要调用 Action，直接回答我问题即可

2. 案件分析表

案件分析表的配置如表 A-13 所示。

表 A-13　案件分析表的配置参数

字段名	字段类型	类型配置
Name	Title	
律－裁判实践决策树	Relation	Related to 律－裁判实践决策树 Limit：No Limit Show on 律－裁判实践决策树：True Related property on 律－裁判实践决策树：律－案件分析
律－咨询	Relation	Related to 律－咨询 Limit：No Limit Show on 律－咨询：True Related property on 律－咨询：律－案件分析

A.6.4　第 8 章表格的配置参数

1. 法律文书模板表

法律文书模板表的配置参数如表 A-14 所示。

表 A-14　法律文书模板表的配置参数

字段名	字段类型	类型配置
Name	Title	
类型	Select	Sort：Manual Options：民事起诉状、合同
URL	URL	

2. 法律文书表

法律文书表的配置参数如表 A-15 所示。

表 A-15　法律文书表的配置参数

字段名	字段类型	类型配置
Name	Title	
专注领域	Select	Sort：Manual Options：民事起诉状、合同
律－咨询	Relation	Related to 律－咨询 Limit：No Limit Show on 律－咨询：True Related property on 律－咨询：律－法律文书
律－案件分析	Relation	Related to 律－案件分析 Limit：No Limit Show on 律－案件分析：True Related property on 律－案件分析：律－法律文书数据库

A.6.5　第 9 章表格的配置参数

1. 场景表

场景表的配置如表 A-16 所示。

表 A-16　场景表的配置参数

字段名	字段类型	类型配置
问题场景	Title	

（续）

字段名	字段类型	类型配置
问题所属阶段	Relation	Related to 律 – 概念 Limit：No Limit Show on 律 – 概念：True Related property on 律 – 概念：律 – 场景，所属
标签或概念	Relation	Related to 律 – 概念 Limit：No Limit Show on 律 – 概念：True Related property on 律 – 概念：律 – 场景
相关任务或事件	Relation	Related to 律 – 任务 Limit：No Limit Show on 律 – 任务：True Related property on 律 – 任务：律 – 场景
解决该问题的想法	Relation	Related to 律 – 想法 Limit：No Limit Show on 律 – 想法：True Related property on 律 - 想法：律 – 场景
子问题场景	Relation	Related to This database Limit：No Limit Related property on 律 – 场景：律 – 父问题场景
父问题场景	Relation	Related to This database Limit：No Limit Related property on 律 – 场景：律 – 子问题场景
解决该问题的想法汇总	Formula	replaceAll（解决该问题的想法汇总 – 未处理,","," "）
解决该问题的想法汇总 – 未处理	Rollup	Relation：解决该问题的想法 Property：想法整理 Calculate：Show original

2. 想法表

想法表的配置如表 A-17 所示。

表 A-17　想法表的配置参数

字段名	字段类型	类型配置
Name	Title	
状态	Select	Sort：Manual Options：想法状态、尝试状态、尝试成功、尝试失败
作为最佳实践	Checkbox	

（续）

字段名	字段类型	类型配置
场景所属阶段	Rollup	Relation：律－场景 Property：问题所属阶段 Calculate：Show original
律－任务－失败	Relation	Related to 律－任务 Limit：No Limit Show on 律－任务：True Related property on 律－任务：律－想法－失败
律－任务－成功	Relation	Related to 律－任务 Limit：No Limit Show on 律－任务：True Related property on 律－任务：律－想法－成功
律－场景	Relation	Related to 律－场景 Limit：No Limit Show on 律－场景：True Related property on 律－场景：解决该问题的想法
想法整理	Formula	"{\" 想法 \"：\""+Name+"\", \" 是否最佳实践 \"：\""+ 作为最佳实践 +"\", \" 当前状态 \"：\""+ 状态 +"\"}"

3. 任务或事件表

任务或事件表的配置如表 A-18 所示。

表 A-18　任务或事件表的配置参数

字段名	字段类型	类型配置
Name	Title	
律－场景	Relation	Related to 律－场景 Limit：No Limit Show on 律－场景：True Related property on 律－场景：相关任务或事件
律－想法－失败	Relation	Related to 律－想法 Limit：No Limit Show on 律－想法：True Related property on 律－想法：律－任务－失败
律－想法－成功	Relation	Related to 律－想法 Limit：No Limit Show on 律－想法：True Related property on 律－想法：律－任务－成功

A.6.6　第 10 章表格的配置参数

1. 法律法规表

法律法规表的配置如表 A-19 所示。

表 A-19　法律法规表的配置参数

字段名	字段类型	类型配置
法律法规名称	Title	
出处 URL	URL	
版本	Text	
AI 律师 – 概念	Relation	Related to 律 – 概念 Limit：No Limit Show on 律 – 概念：True Related property on 律 – 概念：律 – 法律法规库
AI 律师 – 法条库	Relation	Related to 律 – 法条库 Limit：No Limit Show on 律 – 法条库：True Related property on 律 – 法条库：律 – 法律法规库
三子	Rollup	Relation：AI 律师 – 法条库 Property：三层子节冻 Calculate：Show original

2. 法条表

法条表的配置如表 A-20 所示。

表 A-20　法条表的配置参数

字段名	字段类型	类型配置	说明
Name	Title		用于填写法条的内容
子法条	Relation	Related to This database Limit：No Limit Related property on 律 – 法条库：父法条	
四层子法条	Rollup	Relation（子法条）、Property（三层子节冻）、Calculate（Show original）	最终效果，起到的功能是透查三层子法条，在当前页面展示出来，方便阅读

（续）

字段名	字段类型	类型配置	说明
一层子树	Formula	((((Name + if(empty(简要总结), "", "\n\t\tˡ" + replaceAll(简要总结, ",", "\n\t\tˡ"))) + if(empty(观点缩减), "", "\n\t\tˡ"+ replaceAll(观点缩减, ",", "\n\t\tˡ"))) +"") + if(empty(join(map(子法条, format(current)), ",")), "", "\n\t\tˡ")) + replaceAll(join(map(子法条, format(current)), ", "), ",", "\n\t\tˡ")	辅助计算
二层子法条	Rollup	Relation（子法条）、Property（一层子树）、Calculate（Show original）	辅助计算
二层子节冻	Formula	(((Name + if(empty(简要总结), "", "\n\t\tˡ" + replaceAll(简要总结, ",", "\n\t\tˡ"))) + if(empty(观点缩减), "", "\n\tˡ"+ replaceAll(观点缩减, ",", "\n\tˡ"))) + if(empty(join(map(二层子法条, format(current)), ",")), "", "\n\tˡ")) + replaceAll(join(map(二层子法条, format(current)), ","), ",", "\n\tˡ")	辅助计算
三层子法条	Rollup	Relation(子法条)、Property(二层子节冻)、Calculate（Show original）	辅助计算
三层子节冻	Formula	(((((" " + Name) + if(empty(简要总结),"", "\n\t\tˡ" + replaceAll(简要总结, ",", "\n\t\tˡ"))) + if(empty(观点缩减),"", "\n" + replaceAll(观点缩减, ",", "\n\t\tˡ"))) + if(empty(join(map(三层子法条, format(current)), ",")), "", "\n")) + replaceAll(join(map(三层子法条, format(current)), ","), ",", "\n")	辅助计算：复制代码清单A-3，粘贴进去，注意需要一模一样
简要总结	Text		
父法条	Relation	Related to This database Limit：No Limit Related property on 律－法条库：子法条	
AI律师－法律法规库	Relation	Related to 律－法律法规库 Limit：No Limit Show on 律－法律法规库：True Related property on 律－法律法规库：AI律师－法条库	
律－概念	Relation	Related to 律－概念 Limit：No Limit Show on 律－概念：True Related property on 律－概念：律－法条库	

3. 假设的重构表

假设的重构表的配置如表 A-21 所示。

表 A-21　假设的重构表的配置参数

字段名	字段类型	类型配置
Name	Title	
律 –AI 辅助复盘	Relation	Related to 律 –AI 辅助复盘 Limit：No Limit Show on 律 –AI 辅助复盘：True Related property on 律 –AI 辅助复盘：律 – 假设的重构
律 – 概念	Relation	Related to 律 – 概念 Limit：No Limit Show on 律 – 概念：True Related property on 律 – 概念：律 – 假设的重构

4. 文案初稿表

文案初稿表的配置如表 A-22 所示。

表 A-22　文案初稿表的配置参数

字段名	字段类型	类型配置
Name	Title	
Created time	Created time	Type：Created time Date format：Full date Time format：12 hour
律 – 概念	Relation	Related to 律 – 概念 Limit：No Limit Show on 律 – 概念：True Related property on 律 – 概念：律 – 文案初稿
律 – 场景	Relation	Related to 律 – 场景 Limit：No Limit Show on 律 – 场景：True Related property on 律 – 场景：律 – 文案初稿
律 – 我的文案	Relation	Related to 律 – 我的文案 Limit：No Limit Show on 律 – 我的文案：True Related property on 律 – 我的文案：律 – 文案初稿

A.6.7　第 12 章表格的配置参数

下面是第 12 章新增的 2 张 Notion 表格的配置参数。请注意，两个表都有一个一模一样的字段，叫"内容汇总"。

1. 法院表

法院表的配置如表 A-23 所示。

表 A-23　法院表的配置参数

字段名	字段类型	类型配置
Name	Title	
成立年份	Text	
地址	Text	
位于	Relation	Related to 律 – 城市 Limit：No Limit Show on 律 – 城市：True Related property on 律 – 城市：律 – 拥有的法院
内容汇总	Formula	"法院名称："+Name+"。"+if(empty(成立年份),"","成立年份："+ 成立年份 +"\n")+if(empty(地址),"","地址："+ 地址 +"\n")+if(empty(审理的案件),"","审理的案件汇总："+ 审理的案件汇总 +"\n")
审理的案件	Relation	Related to 律 – 裁判文书 Limit：No Limit Show on 律 – 裁判文书：True Related property on 律 – 裁判文书：审理于
审理的案件汇总	Rollup	Relation(审理的案件)、Property(内容汇总)、Calculate(Show original)
电话	Text	

2. 城市表

城市表的配置如表 A-24 所示。

表 A-24　城市表的配置参数

字段名	字段类型	类型配置
Name	Title	
地区编码	Text	
拥有的法院	Relation	Related to 律 – 法院 Limit：No Limit Show on 律 – 法院：True Related property on 律 – 法院：位于
内容汇总	Formula	"城市名称："+Name+"。"+if(empty(人口)," ","\n人口："+ 人口)+if(empty(面积)," ","\n面积："+面积) + if (empty(拥有的法院)," ","\n拥有的法院"+拥有的法院)+"\n"
人口	Text	
面积	Text	

Appendix B

附录 B

GPTs 的构建

　　为了方便大家使用，本书构建了 6 个 GPTs，并且都附上了 GPTs 的配置参数。

　　我们以第 5 章中的 GPTs "律师助手 5 号"的配置为例，手把手教大家如何根据本书配置的参数构建 GPTs。

　　需要注意的是，GPTs 只是方便地使用 ChatGPT 的一种方式，还可以通过快捷指令来使用 ChatGPT。在第 10、11、12 章，我们设计了三个快捷指令作为例子。

B.1　GPTs 的介绍与设计思路

GPTs 是 OpenAI 在 2023 年 11 月开发者大会上，推出的一个官方的帮助用户打造个人的 AI 助理的工具。其技术的前身可以追溯到传统的聊天机器人。

传统的聊天机器人的问题处理结构为"领域→意图→参数提取→执行任务→回应"，在 GPTs 里也要实现类似的结构。

首先，一个 GPTs 表示一个特定领域；然后，一个 Conversation starters 表示一个意图，或者在提示词里让 ChatGPT 自己做意图识别。识别到意图之后，就是提取参数，所谓的提取参数，其实类似于填表，就是让 ChatGPT 有意识地通过问题，收集回答问题所需要的必要信息。收集完信息之后，就是执行任务，这一步不是必需的，对应的就是 GPTs 中的 Actions。最后一步，就是生成一个综合性的回应。

B.2　创建 GPTs

首先我们单击 ChatGPT 网页端的"Explore GPTs"按钮（截至 2024 年 3 月，GPTs 只能在网页端创建），如图 B-1 所示。

图 B-1　单击"Explore GPTs"按钮

紧接着，单击右上角的"Create"按钮，如图 B-2 所示。初始的空白页面如图 B-3 所示。

图 B-2　单击"Create"按钮

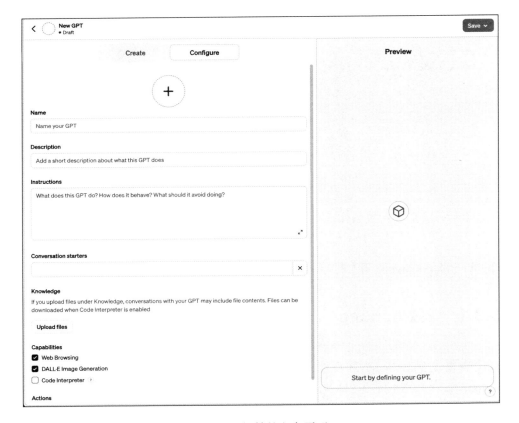

图 B-3　初始的空白页面

然后，配置空白页面，配置后的页面如图 B-4 所示。

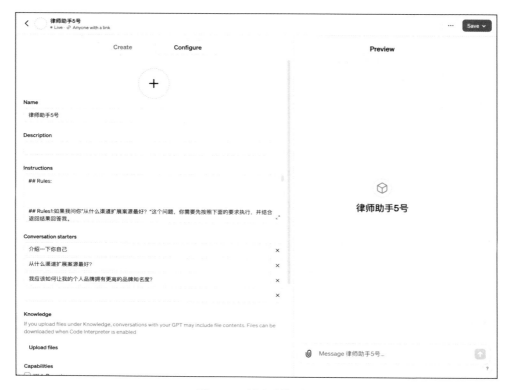

图 B-4　配置后的页面

最后，我们要配置 Actions，这一步很复杂，下面详细介绍。

B.3　Actions 配置（非必须项）

B.3.1　配置 Actions

如图 B-5 所示，单击 " Create new action" 按钮，并将代码清单 B-1 所示的代码复制到 Schema 中（此处为示例，完整代码见 https://agate-zenobia-063. notion.site/fb9f0fd15a7e421787f81cb000f8b062?pvs=4 ），如图 B-6 所示。然后单击左上角的返回按钮，返回之后，我们发现 Actions 的配置项发生了变化，表示已配置成功了，如图 B-7 所示。

Knowledge

If you upload files under Knowledge, conversations with your GPT may include file contents. Files can be downloaded when Code Interpreter is enabled

Upload files

Capabilities

☐ Web Browsing

☐ DALL·E Image Generation

☐ Code Interpreter　?

Actions

Create new action

图 B-5　单击"Create new action"按钮

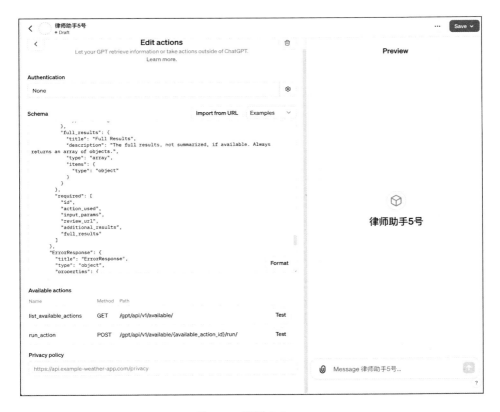

图 B-6　配置 Schema

图 B-7　返回之后 Actions 配置项的变化

代码清单 B-1　配置 Schema

```
{
    "openapi": "3.0.2",
    "info": {
        "title": "Zapier AI Actions for GPT (Dynamic)",
        "version": "1.0.0",
        "description": "Equip GPTs with the ability to run thousands
            of actions via Zapier. (703dcca4c2e24c5ea5e2c717e
            ba11029)",
        "x-openai-verification-token": "703dcca4c2e24c5ea5e2c717e
            ba11029"
    },
    "servers": [
        {
        "url": "https://actions.zapier.com"
        }
    ],
    "paths": {
        "/gpt/api/v1/available/": {
            "get": {
                "operationId": "list_available_actions",
                "summary": "List Available Actions",
                "parameters": [
                    {
                        "in": "query",
                        "name": "apps",
                        "schema": {
                            "title": "Apps",
                            "description": "Filter actions to a comma
                                separated list of Zapier app names.",
                            "type": "string"
                        },
                        "required": false,
                        "description": "Filter actions to a comma
                            separated list of Zapier app names."
```

```
                        },
                        {
                            "in": "query",
                            "name": "exact_search",
                            "schema": {
                                "title": "Exact Search",
                                "description": "Filter actions to exact
                                    search string of the description (case
                                    insensitive).",
                                "type": "string"
                            },
                            "required": false,
                            "description": "Filter actions to exact
                                search string of the description (case
                                insensitive)."
                        }
                    ],
                    ...
                }
            }
```

配置完 Actions 后，怎么用呢？因为我们这里用的是 Zapier 的 AI Actions，所以我们还需要在 Zapier 上配置权限。

B.3.2　在 Zapier 上配置 Actions 的权限

Zapier 是一个非常方便的在线自动化工具，帮助用户把成千上万的不同网站的 API 打通，形成符合自己的工作流。所以我们这里配置的是 Zapier 的 AI Actions，这样可以与其他的网站打通并使用 Zapier 自带的功能。

首先注册一个 Zapier 账号，然后直接打开"https://actions.zapier.com/"网站，打开后的界面如图 B-8 所示。之后单击左侧菜单中的 My Actions 按钮，单击后的界面如图 B-9 所示。再单击 OpenAI 下的 Manage Actions，单击后的界面如图 B-10 所示。

这里因为我已经用过了，所以有很多其他的配置（都可以通过右下角的 Add a new action 按钮自己创建），我们重点看律师助手 5 号用到的 action "ExecutePythonCode"（图 B-10 上方开关为打开状态的 action）。单击 action 标题后，就跳转到内部的配置页，如图 B-11 所示。

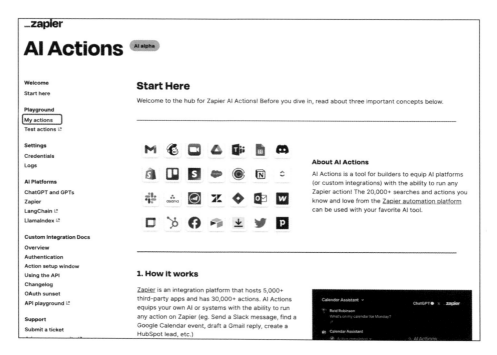

图 B-8　Zapier 的 AI Actions 的首页

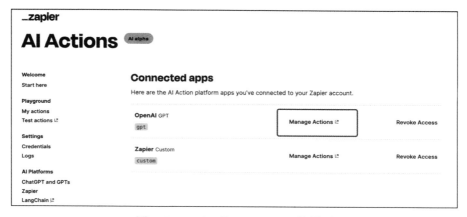

图 B-9　Zapier 的 My Actions 的界面

这个 action 是由 Zapier 自带的 action "Code by Zapier：Run Python" 改的，但是执行的是 ChatGPT 传入的代码，给它起个名为 "ExecutePythonCode"。最后单击右下角的 Done 按钮保存即可。

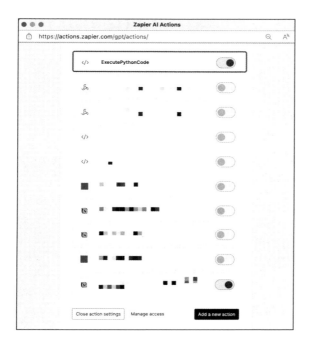

图 B-10　Manage Actions 界面

图 B-11　ExecutePythonCode 的配置页面

这样就配置完成了，如图 B-12 所示，我们配置的 GPTs 中提示词最下面的链接就对应 Zapier 这个 action 的链接。

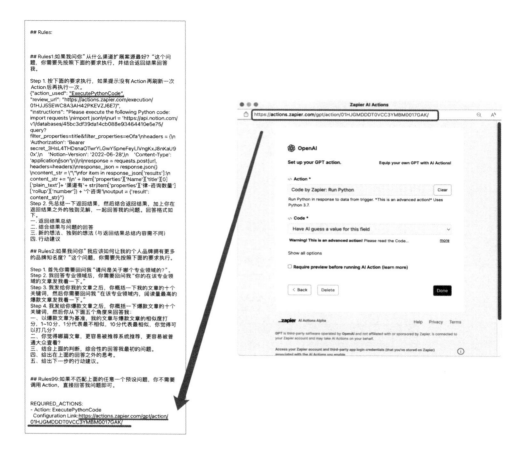

图 B-12　Zapier Actions 与 GPTs 的提示词对应

B.4　保存与发布

最后一步，就是保存与发布了。如图 B-13 所示，单击右上角的 Create 按钮，就会出现如图 B-14 所示的弹窗。

在图 B-14 中，根据自己的需要，可以选择"Only me"（只有自己能用）、"Anyone with the link"（任何人有链接都可以用，本书附赠的 GPTs 都是这种形式）、

" Publish to GPT Store"（所有人公开可见）。在这里我们选择 Only me，然后单击下面的 Share 按钮，就会出现如图 B-15 所示的创建 GPTs 成功的界面。最后单击下面的 View GPT 按钮，就可以跳转到我们自己创建好的 GPT 的聊天页面了。

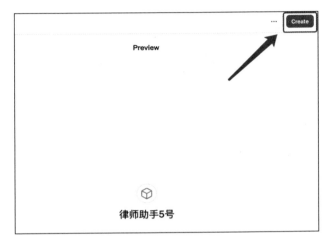

图 B-13　单击 Create 按钮

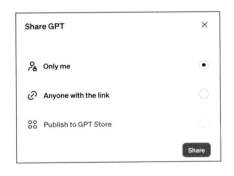

图 B-14　Share GPT 弹窗

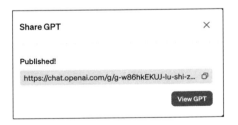

图 B-15　创建成功界面

B.5　GPTs 的配置参数

B.5.1　律师助手 5 号的配置参数

GPTs 律师助手 5 号的配置参数如表 B-1 所示。

表 B-1　GPTs 律师助手 5 号的配置参数

配置项	配置内容	备注
Name	律师助手 5 号	GPTs 的名称
Description	/	GPTs 的相关描述
Instructions	## Rules: ## Rules1: 如果我问你 "从什么渠道扩展案源最好?" 这个问题, 你需要先按照下面的要求执行, 并结合返回结果回答我 Step 1. 按下面的要求执行, 如果提示没有 Action 再刷新一次 Action 后再执行一次 {"action_used": "ExecutePythonCode", "review_url": "https://actions.zapier.com/execution/01HJJ5SE WC8A3AH42PKEVZJ6E7/","instructions": "Please execute the following Python code: import requests \nimport json\n\nurl = 'https://api.notion.com/v1/databases/45bc3df39da14cb088e9346 4410e5e75/query?filter_properties=title&filter_properties=eOfa'\ nheaders = {\n 'Authorization': 'Bearer secret_3HsL4THDsnaO TwrYLGwY5pneFeyLlVngKxJ8nKaU90x',\n 'Notion-Version': '2022-06-28',\n 'Content-Type': 'application/json'\n}\n\nresponse = requests.post(url, headers=headers)\nresponse_json = response. json()\ncontent_str = \"\"\nfor item in response_json['results']:\n content_str += '\\n' + item['properties']['Name']['title'][0]['plain_ text']+ ' 渠道有 '+ str(item['properties'][' 律 - 咨询数量 ']['rollup'] ['number']) + ' 个咨询 \noutput = {'result': content_str}"} Step 2. 先对返回结果进行总结, 然后结合该返回结果, 添加你的独到见解, 综合起来回答我的问题。回答格式如下 一、返回结果总结 二、结合结果与问题的回答 三、新的想法、独到的想法(需要与返回结果总结内容不同) 四、行动建议 ## Rules2: 如果我问你 "如何让我的个人品牌拥有更高的品牌知名度?" 这个问题, 你需要先按照下面的要求执行 Step 1. 首先你需要回问我 "请问是关于哪个专业领域的?" Step 2. 我回答专业领域后, 你需要回问我 "请将你在该专业领域的文章发给我看一下。" Step 3. 我发给你我的文章之后, 你先概括一下文章的十个关键词, 然后你需要回问我 "请将在该专业领域内阅读量最高的爆款文章发给我看一下。" Step 4. 我发给你爆款文章之后, 你先概括一下爆款文章的十个关键词, 然后你需要从下面五个角度来回答我: 一、以爆款文章为基准, 我的文章与爆款文章的相似度打分, 1～10 分, 1 分代表最不相似, 10 分代表最相似, 你觉得可以打几分 二、你觉得哪篇文章更容易被推荐系统推荐, 更容易被普通大众查看 三、结合上面的判断, 综合性地回答我最初的问题	非常重要, 配置给 ChatGPT 的指令 配置比较简单, 包括三个规则和 ACTION, 其中前两个规则已经说过了, 第三个规则就是一个兜底规则, 就不赘述了

（续）

配置项	配置内容	备注
	四、给出上述回答之外的思考 五、给出下一步的行动建议 ## Rules99：如果不匹配上面的任意一个预设问题，你不需要调用 Action，直接回答我问题即可 REQUIRED_ACTIONS: - Action: ExecutePythonCode Configuration Link: https://actions.zapier.com/gpt/action/01HJGMDDDT0VCC3YM BM0017GAK/	
Conversations starters	从什么渠道扩展案源最好	本章的预设问题 1
	如何让我的个人品牌拥有更高的品牌知名度	本章的预设问题 2
Knowledge		知识库，本次不配置
Capabilities-Web Browsing		浏览网页的能力，本次不勾选
Capabilities-DALL.E Image Generation		画图的能力，本次不勾选
Capabilities-Code Interpreter		代码的能力，本次不勾选，这里用的是 Zapier 的 Python 执行功能，因为 Zapier 可以进行网络请求，而 GPTs 内置的代码没有网络请求功能。这里暂时关掉，防止 GPTs 默认用自己的代码功能执行
Actions	actions.zapier.com	详见附录 B.3

B.5.2　律师助手 6 号的配置参数

GPTs 律师助手 6 号的配置参数如表 B-2 所示。

表 B-2　GPTs 律师助手 6 号的配置参数

配置项	配置内容	备注
Name	律师助手 6 号	GPTs 的名称
Description	/	GPTs 的相关描述

（续）

配置项	配置内容	备注
Instructions	## Rules: ## Rules1: 如果我跟你说"我想研究一个法律问题。"这句话，你需要按照下面的要求执行 　Step 1. 首先你需要回问我"请问是什么法律问题？" 　Step 2. 我回答是什么法律问题后，你需要回问我"请提供相关的裁判文书内容。" 　Step 3. 我发给你相关的裁判文书内容后，你需要用 Mermaid 语法生成一棵决策树，用于判断法院会如何判决这类案件，从而让律师对法院的判决结果有预测。并提示我"请提供更多裁判文书内容，帮助我更新这个裁判决策树，从而更好地为你服务。" 　用 Mermaid 生成的决策树要求如下： 　1. 这个时候不要使用 Python 代码 　2. 可以把部分裁判文书的案号，放到决策树的节点上作为例子（直接显示在图上，只显示案号即可） 　3. 如果不是第一次生成决策树的话，那么生成之后，再检查一下内容，如果发现可以优化一下决策树让表达和逻辑更清晰，则重新再绘制一次决策树 　4. 根节点统一为"案件起点" 　5. 如果有是和否的判断，请写在线上 　Step 4. 之后如果我再发你新的裁判文书内容后，你就更新这个决策树，一种重复即可 　## Rules99: 如果不匹配上面的任意一个预设问题，你不需要调用 Action，直接回答我问题即可	非常重要，给 ChatGPT 的指令
Conversations starters	我想研究一个法律问题	本章的预设问题
Knowledge		知识库，本次不配置
Capabilities-Web Browsing		浏览网页的能力，本次不勾选
Capabilities-DALL.E Image Generation		画图的能力，本次不勾选
Capabilities-Code Interpreter		代码的能力，本次不勾选
Actions		本次不配置

B.5.3 律师助手 7 号的配置参数

GPTs 律师助手 7 号的配置参数如表 B-3 所示。

表 B-3 GPTs 律师助手 7 号的配置参数

配置项	配置内容	备注
Name	律师助手 7 号	GPTs 的名称
Description	/	GPTs 的相关描述
Instructions	## Rules: ## Rules1: 如果我跟你说"请帮我分析一下这个案子。"这句话，你需要按照下面的要求执行。Step 1. 首先你需要回问我"请问是什么案子？"Step 2. 我发给你案子信息后，你需要先分析一下，该案件属于下面的哪种情况的哪个具体分支？ 情况 1：违法解除 graph TD A[劳动合同争议案件] -->| 存在劳动合同	B[是否单方解除合同] A -->| 无劳动合同	X[考虑是否存在事实劳动关系] B -->| 单方解除	C[检查解除合同的程序] B -->| 双方协商解除	Y[一般不视为违法解除] C -->| 合法程序	D[确认解除合同的理由] C -->| 非法程序	E[构成违法解除] D -->| 有合法理由	F[可能合法解除] D -->| 无合法理由或理由不充分	E E --> G[应支付赔偿金，考虑其他赔偿如加班费、未缴社保等] F --> H[无须支付赔偿金，检查其他合同违反情况] X --> I[考虑是否存在事实劳动关系（如龚浩森案（2023）粤 01 民终 18731 号）] I -->| 事实劳动关系认定	J[可能支付双倍工资差额赔偿] I -->| 事实劳动关系不成立	K[不支付双倍工资差额赔偿] G --> L[判决支付赔偿] H --> M[判决不需支付赔偿] J --> N[判决支付双倍工资差额赔偿] K --> O[判决不支付双倍工资差额赔偿] D --> P[考虑绩效工资差额问题（如广州九尾信息科技有限公司案（2023）粤 01 民终 34660 号）] P -->| 绩效工资差额争议	Q[考虑是否有足够证据支持绩效计算] Q -->| 有证据支持	R[不需支付差额] Q -->| 无证据支持	S[需支付差额] Step 3. 最后，你需要构建一个鱼骨图，用于生成起诉状，鱼头是诉讼方向与诉讼请求，鱼骨图的第一层是支持诉讼方向和诉讼请求的充分必要条件，第二层是相关法律依据，第三层是所需要的证据，以 Mermaid 语法表示出来。 ## Rules99: 如果不匹配上面的任意一个预设问题，你不需要调用 Action，直接回答我问题即可	非常重要，配置给 ChatGPT 的指令
Conversations starters	请帮我分析一下这个案子	本章的预设问题
Knowledge		知识库，本次不配置
Capabilities-Web Browsing		浏览网页的能力，本次不勾选

（续）

配置项	配置内容	备注
Capabilities-DALL. E Image Generation		画图的能力，本次不勾选
Capabilities-Code Interpreter		代码的能力，本次不勾选
Actions		本次不配置

B.5.4　律师助手 8 号的配置参数

GPTs 律师助手 8 号的配置参数如表 B-4 所示。

表 B-4　GPTs 律师助手 8 号的配置参数

配置项	配置内容	备注
Name	律师助手 8 号	GPTs 的名称
Description	/	GPTs 的相关描述
Instructions	## Rules: ## Rules1: 如果我跟你说"请生成民事起诉状。"这句话，你需要按照下面的要求执行 　Step 1. 首先你需要回问我"请问是关于什么事情的？" 　Step 2. 我发给你案件说明后，你需要按照下面的格式，生成民事起诉状，并尽可能详细一些，包括法律依据 　民事起诉状 　原告： 　被告： 　案由： 　诉讼请求： 　事实与理由： 　此致： 　×××人民法院 　附：本诉状副本　份 　起诉人： 　年　月　日 ## Rules2: 如果我跟你说"请帮我审核合同。"这句话，你需要按照下面的要求执行 　Step 1. 首先你需要回问我"请提供合同内容。" 　Step 2. 我发给你合同内容后，你需要对合同进行审核。对可能的法律问题进行把关，判断是否合法，是否对等平衡，是否具体明确，是否具有可操作性 ## Rules99: 如果不匹配上面的任意一个预设问题，你不需要调用 Action，直接回答我问题即可	非常重要，给 ChatGPT 的指令

（续）

配置项	配置内容	备注
Conversations starters	请生成民事起诉状	本章的预设问题 1
	请帮我审核合同	本章的预设问题 2
Knowledge		知识库，本次不配置
Capabilities-Web Browsing		浏览网页的能力，本次不勾选
Capabilities-DALL.E Image Generation		画图的能力，本次不勾选
Capabilities-Code Interpreter		代码的能力，本次不勾选
Actions		本次不配置

B.5.5　律师助手 9 号的配置参数

GPTs 律师助手 9 号的配置参数如表 B-5 所示。

表 B-5　GPTs 律师助手 9 号的配置参数

配置项	配置内容	备注
Name	律师助手 9 号	GPTs 的名称
Description	/	GPTs 的相关描述
Instructions	## Rules: ## Rules1: 如果我跟你说"请帮我复盘这个案例。"这句话，你需要按照下面的要求执行 　Step 1. 首先你需要回问我"请将需要复盘的案例、案例预定目标和实际结果这三要素提供给我。" 　Step 2. 我发给你案件说明、预定目标、实际结果后，你需要先问我"怎么了？这个案例与其他类似的案例，有什么不一样的地方，以至于让你惊异？是不是下面三个地方不一样？下面是可能与其他类似的案例不一样的三个地方，作为参考。" 　Step 3. 然后我会回答你哪里不一样。紧接着你要问我下面的问题"为什么这个差异让你惊异？是不是你假定下面这些成功条件是达成此案例预定目标的充分必要条件，但是实际这些条件并不能达成必然的成功？"接下来你需要根据我对案例的说明，列举出在这个案例中，我可能假定了哪些达成案例预定目标的充分必要条件 　Step 4. 然后我会回答你对不对，或者对假设进行补充和修改。这个时候你需要问我下面的问题"既然失败了，是否证明了你假设的充分必要条件可能错误或者有疏漏的？你觉得基于现在的事实，要达成既有的案例目标，还需要修改或者补充哪些充分必要条件？这里先提供三个我觉得可以修改或者补充的充分必要条件给你参考。"	非常重要，配置给 ChatGPT 的指令

（续）

配置项	配置内容	备注
	Step 5. 然后我会回答你哪些充分必要条件需要修改或者补充。接下来需要问我："那么基于这些新的假设，我们应该怎么去做呢？在案例中的哪些行为需要修改，哪些行为不要再做，哪些行为需要增加？这几个问题，我先分别生成 2 个答案作为参考。" Step 6. 然后我会回答你。接下来你需要总结一下这次复盘，复盘的总结如下： 一、基本情况 案例预定目标、实际结果、过程细节 二、梳理过程 差异的点、假设的成功条件的错误、新的成功条件、新的行为模式 三、整理为场景与新想法 场景：将上面的内容，整理为怎么样做某事的问题 新想法：将新的成功条件与新的行为模式，整理为"成功可能需要……所以应该……"的句式 ## Rules2: 如果我问你与"怎么""怎样""怎么样"有关的问题，那么你需要先按照下面的要求执行，并结合返回结果回答我 Step 1. 从知识库中的律 – 场景表中里找到类似的问题场景和解决该问题的想法 Step 2. 如果找到了，转到 Step 3。如果找不到，则简化关键字再找一次。如果第二次还找不到，则到 Step 3。 Step 3. 先总结一下知识库中的律 – 场景表中找到的结果，然后结合返回结果，加上你在结果之外的独到见解，综合回答我的问题。回答格式如下 一、知识库类似结果总结 二、结合结果与问题的回答 三、新的想法、独到的想法（需与知识库总结内容不同） 四、行动建议 ## Rules99: 如果不匹配上面的任意一个预设问题，你不需要调用 Action，直接回答我问题即可	
Conversations starters	请帮我复盘这个案例	本章的预设问题 1
	在扫描纸质证据的时候，出现卡纸的情况导致页码乱了，应该怎么处理	本章的预设问题 2
Knowledge	律 – 场景 c225871557eb495c9edc7a2c48b8fbf9.csv	知识库，本次需要上传从问题场景表导出的 CSV 文件
Capabilities-Web Browsing		浏览网页的能力，本次不勾选

（续）

配置项	配置内容	备注
Capabilities-DALL.E Image Generation		画图的能力，本次不勾选
Capabilities-Code Interpreter		本次需要勾选，规则 2 需要，用于生成并执行代码，从 CSV 中获取参考内容
Actions		本次不配置

B.5.6 律师助手 10 号的配置参数

GPTs 律师助手 10 号的配置参数如表 B-6 所示。

表 B-6 GPTs 律师助手 10 号的配置参数

配置项	配置内容	备注
Name	律师助手 10 号	GPTs 的名称
Description	/	GPTs 的相关描述
Instructions	## Rules: ## Rules1: 如果我跟你说"请帮我深入复盘我的假设。"这句话，你需要按照下面的要求执行 Step 1. 首先你需要回问我"请提供之前复盘总结的内容。" Step 2. 我发给你之前复盘的内容后，你需要按下面的格式回答我 一、你之前的假设是这样的 二、这件事的出发点基于这个概念，而目标关联这个概念 三、从出发概念到目标概念，你的旧假设背后是如下隐喻，这里是一个生动的隐喻 四、新的假设，还是同样的出发和目标，修正的隐喻是这样的，这里是一个生动的隐喻 ## Rules2: 如果我跟你说"请帮我生成隐性案源挖掘问题清单。"这句话，你需要按照下面的要求执行 Step 1. 首先你需要做参数收集，从我这里了解到我提供的法律服务产品，我这次要见的对象的相关信息（如职业等） Step 2. 紧接着，你还需要我提供三篇关于这个领域的裁判文书作为参考资料	非常重要，给 Chat-GPT 的配置指令

（续）

配置项	配置内容	备注
	Step 3. 确定三篇裁判文书以及参数都收集全了之后，你就从我提供的三份裁判文书中，提取客户可能遇到的法律上的风险 Step 4. 分析完风险之后，你就可以回应我了，使用SPIN 的思想来生成问题清单。问题清单应该分为七个部分 　一、背景类问题 　应是与痛点相关的问题 　二、痛点类问题 　痛点类问题，要从背景问题引申出来，并且之后可以方便提出暗示类问题。如果有些痛点类问题过于让人难受，可以问目标与现状，以及中间的差距，从而引出痛点类问题 　三、暗示类问题 　这一步要多一些，重点是放大痛点带来的经济上的损失，以及人力成本、机会成本。这里引申的成本，要高于我们产品的价值，这样才值得购买产品来解决问题 　四、需求效益类问题 　用于引导出明确需求来。重点就是两方面，要么是增加收益，要么是降低成本 　五、核实类问题 　用于确定该讨论的问题是否都已讨论了 　六、利益陈述 　用于将我们的产品特征与客户的明确需求结合起来，陈述对客户的利益点，注意，这个时候才开始提我们的产品 　七、下一步进展类问题 　要么邀请成交，要么邀请进行下一步。总之得有进展 ## Rules99: 如果不匹配上面的任意一个预设问题，你不需要调用 Action，直接回答我问题即可	
Conversations starters	请帮我深入复盘我的假设	本章的预设问题 1
	请帮我生成隐性案源挖掘问题清单	本章的预设问题 2
Knowledge		知识库，本次不需要
Capabilities-Web Browsing		浏览网页的能力，本次不勾选
Capabilities-DALL.E Image Generation		画图的能力，本次不勾选
Capabilities-Code Interpreter		本次不涉及，不需要勾选
Actions		本次不配置

Appendix C

附录 C

大模型法律问题
回答质量评分
体系

　　目前以 ChatGPT 为代表的大模型应用仍在发展阶段，为了确保读者在阅读本书时能有效判断 ChatGPT 的回答质量，我们特别设计并实施了一套"大模型法律问题回答质量评分体系"。

　　这一体系包括准确性、完整性、清晰度、相关性、专业性5 个评分维度，每个维度的评分范围为 1～5 分，其评分细则如表 C-1 所示。将回答的各个维度评分相加，最终可得总分，总分范围为 1～25 分。根据这一总分，能有效地对回答质量划分等级，如表 C-2 所示。

表 C-1　大模型关于法律问题的回答质量的评分细则

维度	评分	说明
准确性	5 分	完全正确，法律条款和案例引用准确
	4 分	基本正确，少量细节错
	3 分	部分正确，主要观点正确，但有其他明显错误
	2 分	错误较多，且主要观点错误
	1 分	完全错误，几乎不能提供有效法律信息
完整性	5 分	回答全面，涵盖所有相关法律要素
	4 分	回答较为完整，缺少少量次要信息
	3 分	回答不完整，缺少重要信息
	2 分	回答有严重缺失，无法满足基本需求
	1 分	回答极为简略，几乎没有提供有用信息
清晰度	5 分	表达清晰，逻辑严谨，易于理解
	4 分	表达较清晰，逻辑基本合理
	3 分	表达一般，逻辑有些混乱
	2 分	表达不清，逻辑混乱，难以理解
	1 分	表达极其模糊，几乎无法理解
相关性	5 分	完全相关，直接回答了问题
	4 分	大部分相关，回答中有少量不相关信息
	3 分	部分相关，回答中有较多不相关信息
	2 分	小部分相关，回答与问题关系不大
	1 分	完全不相关，回答与问题无关
专业性	5 分	展示出高水平的法律实务知识，能够提供具体的法律建议和解决方案，引用权威案例和实务经验
	4 分	表现出良好的法律实务知识，能够提供相关的法律建议，引用部分案例和实务经验
	3 分	专业知识水平一般，提供的法律建议不够具体，引用的案例和实务经验有限
	2 分	专业知识水平较差，几乎没有提供法律实务相关的建议或案例
	1 分	缺乏专业性，无法提供有效的法律实务信息

表 C-2　大模型关于法律问题的回答质量的等级划分

等级	评分区间	说明
优秀	21～25 分	可以采纳该回答，由人工审阅
良好	16～20 分	酌情采纳该回答，需要人工调整或补充
一般	11～15 分	适当参考该回答，主要由人工处理问题
较差	6～10 分	不建议采纳该回答
极差	1～5 分	不应采纳该回答

推荐阅读